# 郭店儒简人文精神研究

段丽丽　著

ZHEJIANG UNIVERSITY PRESS
浙江大学出版社
·杭州·

**图书在版编目（CIP）数据**

郭店儒简人文精神研究 / 段丽丽著. -- 杭州 : 浙江大学出版社，2024. 7. --ISBN 978-7-308-25231-7

Ⅰ. B222.05

中国国家版本馆 CIP 数据核字第 20247GE998 号

**郭店儒简人文精神研究**

段丽丽　著

---

**责任编辑**　王　晴
**责任校对**　朱梦琳
**封面设计**　雷建军
**出版发行**　浙江大学出版社
（杭州市天目山路 148 号　邮政编码 310007）
（网址：http://www.zjupress.com）
**排　　版**　杭州好友排版工作室
**印　　刷**　杭州高腾印务有限公司
**开　　本**　710mm×1000mm　1/16
**印　　张**　13.75
**字　　数**　210 千
**版 印 次**　2024 年 7 月第 1 版　2024 年 7 月第 1 次印刷
**书　　号**　ISBN 978-7-308-25231-7
**定　　价**　68.00 元

---

# 序

儒家文化在璀璨的中华文明宝库中是一颗耀眼的巨星，不仅在担柴挑水的日常生活中融入了中华民族的血脉当中，也引领着中华民族的精神走向。儒学自问世以来，经历了先秦子学、汉唐经学、宋明理学、清代实学、近现代新儒学和当代新儒学六种形态，其深厚的文化底蕴和丰富的人文精神，一直是学界关注的重点。在全球化、现代化的当代世界潮流下，传统儒学价值系统中历久弥新而且最具普适性的价值观念越来越得到世界的关注。

郭店楚墓竹简的出土，为我们深入挖掘和研究儒家思想提供了极为珍贵的思想资料，也为重新认识和评价儒家文化提供了新的视角和思考。但目前学界对郭店楚简中的儒家竹简（简称郭店儒简）分歧较大。我综合李学勤、姜广辉、梁涛等学者的考辨意见，认为这批竹简的形成时代应介于孔孟之间，即公元前 450 年到公元前 350 年之间。其中，《缁衣》《鲁穆公》《天人》《五行》《唐虞之道》《忠信》《天常》《尊德义》《性命》《六德》《语丛》等十一篇可确定为儒家竹简，在思想上是相互联系、前后一贯的，都以仁义礼乐圣智忠信为基本德目，可认定为子思学派之作。[①] 其思想上承孔子"德治"，下启孟子"性善""仁政"，主要阐述了先秦儒家关于性与天道、王道与德治的思想，在中国思想史上起着从孔子到孟子的桥梁作用。

---

① 关于《郭店儒简》的篇名问题，已有学者指出楚简整理者关于其中几篇的命名是有问题的，并作了辨正，但其原则未能一贯。我认为，《郭店儒简》的篇题命名，应依据两个原则，一是参照先秦著作的命名惯例（一般用篇头二三字为篇名）来命名，二是提炼各篇简文的思想命题或主旨而定名。据此，我们可将《郭店楚简》中除《语丛》以外的十篇儒简定名为《缁衣》《鲁穆公》《天人》《五行》《唐虞之道》《忠信》《天常》《尊德义》《性命》《六德》。参考拙作《探讨性与天道 ——〈郭店儒简〉的作者归属及其思想辨析》，《湖南大学学报（社会科学版）》2013 年第 3 期，第 32-36 页。

这本《郭店儒简人文精神研究》的思想史专著，作者段丽丽与某些专家将郭店儒简解构为某篇系某学派所作的分析方式不同，她是根据其思想联系与文字发展逻辑将郭店儒简作为一个整体进行解读，在前人研究的基础上进行系统研究和深入分析，通过跨学科的综合分析对比，对郭店儒简进行了多角度的探讨。这本书从文字和义理两个方面着手，将简文置于历史背景之下，系统发掘其所蕴含的道德人文精神，探究那个时代的哲学思想和文化风貌。

本书首先对郭店儒简进行了清晰的学术定位，明确了其在先秦儒学发展中的重要地位。随后，通过对"五行""六位"等概念的字源考辨，揭示了这些概念在郭店儒简中的文化内涵和哲学思想，为我们展示了儒家道德人文精神的丰富性和多样性，从多个维度对郭店儒简的人文精神进行了探讨，主要包括人性探索、人格臻善、人伦构建和道德践行等方面。这些维度不仅涵盖了儒家思想的核心内容，还为我们提供了一个全面理解儒家人文精神的框架。

在探讨郭店儒简人文精神的过程中，作者特别强调了郭店儒简道德人文精神天人贯通、道德为本位、注重实践等特征。这些特征不仅反映了儒家思想的核心价值，还为当今社会提供了宝贵的思想资源。特别是在处理人与自然的关系、人的自我觉醒、身心和谐以及人际关系等方面，郭店儒简的人文精神提供了独特的视角和解决方案。

特别值得一提的是，《郭店儒简人文精神研究》一书不仅深入挖掘了郭店儒简的人文精神，而且在此基础上，探讨了儒家仁学在当代社会的应用与发展。书中所体现的人文精神，与儒家仁学的核心价值观"'民主仁爱为体，礼法科技为用'的体用论，'一元主导，多元和谐'的文化观和以'仁'为根本之道、以'义礼信和敬'为常用大德的'一道五德'价值观"[①]是相契合的。

在当代，随着全球化、信息化的深入发展，儒学面临着新的时代机遇与思想挑战。在中国式现代化背景下，我们如何继承和发展儒家思想是一个重要课题。儒学是开放的、与时俱进的智慧，在新时代与民主、法治等价值观念相

① 吴光：《从道德仁学到民主仁学——儒家仁学的回顾与展望》，《社会科学战线》2014 年第 10 期，第 1 页。

结合，形成适应现代社会需要的新儒学形态——“民主仁学”。民主仁学不仅仅是对传统儒学的继承，更是对儒学的创新和发展，以更加开放的姿态促进不同文明的交流与对话，为满足人民对美好生活的向往，构建和谐世界贡献智慧和力量。

郭店儒简的发现，从一定意义上说，填补了先秦儒学史的部分空白，为重新审视中国思想史、儒学史提供了新的契机。《郭店儒简人文精神研究》是一部集学术性、历史性、思想性于一体的思想史专著，更是一部能够引导我们深入思考人的价值、人与自然的关系、人与社会的关系以及人的道德修养等问题的作品。它不仅为我们展现了郭店儒简的丰富内涵和独特价值，为儒家道德人文精神的研究开辟了新的路径，还为我们在新时代将马克思主义与中国实际相结合、与中华优秀传统文化相结合方面作出了有意义的贡献。我相信，这本书的出版，将会引起更多学者和读者的关注和思考，从而为中华文化的创造性转化与创新性发展不断注入新的活力。

是为序。

吴　光

2024 年 5 月 1 日

吴光：浙江省社会科学院二级研究员、浙江省儒学学会原会长、国际儒学联合会荣誉顾问。

# 目　录

# 第一章　绪　论

1993年10月，湖北荆门郭店一号楚墓出土了804枚竹简。经过整理者的努力，修复了有字简730枚。根据形制、文字及内容分篇，并加了标题，将其分为儒家和道家两大类文献。郭店楚简中的文献，按学界考证的通行定论，《老子》(甲、乙、丙3组)和《太一生水》4篇一般被列为道家文献，而其余14篇为儒家文献，称为郭店儒简，分别为《缁衣》《五行》《鲁穆公问子思》《穷达以时》《唐虞之道》《忠信之道》《性自命出》《成之闻之》《尊德义》《六德》《语丛》(一、二、三、四)。[①] 关于郭店儒简的成书年代，李学勤、姜广辉、刘祖信等学者利用考古的方法，推断墓葬的年代为公元前4世纪末。竹简的成书时间在此之前，据《先秦诸子系年》的记载，郭店儒简当为孔孟之间子思时代的儒家作品。

## 第一节　选题意义

就郭店儒简本身而言，它是先秦时期较为重要的儒家文献。萧萐父对于这批竹简的价值直言道："这批竹简所承载的文化信息太丰富、太重要了，几乎全是最高水平的学术著作。可以说，是当时具有很高学养的'老教授'，精心选辑的'最美的图画'，代表了当时时代精神的精华和学术思潮的主流。"[②]郭店儒简重见天日，为哲学、思想史、文字学、书法等的研究带来了新的活力，正如

---

① 关于儒简的篇名，李零所著《郭店楚简校读记》见解不同，分别为：《缁衣》《五行》《鲁穆公问子思》《穷达以时》《唐虞之道》《忠信之道》《性》《教》《六位》《尊德义》《父无恶》《物由望生》《名数》，共13篇。本书所引儒简皆出自李零著作，后不赘述。

② 萧萐父：《郭店楚简的价值和意义》，载武汉大学中国文化研究院编《郭店楚简国际学术研讨会论文集》，湖北人民出版社，2000，第12页。

杜维明所说:“对郭店楚简的深入研究,需要考古学、文字学、简牍学、校勘学、文献学、历史学、民俗学、人类学、文化学、知识社会学、哲学等多学科学者的共同努力,需要国际汉学家的积极参与,可以说这是一项跨学科跨国界的共业。”①因而可以说,郭店竹简涉及面极广,意义较为深远,作为先秦文献,蕴含了早期儒家很多重要思想的认知与构建,极具研究价值。

## 一、学术史意义

就学术史而言,郭店儒简填充了孔孟之间文本的空白,对研究孔孟之间儒学的发展传承具有重要意义。由于资料的缺失,学界对先秦儒学的研究大多集中于孔孟荀三者,而孔孟之间100多年间儒学的发展情况很难厘清。郭店儒简的出土恰好填补了这一空白,“给我们提供了从孔子到孟子的桥梁”②。李学勤也指出:“简帛书籍的发现研究作为学术的前沿,带动了不少学科的进步,影响是多方面的,但关系最直接、影响最重大的,显然是学术思想史。”③庞朴更是认为它“不仅要改写经学史和儒家学说史,而且要动摇中国学术思想的不少有关定论”④。杜维明甚至指出“整个中国哲学史、中国学术史都需要重写”⑤。李零对于郭店竹简在思想史上的意义予以说明:“如果我们把古书比作一条藏在云端里的龙,宋元以来古书是它的尾巴,敦煌的发现是它的身子,那么,现在的发现是它的脖子,我们离看到龙头的日子已不太远了。”⑥可见,这批郭店竹简对中国学术史的价值是不可估量的。

---

① 杜维明:《郭店楚简的人文精神》,载武汉大学中国文化研究院编《郭店楚简国际学术研讨会论文集》,湖北人民出版社,2000,第24页。

② 庞朴:《中国文化十一讲》,中华书局,2008,第7页。

③ 李学勤:《郭店竹简〈性自命出〉研究》,湖北教育出版社,2003,第3-4页。

④ 庞朴:《初读郭店楚简》,《历史研究》1998年第4期,第5页。

⑤ 杜维明:《郭店楚简与先秦儒道思想的重新定位》,载姜光辉主编《中国哲学》(第20辑),辽宁教育出版社,1999,第4页。

⑥ 李零:《郭店楚简校读记》(增订本),中国人民大学出版社,2007,第1页。

## 二、研究成果的反思

就研究成果而言，从郭店楚简出土至今 30 多年，对其研究情况进行回顾总结对学术研究来说是必要的。学界对于郭店儒简进行了深入研究，既有庞朴等前辈引路，又有梁涛等中坚力量，另外还有很多后起之秀，研究热情高涨，硕果累累。但各家研究多集中于文字释读和具体篇章的义理阐发，关注点多集中在一个或者几个点上，讨论较为零散，缺少综论性的研究。李学勤、梁涛等虽然从整体视角入手，但探讨的多是儒简与思孟学派的关系，与儒简内部的思想还是割裂开了。再者就是对先秦儒家的资料，很少有学者从人文精神的视角进行观照。根据笔者查阅的资料，明确提出人文精神的只有寥寥数人。其中，杜维明《郭店楚简的人文精神》一文指出："郭店楚简的意蕴在于人文精神，这才是它的不朽的价值。"[①]在这种情况下，对郭店儒简研究成果进行回顾是有必要的。

## 三、当前社会价值

就当前社会背景而言，发掘郭店儒简的人文精神具有很大意义。儒学产生于历史上的变革时期，自汉武帝以后从诸子百家中脱颖而出成为官方的指导思想。当前全球化的时代已经来临，可以说社会处于变革期，出现了一系列的问题，如生态失衡、环境污染、信仰失落、享乐主义等。人与自然之间的关系、人的身心问题、人与人之间的关系问题成了亟待解决的课题。同为变革时期，成书于孔孟之间的郭店儒简对现代的问题具有借鉴意义。其天人贯通的思维、对人性探索的努力、人格臻善的追求、人伦的构建以及德治方略的践行等，为我们解决当今社会人的觉醒、德治与法治以及和谐问题提供了可资借鉴的思想和方式。

---

① 杜维明：《郭店楚简的人文精神》，载武汉大学中国文化研究院编《郭店楚简国际学术研讨会论文集》，湖北人民出版社，2000，第 23 页。

# 第二节 研究现状

## 一、研究历程

从1993年郭店楚墓的发掘到1998年荆门市博物馆整理的《郭店楚墓竹简》的出版，在这将近5年的时间里，竹简内容虽然还没有正式面世，但对其的初步研究已经开始，主要表现为材料的整理，并对竹简与战国诸子的关系和郭店楚简与传世本《老子》的问题进行了初步思考。《湖北日报》于1994年12月5日刊登了《我国考古史上又一个重大发现——最早的竹简老子等典籍在荆门出土》，随后《人民日报》《中国时报》《中国文物报》《光明日报》《长江日报》《文汇报》等多家报纸给予了极大的关注，由此拉开了研究的序幕。各地纷纷召开研讨会，大量的学术论文也见诸各种期刊，把对郭店楚简的研究推向了高潮。陈伟对这一时期的研究进行阐释，指出："郭店楚简于1993年冬清理出土，1998年5月成书出版，总共只花了4年多的时间……在不太长的时期内，将全部竹简资料整理、公布出来，并附上整理者的初步成果，以利于学界的进一步研究，这在反映整理者专业方面高水准的同时，也显示出他们学术上强烈的责任心和道义感。"①

《郭店楚墓竹简》一书面世以来的两年内，是讨论最热烈的时期。各学科的学者云集探讨，涵盖范围之广、讨论主题之丰富可谓空前绝后。两年内发表相关论文400多篇，出版专著10余部，至于大大小小的研讨会更是数不胜数。这一研究热潮一直持续到2003年。庞朴根据相关统计，指出此阶段的小型学术会议不下50次，发表的论文不下千篇，著作不下百种。② 1998年5月，"郭店《老子》学术讨论会"在美国达慕思大学举行。紧接着，北京炎黄艺术馆在6

---

① 陈伟：《文本复原是一项长期艰巨的工作》，《湖北大学学报(哲社版)》1999年第2期，第7页。

② 庞朴：《郭店楚简出土十周年回顾——2003年荆门"郭店楚简国际学术研讨会"主题报告》，《荆门职业技术学院学报》2004年第2期，第1页。

月召开了“郭店楚墓竹简学术研讨会”。1999年3月，中国社科院哲学所举行1999年第一次学术新进展报告会。2000年，陕西师范大学举办了“郭店楚简与历史文化座谈会”。10月之际，在武汉大学又举办了“郭店楚简国际学术研讨会”，此次会议可谓相关研讨会的巅峰之举，为接下来的研究奠定了基础。2000年，陕西师范大学举办了“郭店楚简与历史文化座谈会”。2003年，为了纪念竹简出土10周年，荆门市又召开了“郭店楚简国际学术研讨会”。与之相对应的研究成果也层出不穷，除了数不胜数的论文之外，研究相对集中的论文集锦就有《中国哲学》第20、21辑，分别出了《郭店楚简研究》和《郭店简与儒学研究》两个专号。1999年“郭店楚简国际学术研讨会”论文集《郭店楚简国际学术研讨会论文集》于2000年出版。另外，2003年荆门市召开的“郭店楚简国际学术研讨会”论文也结集出版，名为《古墓新知——纪念郭店楚简出土十周年论文专辑》。随着研究的深入，一夕之间难以有新的突破，从2004年起有关郭店楚简的探讨进入理性时期，研究进入平稳阶段。随着研究热度的下降，学术研讨会的召开及相关论著的出版明显放慢了速度。2005年10月，“郭店竹简与思孟学派座谈会”在北京大学召开，主要讨论郭店竹简与思孟学派的关系问题。2006年，武汉大学召开“新出楚简国际学术研讨会”，讨论的重点不再是郭店楚简，而是上博简。2007年8月，“儒家思孟学派国际学术研讨会”在济南和邹城两地举办，以思孟学派的存在及与郭店儒简的关系为探讨重点。2004年以后，有关郭店楚简的研究成果相对来说少了很多，研究逐渐向纵深发展。其间，杜维明将哈佛燕京学社访问学者研读的论文结集出版，名为《思想·文献·历史——思孟学派新探》，主要讨论思孟学派的定性问题。2008年，梁涛的《郭店竹简与思孟学派》一书出版，为研究郭店竹简打下了基础。2023年，在清华大学又举办了“新出简牍哲学文献暨纪念郭店简出土三十周年”国际学术探讨会。同年10月，武汉大学简帛研究中心和荆门市博物馆从已经刊布的论文中选了46篇编成《金声玉振：郭店楚墓竹简出土三十周年研究文选》一书出版，为竹简的出土和研究留下一份写照。

相较于其他出土文献，郭店竹简有它自身独特的研究优势。“除竹简保存较佳、字迹大都清晰如新之外，至少还有三点可以举出：第一，经过几十年来资料和研究成果的积累，对战国楚系简帛文字的释读已有很好的基础。第二，在730枚写有文字的竹简中，按照简身长度、两端修削形式、编线道数与相间尺寸以及文字风格等因素，可以分出若干群组，使得编连、分篇能够在比较小的范围内进行，减轻了工作强度，而可靠性和准确率则大大提高。第三，也是最为重要的，简文内容全部是古代典籍。其中有的大致相当于传世或先前出土的古书，可以直接对照；有的语句或词汇见于传世古书，可以比勘参考；在这以外的场合，也往往可以通过句式、文理或语境，找到某些线索。"①因而，竹简在文字释读及义理阐发等方面都取得了丰硕的研究成果。

## 二、研究内容

纵观从发现郭店竹简到今天这30年的时间，国内学界对其的研究主要集中在文本释读与义理阐发两个方面。

1. 文本释读

主要从文字释读和文献释读两个方面展开。

(1)文字释读是郭店楚简研究最基础的工作

在郭店竹简还没出版的一段时间内，彭浩、刘祖信、王传富、裘锡圭等就已经展开了释文工作。《郭店楚墓竹简》一书的注释中以"裘案"②的方式收录了一些修订建议，为原文的理解提供了很好的借鉴资源。之后不久，李零按照传世古书的阅读习惯撰成了《郭店楚简校读记》，直接按读法转写古体、异体和通假字，便于通读文义。刘钊的《郭店楚简校释》对字形和内容进行了简要说明，并结合传世文献解释字词。除此之外，还有陈伟的《郭店竹书别释》《新出楚简研读》二书，张守中的《郭店楚简文字编》一书。而张光裕、袁国华等则把郭店楚简中所有原字都剪贴下来，附上辞例，便于研究者查阅。郭店楚简的文字在

① 陈伟：《郭店竹书别释·绪言》，湖北教育出版社，2003，第2页。

② "裘案"指《郭店楚墓竹简》一书注释所附裘锡圭的案语。

地下长眠了两千多年，最为直接地反映了当时的语言状况。从文字的发展角度来看，战国文字源于甲骨文、金文，虽然在郭店竹简中有不同系的文字，但战国时期文化交流频繁，再加上各系的文字同根同源，个性并不是主要的。因而整理者提出："郭店楚简的文字是典型的楚国文字，就有楚系文字的特点。"①通过字形对字义加以分析理解，为古汉语中的一些疑难字的释读提供了线索。

(2)在文字释读的基础上进行文献释读

郭店楚简出土伊始，刘祖信、彭浩等对其进行分类排序，整理残简，才有了后来我们看到的郭店竹简的面貌。郭店竹简"由于岁月侵蚀和经过盗扰，编绳朽烂，一些简残断，出土时呈现一派散乱无序的状况。经过整理者细致的缀合、编连、释文、注释，加上裘锡圭先生精心审定，大致已是篇章分明，文句可读。"②通过对文本的通读，一些学者将其与传世文献进行了比照。比如《缁衣》，简本比传世文本少了 3 章，剩下的内容虽然大体相近，但是排列顺序相差很大。在具体语句中，也有单个字的不同。上博简出土以来，冯胜君的《郭店简与上博简对比研究》一书对两种版本的《缁衣》进行了比照。再有就是与简帛《五行》的对比，二者不仅仅有形式上的不同，更有思想重点的差异。对文献的释读有助于学界辨别古书的真伪与年代。比如李学勤、杨朝明分别作文《从简帛佚籍〈五行〉谈到〈大学〉》与《〈中庸〉成书问题新探》，探讨《大学》和《中庸》的成书年代及作者问题。

2. 义理阐发

文字释读只是研究郭店楚简的第一步，文字背后所承载的义理更是竹简的意义之所在。就目前的研究现状而言，研究对象多为郭店楚简的具体篇章。大多数义理的分析是从单个章节入手，割裂了竹简的整体性，对孔孟之间的文献欠缺整体性的把握。研究内容从人文精神的角度来观照儒简的不多，但是对人文精神这一点的研究是非常丰富的。

---

① 荆门市博物馆:《郭店楚墓竹简》，文物出版社，2002，第 2 页。

② 陈伟:《郭店竹书别释·绪言》，湖北教育出版社，2003，第 1 页。

人文精神作为一个历史范畴，将人置于整个宇宙的大背景下，关注人的生存状态及意义，高扬人的主体性，突出人的价值。学界明确从人文精神的角度对郭店儒简进行研究的少之又少。杜维明指出郭店楚简蕴含着中国文化的内在精神和核心价值观念，其人文精神是不朽价值之所在。杜维明认为："在郭店楚简中，人文学所应关注的问题基本都有涉及，自我修身、群己相成、万物一体、天人互动之类思想多采多姿，美不胜收。"[①]涂宗流的《先秦思想家对人的认识——《〈郭店楚简·语丛〉研究》序说》一文也对"人"的自然属性、社会属性以及精神属性进行了分析阐述。[②] 至于其他研究成果，多是从某个角度对某些篇章的人文精神进行阐发。笔者认为郭店儒简人文精神体现在人性的探索、人格的臻善、人伦的构建、人治的践行等方面，据此分析学界的研究成果。

(1)人性探索方面

学界对于人性的探索基本上集中在人性论的讨论上，主要有三个方面的内容。一是对性情论的分析。郭店儒简重性贵情，谭忠诚将"情与文相对待为义"与孔子"文质彬彬"相对照，指出郭店儒简中的情源自孔子"尚质"的传统，揭示出儒家早期心性思想的起源。[③] 丁原明则指出郭店儒简的性情说是接着孔子讲的，以性情为基础的仁德观最终将人心之性情定位于价值领域。通过尚情的思想，探讨人性与道德情感之间的关系，发掘郭店儒简人文精神及其现代价值。[④] 丁四新在《论孔子与郭店儒简的天命、天道观》一文中将天道、人道相贯通，着重论述人道的问题。[⑤] 人性论不仅仅关涉人之性与情，心、习、道、教等也是人性论不可或缺的因素。郭齐勇通过分析"心志"对人习、性、身、形、状、貌、情、气的主导作用来论证人性论中各要素的相互作用。二是对性善或

---

① 杜维明：《郭店楚简的人文精神》，载武汉大学文化研究所编《郭店楚简国际学术研讨会论文集》，湖北人民出版社，2000，第23页。

② 涂宗流：《先秦思想家对人的认识——〈《郭店楚简·语丛》研究〉序说》，《荆楚理工学院学报》2009年第4期，第55-62页。

③ 谭忠诚：《郭店儒简的重"情"论》，《北京大学学报》(哲学社会科学版)2011年第5期，第19-23页。

④ 丁原明：《郭店儒简"性""情"说探微》，《齐鲁学刊》2002年第1期，第35-42页。

⑤ 丁四新：《论孔子与郭店儒简的天命、天道观》，《湘潭师范学院学报》(社会科学版)2000年第5期，第25-29页。

性恶进行阐释。在分析了性与情的基础上，学者对郭店儒简中人性的善恶问题纷纷发表看法。一种观点认为性有向善的趋势。郭齐勇认为天道、天德是人性与人道的终极根据，为道德行为的价值源头。人的情气由天所降，不仅仅是自然情欲，更有为善的趋势。和孟子相类，郭店儒简也主张存心养性，丰富了对孟子性善论的理解。① 丁为祥在《从〈性自命出〉看儒家性善论的形成理路》一文中指出，郭店儒简人性论是对此前儒家性论的继承发展，提出了“未教而民恒”的性善指向，为孟子性善论的确立提供了借鉴思想。② 郭店儒简的人性说上勾下连，在《论语》《周易》与《中庸》《孟子》之间处于桥梁性的中介地位。另一种观点认为郭店儒简之性为自然之性，“‘性’是指随客观世界的运动变化而表现出来的人的情性”，人性出自天命，是普遍统一的，后天的“习”和“道”成就了性的不同，成就德行的关键在于把握人道，修习诗、书、礼、乐。③ 颜炳罡更是明确指出“性自命出”之性“不是道德之性，而是自然的气性，或者说更接近于荀学的材性，即本始材朴之性；从其认为性可动、可交、可逆、可绌、可养、可长等等看，与荀学的对治性的手段——化与积完全相通”④。三是突破时间限定，从整个哲学史的角度进行考量。彭国翔将郭店儒简的人性论与宋明理学结合起来，论证了二者在“性”“情”“无”三方面的一贯性，进而揭示出郭店儒简与宋明理学的连贯性。⑤

(2)人格臻善方面

郭店儒简对人格臻善的追求主要体现在道德观方面。学界对于郭店儒简道德论的研究可谓非常透彻，儒简不仅用“金声玉振”阐释了完满的道德，还指出了修养的方法。

首先，郭店儒简对德进行了全面的论述。郭店儒简所云的“德之行”与

---

① 郭齐勇：《郭店儒家简与孟子心性论》，《新闻与传播评论》1999 年第 5 期，第 24-28 页。

② 丁为祥：《从〈性自命出〉看儒家性善论的形成理路》，《孔子研究》2001 年第 3 期，第 28-37 页。

③ 吴光：《探讨性与天道——〈郭店儒简〉的作者归属及其思想辨析》，《湖南大学学报》(社会科学版)，2013 年第 3 期，第 32-36 页。

④ 颜炳罡：《郭店楚简〈性自命出〉与荀子的情性哲学》，《中国哲学史》2009 年第 1 期，第 9 页。

⑤ 彭国翔：《从出土文献看宋明理学与先秦儒学的连贯性——郭店与上博儒家文献的启示》，《中国社会科学》2007 年第 4 期，第 104-115 页。

“行”是学界研究道德论的最初关注点。以是否“形于内”作为区分二者的标准，“五行和”为德，而“四行和”为善。德为天之道，善为人之道，天道、人道相贯通，通过修养集大成，以达君子道的境界。庞朴的“三重道德论”论述了郭店儒简的道德体系，“人之作为家庭成员所应有的人伦道德（六德），作为社会成员所应有的社会道德（四行），以及作为天地之子所应有的天地道德（五行）”。三种道德逐步上升，营造了深浅不同却相互关联的道德境界，为人的德行生活开拓了广阔的空间。[①] 孔德立在《外在之行与内心之德的贯通——对子思五行说构建过程的诠释》一文中指出，在诗书礼乐教化的基础上加强心性修养，培植内在道德，贯通天人之后再回到“行”上以显内心之“德”，圣人与君子是同义语。[②] 梁涛的《郭店竹简与思孟学派》认为“德之行”与“行”并重，从双重道德律的角度与思孟学派相联系来理解郭店儒简的道德论。

其次，对道德修养目标的论述。人生修养的目的是最终达到集大成的境界，以实现道德的完满。对于人格臻善的追求，郭店儒简用了“金声玉振”一词来概括。刘信芳指出金声和玉振并不是以往学界所讨论的音乐问题，而是道德修养问题。简帛《五行》中所讨论的“金声玉振”一词，借金声喻外界之善，借玉振喻内心的共鸣。“唯有德者然后能金声而玉振之”，通过主体与客体的贯通，金声玉振就是所谓的集大成，成就君子人格，成就道德的完满。[③]

再次，探索道德修养的方式。张卫红在《试论〈五行〉的成德进路》中围绕成圣这一终极目标指出，个体生命一方面以对最高存在理念的神性追求为重心，另一方面在世俗层面通过改过迁善，二者相互作用，从两个维度实现道德提升。[④] 丁四新在《略论郭店楚简〈五行〉思想》一文中指出“仁义礼智圣”五行与心的作用密不可分，积善成德在于涵摄四行与五行的心之和乐一同。不仅

---

① 庞朴：《三重道德论》，《历史研究》2000 年第 5 期，第 3 页。

② 孔德立：《外在之行与内心之德的贯通——对子思五行说构建过程的诠释》，《中国哲学史》2009 年第 3 期，第 12-18 页。

③ 刘信芳：《“金声玉振”及其相关问题》，《古籍整理研究学刊》2001 年第 1 期，第 35-37 页。

④ 张卫红：《试论〈五行〉的成德进路》，《石河子大学学报》（哲学社会科学版）2003 年第 4 期，第 22-30 页。

强调了慎独的功夫，还进一步提出君子成己亦是成人，涵德兼善，二者博洽通贯而集大成。①

(3)人伦构建方面

战国时期战乱纷争不断，从天下无道到天下有道的转变成了时代的追求，建立有序和谐的社会秩序成了现实的目标。郭店儒简主要从三个方面来论述伦理构建的问题。

第一，追寻人伦的根源。天作为先秦儒家秩序构建的依据，“天登大常”，秩序本身来源于天，还有“圣人知天道”，圣人之智慧也来源于天。郭店儒简中有以天为秩序构建依据的论述。谢耀亭在《郭店简〈六德〉篇探析》一文中指出“六德”是顺应天道的表现，人伦的构建有其形上学的根据，即“治人伦以顺天德”。② 除了天以外，成云雷还论述了秩序构建中圣人及天命的作用。成云雷指出，在先秦儒学体系中，社会秩序构建的主体是圣人，他们的人格力量具有极大的示范作用，可以在整个社会中形成巨大的凝聚力，进而形成核心价值，用以解决社会问题。圣人之“德”和“位”是构建秩序的主客观条件，缺一不可。而“德”和“位”的结合又受到“时”和“命”的影响。“先秦儒学通过对圣人建构秩序时德、位、时、命诸因素的思考，明确了人力作用的界限，其积极的方面在于超越成功与否的功利性考虑，更加专注于德方面的努力，由此彰显了人格力量在伦理政治价值创造活动中的作用。”③

第二，探讨道德与伦理的关系。庞朴论述了人伦与道德的关系，提出从天道借来的德配到各个社会角色之上，伦理之德与天道之德相贯通。④ 李景林从儒家“仁内义外”与“仁义内在”的内在一致性论述伦理原则与心性本体的统一，指出“六德”是“六位”的道德责任，“社会每一分子，在各自分位上尽其道德

---

① 丁四新：《略论郭店楚简〈五行〉思想》，《孔子研究》2000 年第 3 期，第 50-57 页。

② 谢耀亭：《郭店简〈六德〉篇探析》，《陕西师范大学学报》（哲学社会科学版）2012 年第 1 期，第 66-64 页。

③ 成云雷：《先秦儒学中的圣人之德与圣人之位——以秩序建构为中心》，《哲学研究》2007 年第 12 期，第 58 页。

④ 庞朴：《本来样子的三纲——漫说郭店楚简之五》，《寻根》1999 年第 5 期，第 9-10 页。

之责,由此达到社会伦理秩序之和谐"①。李维武在《〈六德〉的哲学意蕴初探》一文中指出"六德"从精神上构建并支撑了中国古代的生活,并与"六位"和"六职"相配组成社会生活系统,以"六艺"为中心的儒家原典为此提供了依据。②

第三,对具体礼制的探讨。丧礼是古代礼制最典型的代表,彭林和李存山对于郭店儒简中所涉及的丧礼进行了商榷,争论点主要在君权与父权的关系。李存山指出,"为父绝君"是先秦儒家明确讲父子关系高于君臣关系的文字。③ 彭林的《再论郭店简〈六德〉"为父绝君"及相关问题》则提出不同意见,认为"绝"是"绝服"的意思,当父丧与君丧冲突时应服父丧而绝君之丧服,与反对君臣关系绝对化无涉。④ 李存山再次发文《再说"为父绝君"》,以郭店儒简葬礼与古礼之相左为切入点与彭林进行探讨。⑤

(4)人治践行方面

王道德治是传统儒家的政治主张,更是郭店儒简人文精神在政治上的践行。学界对于郭店儒简德治的研究,大体围绕以下几个方面展开。

第一,对统治者道德规范的探讨。孙德华的《子思学派的"君道"观——以郭店楚简为考察对象》一文着重论述了郭店儒简的君道思想,指出统治者要率先垂范,尚贤使能,实行"德治仁政"。⑥ 席盘林则论述了郭店儒简的臣道思想,将《鲁穆公问子思》与传世文献相结合,着重分析了"恒〔称其君〕之恶"⑦,指出郭店儒简的臣道其实是辅臣之道,辅君以善,弼君之恶。在君尊臣卑的人

---

① 李景林:《伦理原则与心性本体——儒家"仁内义外"与"仁义内在"说的内在一致性》,《中国哲学史》2006年第4期,第28页。
② 李维武:《〈六德〉的哲学意蕴初探》,《中国哲学史》2001年第3期,第64-67页。
③ 李存山:《先秦儒家的政治伦理教科书——读楚简〈忠信之道〉及其他》,《中国文化研究》1998年第4期,第23页。
④ 彭林:《再论郭店简〈六德〉"为父绝君"及相关问题》,《中国哲学史》2001年第2期,第97-102页。
⑤ 李存山:《再说"为父绝君"》,《江苏社会科学》2005年第5期,第93-98页。
⑥ 孙德华:《子思学派的"君道"观——以郭店楚简为考察对象》,《沈阳师范大学学报》(社会科学版)2012年第6期,第26-28页。
⑦ 李零在《郭店楚简校读记·凡例》中如是说明:"章号,以 ■ 表示墨钉……| 表示句读式章号……凡篇号、章号后有空白,今以'—'号表示空字,一个字符代表空一字……缺字,可据文义补释者……括以□号……脱字,可据文义补释者……今则加于释文,括以【】号。"

格规范下，忠臣的独立性人格就显得尤其珍贵，成为历代忠臣的镜鉴。[①]

第二，重申“使民”思想。“民可使由之不可使知之”是研究君民关系的重点。《论语·泰伯》中出现了这一句，不仅语句简短，而且没有具体的语境，历来没有得到充分的论证。郭店儒简《尊德义》中有“民可使道之而不可使知之”一句与《论语》中的记述相似，学界多将二者相结合，以探讨先秦时期的君民关系。庞朴在《“使由使知”解》一文中梳理了《论语》中“民可使由之不可使知之”一章的有关解释，结合《尊德义》《教》，认为二者的关键在于治民者以身教还是以言教的区别上。[②] 彭忠德则从语法的角度切入，指出《尊德义》中有数组“可……不可……”和“可使……不可使……”两种类型的句子，因而，二者的语法功能定有不同。彭忠德将该句断为：“民，可使由之，不可使知之。”[③]吴丕则提出了与彭忠德相悖的看法，认为该句的意思是“老百姓可以使用，就顺着他们；不可以使用，就教育他们。”[④]学界对于“使民”思想的研究，加深了对先秦君民关系的理解。

第三，对于禅让的研究。郭店儒简推崇禅让制，学界对此进行了深入的研究。方铭在《郭店楚简〈唐虞之道〉中原始儒家的终极理想》一文中指出，尧、舜把利天下看作第一位，因而政权的转移不是传子而是禅让，这是实现“大同”理想的保障。[⑤] 梁涛也在《战国时期的禅让思潮与“大同”“小康”说——兼论〈礼运〉的作者与年代》一文中指出，禅让的根本精神是“利天下而弗利”，通过禅让可实现天下为公。[⑥]

---

① 席盘林：《论子思的臣道思想》，《孔子研究》2001 年第 1 期，第 64-73 页。

② 庞朴：《“使由使知”解》，载国际儒学联合会编《国际儒学研究》（第 10 辑），国际文化出版公司，2000，第 316-324 页。

③ 彭忠德：《也说“民可使由之”章》，《光明日报》，2000 年 5 月 16 日。

④ 吴丕：《再论儒家“使民”思想》，《光明日报》，2000 年 6 月 13 日。

⑤ 方铭：《郭店楚简〈唐虞之道〉中原始儒家的终极理想》，《南通师范学院学报》（哲学社会科学版）2003 年第 4 期，第 1-5 页。

⑥ 梁涛：《战国时期的禅让思潮与“大同”“小康”说——兼论〈礼运〉的作者与年代》，载国际儒学联合会编，张学智执行主编《儒学与当代文明：纪念孔子诞生 2555 周年国际学术研讨会文集》（第一卷），九州出版社，2005，第 2037-2047 页。

## 第三节　研究对象、研究方法及研究思路

### 一、研究对象

本书以郭店儒简的人文精神为研究对象，主要涉及两个方面的内容：一是郭店儒简；二是人文精神。参照李零的《郭店楚简校读记》，其中儒简共有13篇，分别为《缁衣》《五行》《鲁穆公问子思》《穷达以时》《唐虞之道》《忠信之道》《性》《教》《六位》《尊德义》《父无恶》《物由望生》《名数》。在此基础上，专家学者结合相关资料进行分析研究。就人文精神而言，学界目前还没有确切的定义，笔者将其界定为在天人贯通的前提下，对人的发现及关注——主要是关注个体价值、群体协调与整体和谐，阐扬人的生存状态及意义，高扬人的主体性，突出人的价值。在郭店儒简中，人文精神主要体现在人性的探索、人格的臻善、人伦的构建、人治的践行等方面。

### 二、研究方法

1. 跨学科综合分析法

本书力图突破学科界限，采用多学科交叉的方法分析郭店儒简的人文精神。郭店儒简作为先秦孔孟之间的重要文献，可从多角度对其进行研究。从单学科来探讨只能窥探一点，不能从整体的高度把握其全貌。这不仅会限制研究的广度，同时还会影响研究的深度。比如，没有文字的释读，就不可能发掘郭店儒简的思想。因而，本书将文字学、文献学、哲学、修辞学等多个领域打通进行研究，力图从多角度分析郭店儒简，借鉴多种方法，以发掘其独特的人文精神。

2. 历史与具体相结合的方法

郭店儒简作为战国时期的文献，反映的是当时的思想及社会状况，不能用后世的观点进行僵化的套用。本书力图还原当时的时代背景，从思想史、学术

史的角度把握郭店儒简的整体情况，以历史的眼光分析文献，以认识真实的郭店儒简，对其进行客观公正的研究。

3. 对比分析法

先秦儒家的很多思想反映在不同的文本中，郭店儒简中的“五行”“六位”“德治”“人性”“禅让”等思想，在《论语》《中庸》《大学》《孟子》《荀子》等中都有所论述。本书不单单分析郭店儒简本身，还将其与其他相关的文本、思想进行对比，以期找出郭店儒简本身的特征。

## 三、研究思路

本书在界定郭店儒简和人文精神的前提下，将郭店儒简定位为孔孟之间子思时代的儒家文献，然后对人文精神进行说明，指出人文精神是在天人贯通的背景下对人的存在及意义的关注，凸显人的主体性，突出人的价值，进而对人性的探索、人格的臻善、人伦的构建、人治的践行分而论述。

第一，从字源入手，对最具代表性的“仁、义、礼、智、圣、忠、信”七个字及“五行”“六位”两个词进行考辨，通过它们背后的变化发展，发掘郭店儒简的人文精神。

第二，从对人性探索的角度寻求人之为人的根本。天生百物人为贵，在天人贯通的背景下分析性情论，阐释心、物、习、道等对人性的影响，从天命之性与性善论、自然之性与性恶论两个方面论述郭店儒简人性论的意义。

第三，以“五行”为核心追求人格的臻善。通过梳理郭店儒简道德论的来源，比较分析善与德的关系，论述成德的目标，阐释成德进程中的三个要素——成德的主体、成德的条件以及成德的方式，并说明“五行”与“四端”“五常”的关系。

第四，以“六位”为核心探讨人伦的构建。在厘清“六位”思想来源的基础上，分析德、职、位相配的问题。通过以礼为用，以德称位，天登大常，圣人建制及仁内义外的方式构建人伦秩序。郭店儒简的伦理观影响了贾谊等后儒，为“三纲”思想提供了思想资源。

第五，人治的践行。主要讨论郭店儒简的王道德治思想。从德治理念、执政方略和王道治略的影响三个方面进行论述。德治理念倡导为政以德、忠信之道，追求大同理想。执政方略主要论述政权转移、政体构建及政务践行。

第六，阐释郭店儒简人文精神的特征及意义。郭店儒简人文精神的特征为：天人贯通人为贵、以道德为本位、注重实践。其人文精神为生态危机、自我觉醒、身心和谐、人际关系、德治和法治提供了参考资料。

# 第二章　文献定位，概念界定

作为一个整体性观瞻，在对郭店儒简人文精神进行研究之前，首先应该明晰两个前提性问题：一是作为先秦重要资料的郭店儒简，在学术史上，或者在先秦思想史上是一个怎样的存在？如何对其定位是研究其人文精神的一个前提条件。二是何为人文精神？探讨郭店儒简的人文精神，要明确人文精神的内涵，只有清楚了何为人文精神，才有可能对郭店儒简的人文精神加以分析。因此，在本章中，我们先解决这两个前提性问题，再研究郭店儒简的人文精神。

## 第一节　郭店儒简的定位

郭店儒简的定位问题历来是学界关注的热点，也是本书研究的一个前提条件。郭店儒简的定位关涉研究的方向及意义。但是，关于这一问题较为复杂，毕竟郭店儒简本身就是一个复杂的存在，再加上资料的缺失、概念界定的困难以及研究方法的不同，很难用三言两语来判定。时至今日，郭店儒简的定位问题也远没有明确的定论。关于成书年代、作者归属等问题，李学勤、廖名春、姜广辉、吴光、郭沂等都发表了自己的看法，但观点并不一致，根本分歧主要在于是否将其划归为思孟学派。在作判定之前，我们有必要梳理学界对于郭店儒简学派归属问题的研究情况。

### 一、学派归属的分歧

1. 思孟学派说

1998 年 5 月，郭店楚简正式公布之后的第二天，国际儒学联合会就召开了研讨会。就儒简与思孟学派的关系而言，此次会议提出了理论导向，指出郭店儒简成书于孔孟之间，相当于思孟学派的著作，是理解孔孟之间的重要思想。此后，许多学者发表自己的观点，认为儒简与思孟学派关系密切。笔者暂且称具有此种倾向的观点为思孟学派说。

李学勤于1998年6月8日在《人民政协报》发表《先秦儒家著作的重大发现》一文，从竹简的形制和内容入手谈了自己的看法。他认为《鲁穆公问子思》一篇表明了这些儒书都与子思有或多或少的关联，代表了由子思到孟子之间儒学发展的链环。由此，李学勤推断除了《缁衣》《五行》《鲁穆公问子思》为子思所作以外，其余的《教》《性》《六位》《尊德义》4篇也都与子思有关。庞朴从儒家思想的脉络入手，认为“这批竹书属思孟学派著作，是早期儒家心性学说的重要文献”[①]。姜广辉参照《荀子・非十二子》《中庸》，从子思“求己”的学术主旨出发，透过子思的思想性格审查竹简的内容，认为《唐虞之道》《缁衣》《五行》《性》《穷达以时》《教》（前半部）《鲁穆公问子思》《六位》都为子思所作。[②]李景林不仅认为《唐虞之道》《忠信之道》和《尊德义》是思孟学派的作品，还从性和天道的关系指出，《父无恶》《物由望生》《名数》也是子思一系之作。[③] 而王葆玹认为除了《唐虞之道》和《六位》2篇晚出以外，其他的8篇都是《子思子》一书的资料。[④] 梁涛认为是否为思孟学派，不在于材料本身，而在于对思孟学派的理解。他倡导从历史背景出发，把思孟学派看作一个历史发展的过程，按学说内在的发展逻辑和自身规律，在具体中表现出的统一是判定学派的重要根据。子思、孟子思想上有一致性，前后相续，是历史与逻辑的统一，在具体的历史中表现出来，称之为思孟学派。郭店儒简无论是否为子思之作，都是

---

① 庞朴：《孔孟之间——郭店楚简的思想史地位》，《中国社会科学》1998年第5期，第88页。

② 姜广辉：《郭店楚简与〈子思子〉——兼谈郭店楚简的思想史意义》，《哲学研究》1998年第7期第56-61页。

③ 李景林：《从郭店简看思孟学派的性与天道论——兼谈郭店简儒家类著作的学派归属问题》，载武汉大学中国文化研究院编《郭店楚简国际学术研讨会论文集》，湖北人民出版社，2000，第625-634页。

④ 王葆玹：《郭店楚简的时代及其与子思学派的关系》，载武汉大学中国文化研究院编《郭店楚简国际学术研讨会论文集》，湖北人民出版社，2000，第646-649页。

子思那个时代的作品和思想。[①] 吴光则在《探讨性与天道——〈郭店儒简〉的作者归属及其思想辨析》中明确认为郭店儒简全部都是子思学派的作品，并称之为《郭店儒简·子思子》。[②]

2. 非思孟学派说

对于思孟学派一说，李存山不赞成将郭店儒简归为子思或者思孟学派，他认为，儒简与思孟学派的内容有不相符之处，《穷达以时》提出天人相分与《中庸》中的"大德者必受命"不相符，《六位》中的"为父绝君"与《礼记》中的"有君丧服于身，不敢私服"也相抵牾。就德目而言，《中庸》思想核心为"诚"，"智、仁、勇"为三达德，而《五行》中德目为"仁、义、礼、智、圣"，德目不同。即使儒简本身，其内部的思想也不是统一的，《五行》《六位》《忠信之道》所构建的道德体系就不一致。因而，李存山提出自己的观点："我不认为这些文献都属于子思学派或思孟学派。"[③]陈来指出郭店简"至少其中的一部分，是应当在公元前400 年以前的。由此可知，这些竹简的作者正是所谓'七十子及其弟子'（当然不排除有孔子本人思想的可能）"[④]。

学界对于郭店儒简的定位基本上围绕着学派归属来进行，而且没有越过子思、孟子一系的藩篱。两种观点各有看似充分的论据，仁者见仁智者见智，但也都存在一定的问题。用学派来界定郭店儒简是否合适？判定的方法是否客观？我们手头的资料是否翔实？鉴于以上问题，笔者认为应当冲破学派的限制，转换视角，从一个新的角度对郭店儒简的定位进行审视，以时间为依据，结合思想、文字等相关因素，从时代上对郭店儒简进行关注。

---

① 梁涛：《郭店竹简与思孟学派》，中国人民大学出版社，2008，第 14-15 页。

② 吴光：《探讨性与天道——〈郭店儒简〉的作者归属及其思想辨析》，《湖南大学学报》（社会科学版）2013 年第 3 期，第 32-35 页。

③ 李存山：《"郭店竹勇与思孟学派"复议》，载郭齐勇主编《儒家文化研究》（第 1 辑），生活·读书·新知三联书店，2007，第 56 页。

④ 陈来：《儒家系谱之重建与史料困境之突破——郭店楚简儒书与先秦儒学研究》，载武汉大学中国文化研究院编《郭店楚简国际学术研讨会论文集》，湖北人民出版社，2000，第 564 页。

## 二、子思时代的儒家文献

先秦儒家处于早期创生时期，理论还不是十分成熟，因而分析起来相当复杂。再加上资料的缺失，对其定位更是增加了难度。笔者认为，无论从形制上还是思想上入手来判定郭店儒简的学派归属，都着实欠缺确切的论据。因而，从时间上对其定位无疑是较为稳妥的做法。

首先，“学派”这一术语并不是先秦的用语，是后来才出现的，倒置到郭店儒简的定位问题并不合适。“学派”在战国时期相当于“家”“子”。当时，自成一系都可称之为一家，后来发展为有相近或者相同渊源的学派，司马谈论的六家即是此意。而先秦子思和孟子，二者虽有相近的思想宗旨，但却是两个独立的“家”。至于思孟学派，则是由侯外庐首提。因而，从学派的角度来判定郭店儒简的归属确实是一个严肃的问题。

孔子兴办私学，有弟子三千，是儒家学派的开创者。孔子去世以后，儒家内部出现了分化，据韩非记载有八派，其中就有子思之儒和孟氏之儒。子思之儒和孟氏之儒单独列出，传递的意思是二者并不是同一家，而是儒家内部两个相分的所谓派系。荀子将子思和孟子联系在一起，在《非十二子》中指出“子思唱之，孟轲和之”。二者虽同时出现，有一定的联系，不过也还是单独的两个派系，不是一个学派，只不过在荀子看来同属于儒家，思想上存在着一致性罢了。到了汉代，思孟一系这种说法进一步得到确认。司马迁在《史记·孟子荀卿列传》中就有明确记述：“孟轲，驺人也。受业子思之门人。”可以说，孟子见解师从于子思，二者的思想应有一定的相同点。汉魏以降，儒家式微，佛老流行，韩愈倡导道统，指出：“孟轲师子思，子思之学盖出曾子。自孔子没，群弟子莫不有书，独孟轲氏之传得其宗。”[①]思孟在这里是作为谱系出现，也还不是学派。宋明理学认可韩愈的道统，二程和朱熹都认为孔子之后儒学接续为曾子—子思—孟子，“孔子没，传孔子之道者，曾子而已。曾子传之子思，子思传之孟

---

① 韩愈：《韩昌黎文集校注》卷四，马其昶校注，马茂元整理，上海古籍出版社，2014，第293页。

子”[1]。朱子则指出曾子传孔子之道，后有子思、孟子。“思孟学派”作为术语虽在此时没有被提出，但有了“思孟之学”或者“子思、孟子之学”之类的称呼。清代考据盛行，多谈孔孟，少论思孟。大多数学者认为荀子所非其实只有十家，文中所非的思孟应该是韩非、李斯所假托的。所以说，思孟学派为空中楼阁。梁启超则质疑曾子传子思一事，提出曾子为误，应是子游。“《春秋》太平世之义，传诸子游，而孟子大昌明之。《荀子・非十二子》攻子思、孟子云：以为仲尼、子游为兹厚于后世。可见子思孟子之学实由子游以受孔子也。”[2]郭沫若的《十批判书》虽涉及子思学派的问题，但也没有明确使用这一术语，而是提出：“‘子思之儒’和‘孟氏之儒’、‘乐正氏之儒’，应该只是一系。孟氏自然就是孟轲，他是子思的私淑弟子。”[3]直至 1947 年出版的侯外庐的《中国思想通史》一书，才首次提出了“思孟学派”这一术语。书中指出曾子思想并不是得孔子真传，只是片面继承了孔学中的消极成分，为“思孟学派的理论来源或其萌芽形态，但不是孔子思想的真传”[4]。这里明确使用了“思孟学派”这一概念术语。而任继愈质疑思孟学派，认为仅凭孟子对曾子和子思的推崇，并不能判定思想上存在传授的关系，《孟子》一书中也看不出子思和孟子的思想传承关系，“说先秦有思孟学派的主张，就缺少证据了”[5]。且不论思孟学派如何，单就术语本身来讲，是后世出现的用语，以此倒置到郭店儒简来讨论是否合适就是一个问题。因而，笔者不主张用此法。

其次，就现存的资料而言，子思一系之外的资料缺失，不足以证明郭店儒简为思孟一派之作。单凭思想来划分学派归属也失之偏颇，思想相似并不一定属于同一派系，思想相异也有可能是同系之作。

孔子以后，儒家分化是不争的事实。据荀子所分，有贱儒、陋儒、俗儒、雅儒、大儒等之别。韩非在《显学》中也提到：“自孔子之死也，有子张之儒，有子

---

① 程颢、程颐：《二程集》(上)，中华书局，1981，第 327 页。
② 梁启超：《论中国学术思想变迁之大势》，上海古籍出版社，2001，第 80 页。
③ 郭沫若：《十批判书・儒家八派的批判》，中国华侨出版社，2008，第 93 页。
④ 侯外庐、赵纪彬、杜国庠：《中国思想通史》第一卷，人民出版社，1957，第 364 页。
⑤ 任继愈主编：《中国哲学发展史(先秦)》，人民出版社，1983，第 293 页。

思之儒，有颜氏之儒，有孟氏之儒，有漆雕氏之儒，有仲良氏之儒，有孙氏之儒，有乐正氏之儒。"《汉志》儒家类作品中也提到漆雕子、宓子、景子、世子、魏文侯等人的作品，但从目前可查阅的资料来看，大部分文献已佚，流传下来的多为子思一脉的作品。学界在资料匮乏的情况下，只能将郭店儒简与思孟一系相比较，其他各家的文献几乎没有多少可供参考，因而无法窥见郭店儒简与其他诸系的关系。

思想是逐步形成的，在其形成的过程中是会发生变化的。就算在同一系之中，不同的个体对同一事物的反应也不是相同的，存在较为复杂的发展情况。思想不一致并不能成为否认同一派系的依据。儒家思想，哪怕是子思、孟子一系，也是发展变化的，如若用僵化的、静止的眼光来看待儒家思想，则忽略了儒学发展的特性。先秦诸子中，早年与晚年思想不一致的情况并不罕见，比如说曾子这一人物，《曾子十篇》虽然内容和主旨有所不同，但不能否认它们是曾子一系的作品。在《立事》中，曾子提出做事要"唯义所在"，在《制言·中》中提出"冻饿而守仁"，将仁义作为思想核心，以君子为追求的目标。君子持节守道，即使是面对死亡也态度从容，与其屈辱苟活，不如壮烈而亡。在《制言·中》中还提出，"君子直言直行，不宛言而取富，不曲行而取位……虽言不受，必忠，曰道；虽行不受，必忠，曰仁；虽谏不受，必忠，曰智"①。抛却生命，以仁义作为生命的意义。而《大孝》将孝分为大孝、中孝与小孝，中孝为用劳，用劳为尊仁安义，这里的仁义与中孝相当，仅仅作为一般的德目，地位下降。所关注的也不再是君子形象，而是孝子。《本孝》载："孝子不登高，不履危，痹亦弗凭；不苟笑，不苟訾，隐不命，临不指。故不在尤之中也。"②身体发肤受之父母，珍惜生命是对父母的尊敬，除此之外曾子还对孝子提出了要求。《事父母》提出孝子要"无私忧、无私乐"，对父母的过错只能劝谏，不能争辩，如果父母不采纳的话，要"行之如由己"，就像发自内心一样对父母盲从。由以上对比分析可知，《曾子十篇》内部思想不一致处就颇多，但不可否认其为曾子一系的作品。

---

① 樊水：《曾子》，中国旅游出版社，2012，第84-85页。

② 樊水：《曾子》，中国旅游出版社，2012，第73页。

思想是处于发展之中的，不会一成不变的。另外，作为一个学派，成书时间上也不尽相同，作者不是同一个人，更加大了篇章之间差异存在的可能性。所以说，以思想不一致作为否定同一学派的依据并没有很强的说服力。

另外，单纯凭内容相近而划归为同一学派的做法也是不可取的。先秦时期“同文并收”的现象较为普遍，诸子百家的文化资源同为三代文明，学术乃天下之公器，诸子之间必然存在思想重叠之处。不能因为孔子有“乘桴浮于海”的隐逸思想，就判定他为道家。同理，墨子有爱的思想，也不能称之为儒家。所以，思想一致并不能证明就是同一派系。比如《缁衣》，沈约认为出自《子思子》，而陆德明则认为是公孙尼子之作。且不论《缁衣》的作者是谁，传递出的信息却是其来源不是唯一的。郭店儒简《性》中有关音乐的论述与《乐论》的内容相近，《六位》提出“仁内义外”，与告子提法相类。因而，单独以思想一致作为判定学派归属的依据也存在一定的问题。

## 三、余论：以时间为标准定位儒简

“学派”本身是后来的概念，其划分标准相当复杂。在先秦学术思想史中，思想不一致不一定不是同一派系，而思想一致也并非同一家。为了还原史料的真实性，客观公正地理解先秦思想，笔者以时间为标准，结合文字及语义来定位郭店儒简，以打破目前对郭店儒简定位的困境。

据郭店一号墓的发掘报告，该墓时间当为公元前 4 世纪中期到公元前 3 世纪初期，李学勤根据楚国外墓地中相邻墓地的分析，进一步推断出郭店一号墓大约在公元前 4 世纪末。[①] 而竹书是在墓葬之前所写，因而要比墓葬年代靠前，可以肯定在孟子前。据《先秦诸子系年》记载，孟子卒于公元前 305 年，《孟子》成书应在此前后，所以郭店儒简当为公元前 305 年之前的作品。再看孔子生卒年为公元前 551—前 479 年，子思的生活年代为公元前 483—前 402 年，因而，从时间上看，郭店儒简当为孔孟之间子思时代的作品，这一时期生活

① 李学勤：《先秦儒家著作的重大发现》，《人民政协报》1998 年 6 月 8 日。

的孔门后学还有子夏、子游、曾子、子张、漆雕等人。郭店儒简反映的是这一时期孔子弟子及再传弟子的思想状况。除子思一系的作品流传外，其他派系的资料大都无可查证。因而，称郭店儒简为子思时代的儒家资料，较为客观地展示了子思所处时代的儒学发展状态及思想发展情况。

## 第二节　人文精神概说

人文精神是学界较为关注的一个问题，中国传统文化中有丰富的人文精神。在儒家文献中，作为联系孔孟桥梁的郭店儒简在儒学史上处于无可替代的地位，其所蕴含的丰厚的人文精神在人文精神研究领域中更是具有不可替代的价值，展示的是战国时期儒家人文精神的状况，值得我们进一步研究。

### 一、概念界定

“人文”是与“天文”相对应的概念。在《辞海》中对它的解释为“人文指人类社会的各种文化现象”，主要包括文化、艺术、美学、教育、哲学、国学、历史几个方面。“人文”一词最早出现在《周易・贲卦・彖传》中：“刚柔交错，天文也；文明以止，人文也。观乎天文，以察时变；观乎人文，以化成天下。”从词源学的意义上看，“文”指纹理，钱穆考为文者，纹也，指各种花样、形式，引申为事物内在的特质和构成法则。“人文”指人类社会的文明，与天文相对应，有人道的意思。中国古代讲究天人相感，把天象与人事相联系，人文是与天文相对应而提出来的，不能离开天文而单独谈人文。古人把阴、晴、风、雨、雷、电等现象都划归天文的范围之内，指日、月、星、辰等天体在宇宙间分布、运行的现象，根据宇宙万物相摩激荡，反映的是自然界的存在状态。相对于“天文”而言，“人文”则是指社会的各种现象，根据人与万物的关系反映出人在社会中的生存状态。

宋程颐《伊川易传》卷二记述：“人文，人之道也……人文，人理之伦序，观人文以教化天下，天下成其礼俗，乃圣人用贲之道也。”[①]因而，可以说，相对于

① 程颐：《伊川易传・易翼传》，上海古籍出版社，1989，第85-86页。

“天文”,阴阳、刚柔、冷暖交替体现天之美德而言,“人文”就是天文的世俗化,体现的是人类社会中礼法仪则等人类的美德,行其当行,止其当止,效法天地,成就人的美德。另外,人文还指人事。徐复观指出,“中国之所谓人文,乃指礼乐之教、礼乐之治而言,应从此一初义,逐步了解下去,乃为能得其实”①。两种思想都表明人作为类存在对其自身及其所处的环境进行了审视,“观乎天文”“观乎人文”,天文和人文是“观”的对象,凸显了人对个体及生存境遇的现实关切。由此可知,人文的核心是“人”,是一种思想观念,也是一种文化精神。

那么,何为“人文精神”? 很多学者对于人文精神和人文主义两个概念没有清晰的认识,甚至有人认为人文精神就是人文主义。其实,这种看法是不对的。人文主义是西方用语,译为“humanism”,与神学相对应,当然这只是众多人文主义界定中的一个解释,西方的人文主义是一个复杂的概念系统,没有确切的定义。从人文主义的发展来看,14 世纪兴起于意大利,15—16 世纪在西欧得到广泛传播,18 世纪由于温克尔曼·荷尔德林和席勒等人的大力倡导,在德国逐步流行。虽然人文主义关注的是人的理性、自由、尊严,突出人的主体性,但是它本质上不同于中国的人文精神。我们所界定的人文精神与天相对照,而人文主义却是与神相对应。在文艺复兴时期,人文研究大有取代神学研究的趋势。也就是说,人文主义是在人学与神学的对立中获得自己的规定性,反对神学,肯定人的价值,注重人的现实意义,追求个性解放及自由平等,用人权来对抗神权。

人文精神是一个历史范畴,与人文主义不同,它主要关注个体价值、群体协调与整体和谐。时代不同,人文精神的表现形式也会有所不同,所以很难给人文精神下一个确切的定义。外在的表现只是内在意义的呈现。虽然不同时代人文精神的表现有差异,但大体上都是从宇宙、个体及群体几个方面来讨论,将人置于整个宇宙的背景下,关注其个体、群体的生存状态及存在意义,高扬人的主体性,突出人的价值。它是一种与以身为本位相对照的以人为本位

① 徐复观:《中国人文精神之阐扬》,中国广播电视出版社,1996,第 123 页。

的文化精神，与天地相贯通。许纪霖、陈思和等认为人文精神是道，“在形而上的层次上为整个社会的文化整合提供意义系统和沟通规则”①。而许苏民则认为人文精神在于人类对外在自然和内在自然的自觉超越，把人与自然界区别开来，人能够从事自由的创造活动，完成向自由王国的飞跃。② 冯虞章认为“人文精神是内在于主体的精神品格。这种精神品格，在宏观方面，汇聚于作为民族精神脊梁的民族精神之中；在微观方面，体现在人们的气质和价值取向之中”③。张立文对人文精神也发表了自己的看法，提出：“所谓人文精神，是指对人的生命存在和人的尊严、价值、意义的理解和把握，以及对价值理想或终极理想的执着追求的总和。”④尽管对人文精神的理解莫衷一是，说法各异，但可从中大体看出人文精神的特点。在汲取各家对人文精神阐释的思想资源基础上，笔者将郭店儒简的人文精神概括为：在天人贯通的前提下，以人为本位，探索人的价值及意义，关注人类的命运，是集终极关怀与现实实践于一体的人文精神，主要表现于人性的探索、人格的臻善、人伦的构建、人治的践行等方面。

## 二、思想来源

中国文化从它诞生的那一刻起，就蕴含着丰富的人文精神。中国古代文明的源头，从古史传说来看就极具人文精神。三皇传说，有巢氏、燧人氏、神农氏分别代表了巢居文明、熟食文明及农耕文明，揭示了人类文明是自己努力创造出来的，并没有神创的印记。三皇是人格化或者人王化的，对后世的影响是人文的，而非神学的。《周易・系辞下》也记载：“古者包牺氏之王天下也，仰则观象于天，俯则观法于地，观鸟兽之文与地之宜。近取诸身，远取诸物，于是始作八卦，以通神明之德，以类万物之情。作结绳而为罔罟，以佃以渔，盖取诸

---

① 许纪霖、陈思和、蔡翔等：《人文精神寻思录之三——道统学统与政统》，《读书》1994 年第 5 期，第 55 页。

② 许苏民：《人文精神论・引言》，湖北人民出版社，2011，第 8-9 页。

③ 冯虞章：《试谈人文精神》，《清华大学学报》（哲学社会科学版）1998 年第 2 期，第 1 页。

④ 张立文：《儒学人文精神与现代社会》，《南昌大学学报》（人社版）2002 年第 2 期，第 1 页。

离。”在这一传说记载中，伏羲氏以人王的形象始创八卦，对天地万物用了观，有个体的主观能动性参与，注重的是人的理性。观的目的是通神明之德，把握天地万物的运行规律，有浓重的人间性，透露着深厚的人文色彩。如果说三皇时期面向的是自然中人的创造性，五帝时期则凸显人与人之间的关系。大规模的战争凸显了部族之间整合的趋势，倡导帝位禅让，对君王的道德有一定的诉求。在私有化程度不高的背景下，追求大同的理想。及至夏朝建立，中国第一个王朝诞生，二里头文化用文字传递信息，展示夏朝已向文明迈出一大步，更加关注人的生存状况。殷商时期以血缘为基础的氏族成为社会的基础，思想上敬仰帝。当然，这个帝并不是创始者，而是将自己的祖先上升成的人格化的神。西周同殷商一样，以氏族为主，但氏族内部建立起比较严格的宗法制，推行封建制与世袭制。周人敬德，《尚书·康诰》云：“惟乃丕显考文王，克明德慎罚。”德的重要性被周人发现，提出了关于统治权正当性的问题，超越了殷人祖先恩赐的思维。周人认为“皇天无亲，惟德是辅”。德观念的突出，标志着古代的信仰由自然生殖向价值理性转变。西周末年，铁器作为工具应用于农业，牛耕技术也被使用，个体经营方式、土地私有化出现，财产的变化引发阶层的变动，贵族衰落，士的地位上升。士为贵族中的最低阶层，有机会接受六艺之教，同时担任具体的社会事务，春秋时期扩大发展为独立的阶层。尤其是孔子兴办私学以来，士作为有教养有才干的中坚力量，为各国国君所招揽。不同阶层、不同价值取向的士都志于构建自己的一套理论以立世，于是出现了百家争鸣的盛况，人的价值得到极大张扬，心灵和思想也都得到极大的发展。

孔子作为春秋末年儒家学派的开创者，在周王室名存实亡的背景下提出正名思想，以恢复周礼为己任，提出核心价值“仁”。他进而将仁和命相分离，把仁与德联系，将德与治相联，突出仁的道德本位性，彰显了儒学的人文精神。“仁”作为孔子人文精神的核心之一，在孔子那里自始至终都没有明确的定义。作为一种思维模式和文化心态，孔子从两个维度对仁进行阐释，“仁者爱人”和“克己复礼为仁”。《中庸》云：“仁者，人也，亲亲为大。”人出生以来首先面对的是父母，先是爱自己的父母，然后是家人，再一层层推演开来，最终形成爱所有人的局面。

爱的主体是人，对象也是人，关注的是人类社会，人有主观能动性来爱。《论语·颜渊》中孔子云："克己复礼为仁。一日克己复礼，天下归仁焉。为仁由己，而由人乎哉？"孔子不仅提出仁是人之性情的自然流露，还认为"礼"出于人的真实情感，以"君君、臣臣、父父、子子"作为礼的外在表现，同时又赋予仁、义、忠、信、廉、耻等道德意识，以此构建社会规则和道德规范。礼超越了秩序，背后的仁是其支撑之所在。依仁行礼，指向的是人格形态及文化心理。通过提升自我修养以达到符合礼的要求，以礼约束自身以达到修身的目的，培养君子人格，通过修己达到自觉地去行仁。李泽厚指出："孔子释'礼'为'仁'，把这种外在的礼仪改造为文化—心理结构，更使之成为人的族类自觉即自我意识，使人意识到他的个体的位置、价值和意义，就存在于与他人的一般交往之中即现实世间生活之中。"[①]在孔子的思想中，仁是礼的支撑，礼是仁得以实现和表现的方式，"礼"的贯彻实施构成"仁"的内涵。表面看起来二者之间有很大的张力，其实孔子把它们和谐地统一到了一起；从深层次上讲，二者同时指向君子人格，以期达到内圣外王。仁和礼的思想都是相对于人类创生发展的，围绕人自身的生存与发展，是孔子人文精神的精髓。

从学术的角度来看，孟子承袭孔子，以学习孔子为生平志愿。《公孙丑》记载了孟子的追求，"乃所愿，则学孔子也"。其人文精神从孔子那里而来，又作了进一步的完善发展，使其诉诸"不忍人之心"，进而提出"仁政"的理论。"仁"是人的本质，和孔子一样，孟子主张"亲亲，仁也"。此外，孟子还主张养浩然之气，以期达到仁的境界，并进而提出"仁政"学说。《尽心下》就君民关系作了排列，在孟子的仁政学说中，"民为贵，社稷次之，君为轻"。孟子还强调以仁为中心往外辐射，实行先义后利的价值取向，形成完善的思想体系。在孟子的思想中，把礼与仁相并列，同为四端。它们具有先天性，根源于心。孔子以仁释礼，把外在的规范与内在的修养相结合，主张仁为内、礼为仁的外在呈现的同时，

---

① 李泽厚：《孔子再评价》，《中国社会科学》1980年第2期，第95页。

还倡导将外在的礼化为内在的自觉意识。孟子将这一主张发扬光大。《离娄上》记载了这样一段话："嫂溺不援，是豺狼也。男女授受不亲，礼也；嫂溺，援之以手者，权也。"孟子关注的不仅仅是礼的形式，更重要的是礼所蕴含的道德功能和意义，在具体复杂的礼制中彰显仁的本质。与孔子不同的是，在孟子那里礼进一步内化于心，作为四端之一与仁相提并论。从孔子到孟子的这一转变，之前由于资料缺失，很难梳理孔孟之间人文精神发展的脉络，郭店儒简的出土，给学界提供了研究契机。

郭店儒简作为孔孟之间的重要文献，继承发展了孔子的人文精神，在天人贯通的背景下，可以从人性的探索、人格的臻善、人伦的构建、人治的践行等方面来阐释它的人文精神。下文将分章论述。

# 第三章　字源考辩，人文化成

世界上很多文字都有图画的阶段，但后来大多数语言都发展为符号系统，走了字母记音的路子。而汉字作为中华民族的文明载体之一，是意形合一的有意味的形式，它以形示意的功能得到了很好的发展，体现了中国人的世界观和价值观。汉字作为一个独立的系统，其字形、字义、字音都体现了丰厚的人文精神。

就文字本身而言，表音的文字体系与汉民族表意的书写体系之间确实存在巨大的差异，这种差异不仅是表音与表意两个系统之间的不同，还有更深层次的差别。拼音文字的音与概念本身有了一定的疏离，而表意文字中意与概念则存在着更为直接的联系。就连主张表现语言是文字存在唯一理由的索绪尔也认为，表音文字有用书写词代替口语词的强烈倾向。汉字是由图画文字演变而来，图画到了约定俗成的时候，也就成了文字。甲骨文中（天）、（猪）、（虎）等，都有浓厚的表意性。就语言的功能而言，不同的方言之间存在听不懂的情况，理解起来有一定的难度，但是各个方言区都可看懂表意的文字。所以说，汉字有字形、字义、字音等，它既不是西方的“graphemics”，也不是“graphetics”，而是一种“philology”，是一个有机的体系。汉字发展过程中，随着社会及人类思维的发展，汉字的图画功能不断退化，符号化进一步加强，但这对文字的人文精神影响不大。

汉字作为独立的表意体系，它的结构有着独立的文化解读功能。汉字的结构体现了汉民族的思维方式，为民族文化心理的阐释提供了依据。金克木曾指出《说文解字》的符号是宇宙观的体现，“这个符号系统是一个符号世界，反映一个现实世界，更是表现出一个‘文化’世界，也显示了汉人对自己创造的符号（文字）的态度”[①]。汉字是人创造的，应用于人类社会之中，它从产生的那一刻就蕴含着人类的智慧，含有思想史、文化史的意义。

## 第一节　“仁、义、礼、智、圣、忠、信”的人文精神

从整体的视域观瞻郭店儒简的人文精神，字词是最基础的入手所在。汉字不是冰冷的外化符号，无论字形、字义、字音等都含有丰富的人文精神。楚文字于春秋战国时期流行于南方诸国。由于楚人生活在水滨，对水有着较高的崇敬思想，他们以水为美，因而楚系文字笔画修长，收尾匀细如一，排列整齐，笔势圆转流畅，纵横恣肆。在郭店儒简中，不仅仅是思想，就连一个个汉字都蕴含着丰富的人文精神。尤其是“五行”和“六位”，较有代表性地传递了郭店儒简的人文精神。本节就“五行”和“六位”的内容诸字进行分析，以期发掘郭店儒简文字本身所蕴含的人文精神。

### 一、仁

“仁”在春秋战国时期大概有以下几种写法：。有学者据罗振玉《殷墟书契前编》2 卷第 19 页第 1 篇出现的一个很像“仁”字的符号断定甲骨文中出现了“仁”字。但孟世凯明确提出了不同观点，认为甲骨文中没有“仁”字。[②] 1974 年，河北平山县中山王墓出土的“中山王鼎”有“天降休命于朕邦，有厥忠臣赒，克顺克卑，亡不率仁，敬顺天德”的铭文，但当时已经是战国中期了。据古文字学者的研究成果，从人从二的“仁”字出现相对较晚，甲骨文和金文中均不见载。阮元认为，虞夏商周《书》及《诗》三颂、《易》卦爻辞之内，都没有“仁”字，《周官》之后才开始造“仁”字。郭沫若也提出过：“‘仁’字是春秋时代的新名词，我们在春秋以前的真正古书里面找不出这个字，在金文和甲骨

① 金克木：《艺术科学丛谈》，生活·读书·新知三联书店，1986，第 88 页。

② 孟世凯：《甲古文中“礼”、“德”、“仁”字的问题》，《齐鲁学刊》1987 年第 1 期，第 89 页。

文里也找不出这个字。”[①]在甲骨文中，与“仁”字相当的是“尸”或者“人”字。许慎在《说文解字》中注“夷”为“东方之人”，又在《羊部》指出“夷俗仁”。可见，仁的观念渊源于东夷文化，属于有地域性的类文化。人死后，活人扮成死者代替死者接受祭礼，并且假借“尸”作“仁”，与当时的祭礼有关。《礼记·郊特牲》以“尸”为像。由此可知，仁的本初义是指东夷地区表敬的一种礼仪，而后才引申出亲的意义。《说文解字注》中，段玉裁吸取了郑玄注《中庸》“仁者人也”的思想，将“仁”注为“人也读如相人偶之人，以人意相存问之言”。相人偶这一仪礼必是两个人参与。因而可以说，仁不仅与情感有关，还与人际关系有着千丝万缕的联系。根据“仁”字的起源及演变我们可以看出，仁与祭祀的仪礼和情感两个方面皆相关联。在郭店儒简中，“仁”写为“𢖩”，从深层次上讲，这不仅仅是简单的字形演变，更是一种文化现象的呈现，展示的是仁观念的演进发展。“夷俗仁”之说传递出了仁有地域性的特征，是类情感，是族群性的行为或情感。而“𢖩”的写法，是“身”和“心”的统一，打破了族群性。仁不是哪一个族群所专有的，而是每个人都具有的，其特征从人类情感提升到了具有普适性的道德自觉观念，也是构建和谐人伦秩序的途径。

郭店儒简从人性和人伦两个方面阐述了仁的思想。《五行》云：“仁形于内谓之德之行，不形于内谓之行。”《六位》也载：“亲父子，和大臣，寝四邻之抵牾，非仁义者莫之能也。”可见，仁在当时突破了特殊性，上升到了普适的高度。同时，“仁”还有“不行于内”的情况，以“仁内义外”作为处理家族伦理的原则，则是从人伦意义上对仁加以解说。

## 二、义

“义”最普遍的解释为《中庸》中所云的“义者宜也”。《释名》解释为“义，宜也。裁制事物，使各宜也。”义与俎、割同根，有杀戮之义。随着社会的进步，杀戮之义日益消退，而与之相关的“刚毅、果敢、节烈、羞恶以及正直、牺牲、崇敬、

① 郭沫若：《十批判书·孔墨的批判》，中国华侨出版社，2008，第62页。

理智等类情愫，乃逐渐壮大成长，冲淡了‘义者宜也’的本来面目，成为义德的主要内容”①。郭店儒简“义”字较多地写为当今的“仪”字，甲骨文、金文中分别写为“”和“”，上面是羊，下面为手持戈形的武器，有屠宰牛羊祭祀的意思。因而，“义”本义为祭祀。在古代，祭祀为大事，贯通天人。天有德行，因而又引申为合于伦理道德的原则，有公正合宜之义。从字形上分析，义还有另外一种看法。殷代的“我”字很像一个兵器，义字为羽毛插在“我”上为美饰，应该是充当仪仗，引申为自我仪容之美。山西扶风出土的微氏家族铜器群中，有一篇钟铭文曰：“丕显高祖、亚祖、文考，克明厥心，疋尹□厥威义，用辟先王。”这句话中的威义其实就是礼节仪容。在春秋战国之际，义又由法度引申出道义、理义的语义。《左传·隐公元年》载：“多行不义必自毙。”孟子强调舍生取义，义发展成为一种道德意识和伦理观。《说文解字·我部》载“义，己之威仪也”，段玉裁训为礼容各得其宜，也是在许慎从我从羊的基础上进行阐发。董仲舒在《春秋繁露·仁义法》中提出：“宜在我者，而后可以称义。故言义者，合我与宜，以为一言。以此操之，义之为言我也。”②可见，义在我，通过正我以达到合乎外在之宜。

郭店儒简中“义”多写为从我从心之形，而“我”和“义”在古言中都属于歌部，可以对转。董仲舒对于义的解释从我之内在的道德情愫与外在之意两个方面分析，较为合乎本义。郭店儒简中的义也是从内在之德与外在之宜两个方面阐述的。《五行》不仅讲仁，还提到义和另外几德：“义形于内谓之德之行，不形于内谓之行。”义作为道德内在于人，同时，也作为人伦用于社会秩序的构建。《父无恶》云：“义，善之方也”，善为人道，涉及与人的关系。《礼记·丧服四制》也提到“门内之治恩掩义，门外之治义断恩”，人性与人伦关注的都是人。

## 三、礼

甲骨文中“礼”写为“”，金文写为“”，像是礼器“豆”中盛满祭品，与祭

① 庞朴：《试析仁义内外之辨》，《文史哲》2006年第5期，第30页。

② 董仲舒：《春秋繁露·仁义法第二十九》，叶平注译，中州古籍出版社，2010，第88页。

祀有关。

《礼记·礼运》载:“夫礼之初,始诸饮食。其燔黍捭豚,污尊而抔饮,蒉桴而土鼓,犹若可以致其敬于鬼神。”作为文化符号的“礼”,其起源不能单单从某个方面去分析研究,它的起源是多方面合力的结果。随着人与人之间的交往加强,社会行为规范和仪式应运而生,这便是礼。礼既是一种精神,又是一系列的制度、规定,有人的地方,就有礼。刘师培认为,礼从示从豊,豊从豆,为祀天之物,因而他指出:“礼字从示,是证古代礼治悉该于祭祀之中,舍祭礼而外,无所谓礼制也。”[①]郭沫若、何炳松基本上也承袭了此种观点。

刘师培在承认礼起源于宗教祭祀以外,又提出了“礼源于俗”的观点。他认为,“上古之时,礼源于俗。典礼变迁,可以考民风之同异”[②]。杨宽有一系列阐述“礼起源于俗”的文章,他认为:“礼的起源很早,远在原始氏族公社中,人们已惯于把重要行动加上特殊的礼仪。”[③]杨向奎却认为“礼”起源于原始社会的物品交易关系,有赠必有报,这种风俗经过后人加工,就成了“礼”。[④] 有关“礼”之起源有多种观点,但起源于宗教祭祀的观点占主流地位。

郭店儒简对礼的论述与其他诸核心概念比较来说不是很多,在《五行》中规定了礼的内涵:“不远不敬,不敬不严,不严不尊,不尊不恭,不恭无礼。”接着,作者对这段话作了解释,简文云:“以其外心与人交,远也。远而庄之,敬也。敬而不懈,严也。严而畏之,尊也。尊而不骄,恭也。恭而博交,礼也。”远—敬—严—尊—恭—礼,礼的形成并不是一蹴而就的,而是一个过程。对于礼,简文也是从内在德性与外在德行两个方面来论述的。恭为内在的道德情感,不恭即无礼,表述了礼的内在情感性为德性。郭店儒简主要从心性的方面来论礼,“礼形于内谓之德之行,不形于内谓之行”,由人心出发,通过“德之行”

---

① 刘师培:《古政原始论·礼俗原始论第十》,载《刘申叔遗书》,江苏古籍出版社,1997,第678页。

② 刘师培:《古政原始论·礼俗原始论第十》,载《刘申叔遗书》,江苏古籍出版社,1997,第683页。

③ 杨宽:《古史新探》,中华书局,1965,第234页。

④ 杨向奎:《论“礼尚往来”》,《中国社会科学院研究生院学报》1999年第1期,第2-3页。

与“行”从人性和人伦两个向度阐释。

## 四、智

“智”与“知”同源，甲骨文写为“”，金文写为“”，是会意字，从口，从矢，表示口中说的话如矢一样敏锐。《说文解字·白部》云：“知，识词也。从口，从矢。”基本意义为识。樊迟问知，孔子回答为“知人”。这种语境下，知为一种认知能力。《礼记·大学》“故好而知其恶”孔颖达疏“知”为“识也”，这一注释与朱熹注“致知在格物”一样，心知其意，就像荀子在《修身》所云“是是非非谓之知”。郑玄注《周礼·地官·大司徒》“知仁圣义忠和”云“知，明于事”。王聘珍在解诂《大戴礼记·保傅》“是不法圣知也”一句时，引用了郑玄此注。而郭店儒简论述“智”时多与“思”相联系，“智弗思不得”“不智，思不能长”。这两句从认识论的角度还说得过去，可接下去又讲“智之思也长，长则得，得则不忘，不忘则明，明则见贤人，见贤人则玉色，玉色则形，形则智”，这段话如若以知识理性的角度来理解智则较为牵强。如果说“不忘”是对知识的不忘记而明，那么为何明的结果是见贤人？虽然对于“长”和“得”的意义还不甚明晰，需要进一步研究，但是此二者同“不忘”一样，都是内心的活动，从修养论上理解更为合适。《中庸》云：“成物，知也。”“智形于内谓之德之行”，智也可形于内作为性。《荀子》“草木有生而无知”句杨倞注“知”为性识。王念孙直接释“知”为性。智作为内在之性，与思相结合，经过一系列的活动，长—德—明—见贤人—玉色—形—智，“智之思也长”，由智始，由智终。这两个智却不是相同的意义，前者为性，后者为践形，是外在的表现。

郭店儒简《六位》将智作为夫德，不仅强调是是非非的能力，而且注重内在德性的修养，内外相结合，才能担得起率人之职。不同于西方的知识和道德二分，郭店儒简中的智体现的是中国深层的文化意蕴，除了闻见之知，更有德性之知。郭店儒简中的智需要心的参与，尤其是圣智，不是用知识论就可以涵养的，它是对宇宙及生命本体的体悟，与道冥契。农耕社会，男性的优势较为明显，以男性为主导的社会关系是为了适应当时的生产力状况。因而，在男女辨的意义上，男性有率人之职，“见而知之，智也”，不仅需要辨别是非的能力，还需要有内在的德性。在闻见之知的基础上，进一步追求君子的道德气象，与“明”相对应，作为君子必备的素质，承天道而贯人道，以达到“明”的境界。

## 五、圣

“圣”，会意字，甲骨文为“”，有竖起耳朵听的意思，表示听觉敏锐，旁边有口，表示说话。而金文为“”，人变为壬，人挺立在地上，强调的是听，篆文变为“”，从耳，呈声。古文字中有与声、听原为一字的说法，很多典籍中三字互相通用。《尚书・洪范》中称“睿作圣”，而《风俗通》中解释为：“圣者，声也，通也，言其闻声知情，通于天地，条畅万物也。”这里从听觉敏锐的本义引申出通的意思，《说文解字》也释为通。孔颖达疏《尚书・冏命》“聪明齐圣”句，“圣，通也”。另外，《广雅・释诂》也释为：“圣，通也。”圣、声、听相通，通于天道，《白虎通・圣人》云：“圣者，通也，道也，声也。道无所不通，明无所不照，闻声知情，与天地合德、日月合明、四时合序、鬼神合吉凶。”因而，荀子在《礼论》中指出：“圣人者，道之极也。”圣与道通，通则心明，知为历经心的是是非非，心明谓知之华，就到了圣的境界。因而，朱骏声认为：“春秋以前所谓圣人者，通人也。”①桂馥的《说文解字义证》中也援引了很多从汉到明的解说来说明圣是通的意思。② 郭店儒简中“圣”高于其他诸行，圣、声、听同源而通，通则心明，心明则知华，知之华则为极。圣因而也就具有了崇高性。《五行》载：“圣之思也轻，轻则形，形则不忘，不忘则聪，聪则闻君子道，闻君子道则玉音，玉音则形，形则圣。”闻君子道，经过内心的体悟，听之如玉音，故而“闻而知之，圣也”，有领悟天道的意蕴。郭店儒简对圣的理解与孔子有所不同，孔子认为圣的地位极高，不仅指个体尽善尽美，还包括“博施于民而能济众”，是难以企及的高度，即使尧舜也难以到达圣的境界。而在郭店儒简中，虽然圣的地位与其他诸

① 朱骏声：《说文通训定声》，中华书局影印本，1984，第880页上栏。

② 桂馥：《说文解字义证》，中华书局影印本，1987，第1037页上栏。

行相比相对较高，但是也作为一行与仁、义、礼、智共称为五行，在《六位》中作为父德出现。可见，在郭店儒简中，圣的地位有所下降，直至孟子将其人格化。《五行》还有一个特点，则是以圣智为主线，智与圣连用，也是有一定原因的。除了社会因素之外，文字本身的意蕴也是一个不容忽视的因素。知为言辞敏锐，圣为听觉敏锐，耳口都是人体器官，需要经过道德主体的主动参与而贯通天人，智之华为圣。这也是《五行》追求圣智之德的一个原因。

## 六、忠

“忠”字是会意兼形声字，首见于战国金文和玺印文中。金文为“”，从心从中，玺印文结构与此同。小篆发展为“”，变化不大。忠从中，中在殷周时期是非常常见的字，为象形字，甲骨文写为“”或者“”，像旗旒。西周时期变化不大，战国时期旗旒部分则变为直笔，写为“”，或简省为“”，本为氏族的旗旒，古代有大事的时候在中央空地立旗子，人们看到后从四面八方聚拢而来，因而，中有中央之义，又有内之义。《尚书·周书·立政》中“司寇苏公，式敬尔由狱，以长我王国。兹式有慎，以列用中罚”一句里的中也是中正之义。可见，中表示中央或者引申为中正在殷周时期就已经普遍使用了。而忠，从中从心，与中和心都有关系，造字的本义就是要表示内心要有中正适度的准则。只有内心中正，做事才会公正无私，尽心尽力。许慎在《说文解字·心部》中释为：“忠，敬也，尽心曰忠。”《论语·学而》云：“为人谋不忠乎”，此处忠指尽心竭力。先秦古籍中有很多这样的记述，《左传·襄公五年》载：“君子是以知季文子之忠于公室也。相三君矣，而无私积，可不谓忠乎？”忠作为君子的美德，意为秉公无私。《左传·文公六年》明确指出：“以私害公，非忠也。”由此可见，忠引申为为公家之事尽心尽力没有私欲。《忠信之道》载：“忠，仁之实也。”推及于下级对上级尽心效力，也就是忠诚之意，由此产生出忠臣的词语。对君主尽心效力，为臣的本分，因而《论语·八佾》载孔子的话：“君使臣以礼，臣事君以忠。”《礼记·祭统》中也说：“忠臣以事其君，孝子以事其亲，其本一也。”忠孝连用，忠事君，孝事亲，忠发展为一种伦理道德。战国时期诸侯混战，各国变法图

强，竞相招揽有志之士。忠的概念在当时就比较流行，要求士人忠心不二，尽心效力。《忠信之道》云："不讹不孚，忠之至也。"因而，郭店儒简《六位》指出忠为臣德："非我血气之亲，畜我如其子弟。故曰：苟济夫人之善也，劳其脏之力弗敢惮也，危其死弗敢爱也，谓之【臣】，以忠事人多。忠者，臣德也。"《鲁穆公问子思》中也明确指出忠臣的标准，要敢于恒称其君之恶，不仅要指出君主的不足，还有一个"恒"字值得品味。持之以恒，无论何时何地都要尽心尽力，为公事中正适度，不受私欲的影响，做到这一点，就可称之为忠臣了。所以，《忠信之道》云："忠，仁之实也。"《荀子·礼论》"其忠至矣"，杨倞注为"诚也"。《忠信之道》中也明确指出"忠之为道也"。可见，忠在先秦是较为重要的道德伦理。

## 七、信

"信"按许慎的分析为会意字，其实，应该看作会意兼形声更确切些。信字最初见于西周时期，战国时期较为常见，但结构多变。西周金文为""，《说文解字》中收的古文为""，从口从人，人亦声，所以为会意兼形声字。战国玺印文为""，其实这里的千是人字加饰点讹变为千，为人的讹变。而言与口同义，可看作从人从言。战国金文中有一种写法为""，从言从身，身亦谓声。身字像怀孕的人形，身和人古音都在真部，互为通假。由此可知，信为会意兼形声字，本义为言语真实，以言语取信于人。《尚书·商书·汤誓》："尔无不信，朕不食言。"《诗经·小雅·巷伯》中也云："慎尔言也，谓尔不信。"信指言语可靠，《左传·襄公二十七年》曰："志以发言，言以出信，信以立志。"以言语取信于人引申为信誓之义。《诗经·卫风·氓》曰："信誓旦旦"，郑玄笺："以信相誓旦旦耳。"信誓再引申为诚信之义，《学而》载曾子曾云："与朋友交而不信乎?"春秋战国时期，由于特定的社会背景，人与人之间的信就显得尤为重要，信的地位进一步提升，不仅用于个人交往之间，还用于各诸侯国对外交往的关系中。《论语·子路》云："上好信，则民莫敢不用情。"和忠一样，信的道德观念也被大力提倡。郭店儒简作为战国中后期的文献，其中讲信"不欺弗知，信之

至也”“陶而睹常，信之至也”。信作为道德伦理，在《六位》中配以妇德。“一与之齐，终身弗改之矣。是故夫死有主，终身不嫁，谓之妇，以信从人多也。信也者，妇德也。”男女由于自身自然条件的缘由，在社会分工中存在内外之分，女性由于力量比男性小，基本上不处于主导性地位，因此，妇职为从人，妇德为信，以诚信为德，矢志不二。郭店儒简也从道的层面论述信，《忠信之道》云：“信之为道也，群物皆成，而百善皆立。”可见，信在当时也是较为普遍的道德伦理。

汉字不只是符号，它不仅是意义的承载者，本身还蕴含着丰富的意蕴。字形、字音、字义等都不是凭空出现的，都与时代背景相关，有深厚的人文精神。作为“五行”和“六位”内容的“仁、义、礼、智、圣、忠、信”七个字无论字形还是字义都蕴含着丰富的人文精神，作为郭店儒简中汉字的代表，它们紧扣时代脉搏，传承人类文明，其中每一点的变化背后也都承载着思想的发展变化。可以说，郭店儒简的文字是其人文精神的体现。

## 第二节　“五行”和“六位”的人文精神

### 一、“五行”的人文精神

“五”在中国哲学史上具有独特的意义，中国传统文化中不仅有“五行”一词，还有很多冠“五”的称谓，比如“五伦”“五材”“五事”“五常”“五品”“五经”等。记数的词有很多，为什么单单选了“五”呢？这里面大有深意。许嘉璐指出：“这些，都是减一不为少、增一不算多的，不多不少，之所以定为五，是古人以五为满数。”①许嘉璐指出了问题的关键，五为满数。因而，“五行”具有整体的哲学意味。正如何新曾说：“古人关于五行的各种说法虽歧异且混乱，但有一点则是诸家一致的。即皆本‘五’数而立说。这种对于数字‘五’的崇拜，可以看作诸家五行说的共有母题。”②发掘“五”的原始意义及哲学意蕴对于理解

① 许嘉璐：《古语趣谈》，中华书局，2013，第 13 页。

② 何新：《重论“五行说”的来源问题》，《学习与探索》1985 年第 1 期，第 20 页。

“五行”的人文精神就显得尤为必要。

首先，从记数的角度来看，“五行”蕴含着道德完满的意思。

“五”在古代有多种写法，其中一种写为“ ”或者“ ”，与一、二、三、四造字法相同，为五个数。这一意义上的“五”可以说在全世界是通行的。人的手有五指，以五为进制，到五为一系。胡化凯就指出五作为记数单位源自用手记数。作为记数的手形，有了“五进制”或者“十进制”。① 因而，一至五称为生数，六七八九为成数。在生数中，五最大，进而引申出“极多”或者“全体”的意思，在一、二、三、亖的计数中，到五为一系，因而五比较重要。

其次，“五”即“五行”，为动态的交叉。

甲骨文中五还有“ ”“ ”的写法，两笔交叉或者上下再加两横中间交叉，突出交叉之义，是动态的交叉。许慎在《说文解字》中释为：“五，五行也。从二，阴阳在天地间交午也。”古书中，“五”与“午、互、巫、舞、鱼、薄”通假，都具有交互之义。“午”字常常被假借为“五”，《左传·成公十七年》有“夷阳五”的语句，段玉裁在《说文解字注》中也指出古文“五”写作“ ”，像阴阳午贯之形，从整体上看，交叉的字形就像一个“结”，注重的是结合的状态。“结”有特殊的文化意蕴，上古结绳而治，突出动态的交互。“互”字篆文为“ ”，像古代收起的交互状的丝或绳，不仅读音与“五”相近，字形亦有相类之处。另外，“五”与“巫”二者的形、音也相近，而“巫”“無”“舞”三字又互通。“巫”甲骨文与五类似，有交叉之义。巫以舞为特征，通过舞蹈贯通上天，所以在甲骨文中二者为同一字，写为“ ”“ ”。“鱼”在中国文化中可作为情侣、配偶及生育的代名词，情侣为结，因而“鱼”与“五”二者也是通假字。“毒”字甲骨文写为“ ”，外形似相交结的两条鱼，《说文解字》释为“象对交之形”，也蕴含交互之义。因而，“五”与“午”“巫”“舞”“無”之间都有极大的关联性，表示动态的交叉。

“行”甲骨文为“ ”，金文为“ ”，象形字，本义为十字路口。罗振玉在《殷虚书契考释》中指出：“ 象四达之衢人所行也……古从行之字或省其右

① 胡化凯：《五行起源新探》，《安徽史学》1997年第1期，第27-28页。

作“彳”或省其左作“亍”，许君误认为二字者盖由字形传写失其初状使然矣。”[①]这也证实了十字路口为“行”之本义。“五”有两笔交叉之形，从这一意义上看，“行”与“五”可视为同形字。因而，无论字形还是字义二者都有相通之处。因而可以说，“五”即“五行”。

“五行”作为传统文化的源流之一，体现了上古社会人类的思维方式和文明的形成模式。“五”不是单纯的记数词，作为动态的交叉，体现的是内在的交织及无限的变化，更具有象征性意义，广泛渗透于人类的生活之中。

## 二、“六位”的人文精神

六，象形字，甲骨文作“六”，为简易的圆形茅庐之形，是“庐”的本字，后借用为记数词“六”。“六”为易之数，可推出为坤之数。坤，地也，因而六就可演绎为地数，指天地之中。

《说文解字・六部》云：“六，《易》之数，阴变于六，正于八。从入从八。凡六之属皆从六。”段玉裁《说文解字注》注为：“易之数。阴变于六，正于八。此谓六为阴之变，八为阴之正也……六为阴之变。九为阳之变。圣人以九六系爻。而不以七八。”《广韵・屋韵》云：“六者，数也”。对作为数的六，古人也有易之数和水之成数不同的理解。六为易之数。这一点许慎和段玉裁都有详细的说明，除此之外，这一意义上的六也出现在很多文献当中。范宁注《春秋・僖公十六年》“六鹢退飞”引了刘向的注“六，阴数也。”《周易・坤卦》曰：“初六，履霜，坚冰至。”重阴故而称为六。孔颖达疏“初九，潜龙勿用”句时指出：“九为老阳，六为老阴。”阳爻称为九，阴爻称为六，因而，六又是古代坤之数。段玉裁在《说文解字注》中解释说：“坤，顺也。按伏羲取天地之德为卦，名曰乾坤……坤也者，地也。万物皆致养焉。故曰致役乎坤。”坤之数可理解为地之数。韦昭注《国语・周语下》“夫六，中之色也”时也指出：“六者，天地之中。”因而有“六合”一词。成玄英疏《庄子・知北游》“六合为巨”一句为“六合，天地四方

---

① 罗振玉：《殷虚书契考释三种》(上)，中华书局，2006，第140页。

也”。胡三省注《资治通鉴·晋纪二十五》“声教光乎六合”时指出六合为天、地、东、南、西、北。颜师古注《汉书·礼乐志》“塞六合”曰:“天地四方谓之六合。”总而言之,作为数词的六经由易之数逐步引申出地之数、天地之中的意思。六为天地之中,为易之数,而易又为变易,所以六用于随时而变的天地之中。

相对于“六”来说,“位”则好理解得多。位的甲骨文为“”,金文为“”,指事字,两种字形变化不大,为人站在地上,表示站立或者站立的位置。《说文解字·人部》释为:“位,列中庭之左右谓之位。”“六位”作为“六”和“位”的组合,有深远的意蕴。《庄子·盗跖》有“五纪六位”之说,郭店儒简《六位》也指出:“生民〔斯必有夫妇、父子、君臣,此〕六位也。”每个人都处于君臣、父子、夫妇这三种最基本的人伦关系之中,位是人在社会中所处的位置,作为社会的基本细胞,讲究名副其实。所以说六位的位不仅仅指六种空间意义上的处所,更是指《公孙龙子·名实论》所云“实以实其所实而不旷焉”。六为易之数,位为有实相对应的位置,六位作为具体的人伦关系,恰恰适用于人类社会中复杂的人际关系,以德为本,灵活多变。

# 第四章　性自命出——人性的探索

人文精神是人性论的前提条件，人性论是对人文精神更进一步的反省。郭店儒简人文精神的主体是人，人作为万物之一种，有其自身的规定——人性。所以说，郭店儒简人文精神研究，首要就是对人性的探索，寻求人之为人的根本，主要体现在人性论上。人性论不仅是儒家的一个核心概念，还是儒学的理论根基，因而，自古及今一直受到关注。研究人性论，首先要明白的是人性不单单指人的性，还涉及很多概念，比如天、命、情、心、物、道、习，等等，是一个复杂的命题，要考察的是这一系列概念的内涵及相互之间的机制。就整个儒学史而言，人性论是一个开放的体系，不是一成不变的僵化的理论，而是一个有机的理论体系，可以从多个角度切入。可以说，郭店儒简的人性论是一个以人性为基点，涉及天、道、人、物、习等多个概念和多种关系的理论体系。每个历史时期，人性论呈现出来的主张都不尽相同。且不说汉唐时期与性三品结合起来的善恶混同说，气质之性、天命之性相区分的宋明时期的人性论，单单就先秦儒家来说人性论的内容就相当复杂，有孔子的性相近理论、孟子的性善论及荀子的性恶论。从性相近直接到性善或性恶体系的形成，这一直接跳跃未免有些突兀，中间缺少过渡的环节。直到 1993 年郭店楚简的出土才填充了人性论发展链条上的空白，从孔子到孟荀人性论的发展轨迹才明晰起来。

《性》指出"四海之内，其性一也"。万物之性一，一本而万殊，"一"的性又有各自不同的规定性。在"性"之前冠以"人"字，就区分了人与其他物的性之不同。郭店儒简对人性的探索，在性自命出的基础上提出天人相分的观念，倡导天生百物人为贵，关注人的规定性，彰显人的价值。郭店楚简中《五行》《缁衣》《教》等都有与人性相关的论述。其中，《性》是我们发现的迄今为止最早系统论述“性”的文献。此篇文献在郭店楚简中是篇幅最长的，保存竹简 67 枚，完简有 59 枚。在不到 1600 字的短文中，作者提到“性”就有 25 次之多。接下来我们从以下几个方面来分析郭店儒简对人性的探索。

## 第一节 天生百物人为贵

研究郭店儒简人文精神，绕不开的一个概念就是“天”。许慎在《说文解字》中释为：“天，巅也。”段玉裁在《说文解字注》中又说“颠者，人之顶也”。可见，天与人有密切的关系，而不是孤零零的客观存在。天人相贯通，人对天有崇敬之情，郭店儒简不仅指出了天生万物，更提出了人为贵的思想。

### 一、天生百物

天生百物之天不是指实然的天，而是指具有超越性的天道。天道运行不息而生百物。性虽然指的是万物之性，但是作为潜在的、有待实现的性恰恰需要天来证实。郭店儒简认为天是性的根源，万物之性禀自天。《性》云：“性自命出，命自天降。道始于情，情生于性。”天、命、性、情四个概念，是一层一层生成的关系。由天到情这一逐步生成的模式中，很明显，天是性的根源。竹简认为，性出于命，而命来自天。可以这么说，性以命为中介，以天为根源。

孔子极少论及天、命、性的问题，《论语·子罕》就说了“子罕言利与命与仁”，《阳货》还记载了子贡的话：“夫子之言性与天道，不可得而闻也。”到了《中庸》，开篇即言“天命之谓性，率性之谓道，修道之谓教”。性与天、命在这一时期则成了非常普及的观念。郭店楚简时间上处于孔孟之间，与《中庸》为同一时代的作品，从思想发展史来看，更具有非凡的意义。

作为儒学史上不可或缺的一环，郭店儒简发展了孔子的思想。从可查阅的资料来看，孔子讲到了性与天道，但仅限于提到而已，并没有展开论述。就天而言，孔子是非常重视的。《阳货》有这样的话：“天何言哉？四时行焉，百物生焉。天何言哉？”除了自然层面上的意义之外，在孔子的思想中，天还作为具有独立性的神格而存在。《八佾》云“获罪于天，无所祷也”，《述而》也有“天生德于予”的记述。《雍也》也记载了孔子见南子后对子路所说的：“予所否者，天厌之！天厌之！”作为超越的存在，天是有意志、有主宰性的，能支配人的命运，是高于人的一个独自的存在。虽然对人有主宰性，但是它是外在于人的生命的。天对性有一定的影响，但是孔子没有提到天或者命生成或赋予人性的问题，天与性在孔子那里可以说是疏离的，不是性的根源。

郭店儒简中天与性的沟通相较孔子而言则紧密得多。《物由望生》云：“有天有命，有物有名。”《父无恶》也说：“有天有命，有〔命有性，是谓〕生。”郭店儒简中的天不似孔子所云自然、义理或者具有神格的天，而是一般性的统称，指超越意义的天道，为万物的存在根据。万物都是天生成的，《性》指出“性自命出，命自天降”，明确指出性与天的关系：性以天为内在的根据，与天相沟通后有了一定的规定性，也就是性。于是，性在以天为根源的前提下也获得了普遍性的意义。

而《中庸》开篇即言：“天命之谓性，率性之谓道，修道之谓教。”很多学者看到了《中庸》《性》二者关于性的联系，如庞朴指出：“性自命出、命自天降、道始于情、情生于性、性由心取、教使心殊等等说法，为《中庸》所谓的‘天命之谓性，率性之谓道，修道之谓教’命题的出场，做了充分的思想铺垫。”[①]廖名春在谈到郭店楚简时，认为《中庸》“天命之谓性，率性之谓道，修道之谓教”当本于简文。[②] 虽然谈到了性在二者之间的联系，但是忽略了二者的区别。仔细分析，二者之间还是有一定区别的。“天命之谓性”是对性的一个定义，认为天命就是性，性是天的表达方式，它本身不是作为独立的环节而存在的。这个性是先验的天命之性，是形上层面的纯然之性，而郭店儒简的性则是发生学意义上的性。“性自命出，命自天降”一句中，“……自……出，……自……降”的句式，明显就是生成的模式。《中庸》是以天来规定性，由天而人，天之禀赋内在于人。郭店儒简中的性以命为中间环节禀自于天，由性而追溯到天，有一定的独立

① 庞朴：《古墓新知》，《读书》1998 年第 9 期，第 4 页。

② 廖名春：《郭店楚简儒家著作考》，《孔子研究》1998 年第 3 期，第 78 页。

性。郭店儒简和《中庸》中的性是不同的,“天命之谓性”是一个陈述式的定义,从形而上层面界定性为天德、天道,是合于天地之道的,由先验层面下贯到人间。而“性自命出,命自天降”一句中,性是天命的内容,天是性的根源,性的地位不像《中庸》中那么高,而是下降了一层,由人回溯到天,这两处的性不在同一个层面上。如此来看,在重视天、把天看作性的根源这一点上郭店儒简与宋明理学又有着根本的区别。在宋儒那里,对于天而言是天理,对于人而言则是心性,天理和心性是一物,性即理,是普遍至善的形上的本体。而郭店儒简中的天作为生成论意义上的源头,与性的关系不像宋儒所理解的是一物,而是各自有其独立性。

## 二、人为贵

郭店儒简中的天究竟指的是什么?对于天的内涵,郭店儒简中也没有明确的定义,但有一点可以明确的是郭店儒简以超越意义上的天为人性论的终极根源,进一步拉近了天与人之间的关系。孔子关注的是人,他所面对的是现实社会,《论语·述而》云“子不语怪力乱神”,儒学从它的开端就是人文的,而不是神创的。《中庸》虽然指出“天命之谓性”,但天命并不是它所关注的重点,这句之后紧接着的就是“率性之谓道,修道之谓教”,关注点在“率”“修”和“教”上,重点仍是人。

人作为万物之一种,由天生成且最为贵。“天生百物”,尽管世间万物都是由天生成的,命也是由天所发生的,“命自天降”,天下无一物不是禀天命而生,并且在生成之后还要听命于天,但是,重点在“人为贵”这三个字上。《父无恶》云“天形成人,与物斯理”,这里的“理”指人与物各自形成自身的内在规定性,这种内在规定性的不同以天命之差异把人和物进行了区分,与其他各物相比“人为贵”。既然同是天生的,为何人与万物不同而最为贵呢?这在郭店儒简中有明确的答案,《性》曰:“道四术,唯人道为可道也。其三术者,道之而已。”人道即是人伦礼乐,也是由天生成的,《教》云:“天登大常,以理人伦。”竹简把人伦上溯到由天而降的高度,大常与人伦也就连接起来,肯定天生人的同时也进一步肯定了天生人伦。但有一点要注意的是，天与人不是单向的天降与人受的关系，一方面天可降大常，而另一方面，人也可知天命。《物由望生》云："知天所为，知人所为，然后知道。知道然后知命。"人对天也有一个知的互动作用。在天与人的双向互动中天人关系更加紧密。可以说人伦的大常由天而降，也可以说人伦中内在地含有天常，而天也通过大常来支撑、规范人间伦理。因此，超越层面的天之规定性通过大常和人伦转化为经验层面的现实社会中的秩序，《教》就提出："制为君臣之义，作为父子之亲，分为夫妇之辨。"而君子要做的就是"治人伦以顺天德""慎六位以祀天常"。如此，万物包括人都追溯到了超越意义上的天。反过来，人依天德来修养自身、知天命以治人伦，是对人性的深化发展，更进一步证实了相对于对天的依赖，人之主体性更加明显。

郭店儒简对人性的探索置于天人贯通的背景之下，在肯定天的超越性的前提下，进一步肯定人的主体性，发挥人的能动性。天与人相合，落脚点在人不在天。可以说，在郭店儒简中，人道是天道的升华，人性论突出的是人之为人的根本。牟宗三在谈到天人关系时曾这样说过："天道高高在上，有超越的意义。天道贯注于人身之时，又内在于人而为人的性，这时天道又是内在的(immanent)。"①因而，郭店儒简的人性与天道建立起了联络，不仅是与天道的契合，还关注生命体的独立意义。

## 第二节　"性""情"概述

### 一、"性"的内涵

从文字学的角度来考察，先秦时期"性"字经历了一个由"生"到"眚"的演变过程。文字的发展变化更是一种文化现象，人逐步得到关注，对人性的探索成了一种自觉的意识行为，人文精神进一步觉醒。

---

① 牟宗三：《中国哲学的特质》，台湾学生书局，1998，第30页。

1. 生之谓性

“生”，甲骨文写为“”，有状物的特征，表示草从土里长出来，其主要功能是对事物的外在状态加以描摹，有从无到有之义。“性”其实也是由“生”而来，徐复观认为：“‘性’”字乃是由‘生’字孳乳而来，因之，‘性’字较‘生’字为后出，与‘姓’字皆由‘生’字孳乳而来的情形无异。‘性’字之含义，若与‘生’字无密切之关连，则‘性’字不会以‘生’字为母字。但‘性’字之含义，若与‘生’字之本义没有区别，则‘生’字亦不会孳乳出‘性’字。并且必先有‘生’字用作‘性’字，然后乃渐渐孳乳出‘性’字。”①《性》开篇即云：

> 凡人虽有性，心无定志，待物而后作，待悦而后行，待习而后定。喜怒哀悲之气，性也。及其见于外，则物取之也。性自命出，命自天降。道始于情，情生于性。始者近情，终者近义。知情〔者能〕出之，知义者能入之。好恶，性也。所好所恶，物也。善不〔善，性也〕。所善所不善，势也。

在文字释读及整理的基础上，我们发现了一个有意思的现象。单从文字来看，郭店楚简里从“心”的字很多，如性、志、悦、悲、情、忘等，但是从“心”的“性”字在竹简里却不是左“心”右“生”的写法，而是写作“眚”。上博简除了写为“眚”外，还有些直接写成了“生”。“性”并作“眚”属于同音假借，本来不足为奇。不过，在郭店儒简中从“心”的字很多的情况下，与心关联密切的“性”字却不用从心的同音字替代，这一现象就值得深思。在系统讨论“性情”的文献中不用本字，转而通篇全用假借字，不仅仅是文字方面的原因，还有更深层的原因引人思考。从本始上来说，无论人性还是物性，都保存着生的意义。因而，对于人性的讨论，不能离开“生”的原初意义。唐君毅就这个问题曾指出：“一具体之生命在生长变化发展中，而其生长变化发展，必有所向。此所向之所在，即其生命之性之所在。此盖即中国古代之生字所以能涵具性之义，而进一

① 徐复观：《中国人性论史·先秦篇》(上)，九州出版社，2020，第6页。

步更有单独之性字之原始。既有性字，而中国后之学者，乃多喜即生以言性。"[①]傅斯年也认为："生之本义为表示出生之动词，而所生之本、所赋之质亦谓之生(后来以姓字书前面，以性字书后者)。物各有所生，故人有生，犬有生，牛有生，其生则一，其所以为生者则异。古初以为万物之生皆由于天，凡人与物生来之所赋，皆天生之也。故后人所谓性之一词，在昔仅表示一种具体动作产之结果，孟、荀、吕子之言性，皆不脱生之本义。"[②]以自然之质来规定人性，从生之自然来理解，主要从三个方面来界定性的内涵。

第一，以气释性。

"喜怒哀悲之气，性也。"这里明确指出性就是喜怒哀悲之气。早期思想多认为"气"是形成生命的质素。单就郭店楚简来看，就有多处论及气。

《性》云："目之好色，耳之乐声，郁陶之气也，人不难为之死。"

《物由望生》载："察天道以化民气。|凡有血气者，皆有喜有怒，有慎有庄。其体有容，有色有声，有嗅有味，有气有志。"

《唐虞之道》曰："顺乎脂肤血气之情，养性命之政，安命而弗夭，养生而弗伤，知〔天下〕之政者，能以天下禅矣。"

《六位》云："非我血气之亲，畜我如其子弟。"

气有物质之气、精神生命之气等义，显然这里的"气"指的是内在的精神及生命，是喜怒哀悲等内蓄的气，具体可称之为情气。

第二，以欲言性。

"好恶，性也。所好所恶，物也。"人有好恶之欲，作为人生而所有的一种本性，它不等于是人的情感，而是人情感的内在要求，指的是情感的价值趋向，可以说是情感的基础，较之喜怒哀悲而言，好恶是情感中最基本的因子，有了好和恶，接下来即发展出其他的情感。因而，好恶作为人之本性的情感价值趋向，也可以称之为欲性。荀子有很多以好恶言性的论述，《天论》就提到："好恶喜怒哀乐藏焉，夫是之谓天情。"

① 唐君毅：《中国哲学原论·原性篇》，香港新亚研究所，1974，第27-28页。
② 傅斯年：《性命古训辨证》，广西师范大学出版社，2006，第67页。

第三，以才言性。

“善不〔善，性也〕。所善所不善，势也。”这句话在学界存在争议，因而在研究过程中，对于从善与不善来定义性这个角度，很多学者直接忽略了这一点，大多把善与不善看作人生来就有的本能或者擅长的领域，理解为“善于”或“擅长”之义。梁涛则认为人性可以为善，可以为不善，人性现实中的善与不善是由势也就是外部因素造成的。[①] 笔者认为，无论价值判断意义上的善与不善还是能力上的擅长都是一种天赋的能力，是自然之才能。

从哲学史的角度来看，以生言性不是郭店楚简的独创。从生演化而来，关注性的自然本始之性，以生解性，《尚书·汤诰》载：“惟皇上帝、降衷于下民。若有恒性，克绥厥猷惟后。”孔子有云性近习远，及至弟子及再传弟子，《孟子·告子上》曰：“生之谓性”，荀子在《正名》中也提出“生之所以然者谓之性”。无论是从气、欲还是才的角度，都是从自然属性来论述的，性是一种生之本然。

2. 天命之性

受“生”字的启发，金文中出现了“眚”字，写为“”，上下结构，上面是“生”，下面为“目”。“目”字，甲骨文为“”，金文为“”，象形字，是眼睛的意思。因而，由“生”和“目”组成的“眚”字表示草木从无出生到目之可见草之义的演进。相比较而言，“心”字旁的“性”字出现得较晚，小篆体为“”。据相关资料记载，最早也是在战国中后期才出现，到普遍使用则是秦汉时期了。“性”从“心”从“生”，“心”和“性”都有由内而外发之义，不同于“生”和“眚”外在摹物之义。在从“生”到“性”这一文字现象的演变过程中，“眚”处于二者之间，因而就兼具有“生”和“性”二者的一些特点。“眚”不仅仅继承了指涉外在事物的功用，“目”字的增加还表明了对外物与人之间关系的关注，“生”对存在状态说明的功能转而将目光转向人自身，一如“生”字加上“心”一样，关注人，不断增加了人的能动性，使外在的描写不断向人的内在转向。

以“生”为词根，加入表主体性的“目”或者“心”，表明了人类探索自我存在

① 梁涛：《竹简〈性自命出〉的人性论问题》，《管子学刊》2002年第1期，第65-69页。

的合理性和个体价值过程中所作出的努力。从“生”到“眚”到“性”，不仅仅是文字上的一个变化，更是一种引人注目的文化现象。从关注外在到转向人自身及人的内在，作为人之为人的根本，人性也逐步得到关注，人文精神得以觉醒。“中国的人性论，发生于人文精神进一步的反省。所以人文精神之出现，为人性论得以成立的前提条件。”①

这一意义上的“性”，大有宋儒所云天命之性或者义理之性的味道，与天和命一道都是形而上的概念。天作为性的存在根源，不可避免地使性带有形而上的意味，性因而可超越现实生活具有先验的品质。《名数》云：

> 欲生于性，虑生于欲……爱生于性，亲生于爱……子生于性，易生于子……喜生于性，乐生于喜……恶生于性，怒生于恶……愠生于性，忧生于愠……惧生于性，慊生于惧……智生于性，卯生于智……强生于性，立生于强……弱生于性，疑生于弱……

人类的欲、爱、子、喜、恶、愠、惧、智、强、弱等都是由性所生出的。“四海之内，其性一也。”万物的性是相同的，这无疑发展了孔子性相近的思想，倡导性同。《教》也说到“圣人之性与中人之性，其生而未有非志”，圣人与普通人的性是一样的，没有什么不同，这是当前中国哲学史上有记载的最早提出性同的文献。之后，《孟子·离娄下》也提出“尧舜与人同耳”。这个“一”的性，是以命为中介自天而降的超越之性，作为人之为人的共性，是形而上的应然之性。

在天、命、性、情、道一贯的程式当中，我们不难发现性是核心，通过性的上通下贯，进一步加深了天人之间的联系。人类童年时期目光内转，发现人、重视人，把向外探索的目光也转向对人性的关注，是文明的一大进步，也是人性论形成的必备条件。

由此可知，郭店儒简中有关性的表述是比较混杂的，不似后来所表现的性善或者性恶较为明朗。郭店儒简作为一个整体，它自身对于性的阐释不仅有

---

① 徐复观：《中国人性论史·先秦篇》(上)，九州出版社，2020，第16页。

人之为人的共性，还有性之不同表现之殊相，在生之谓性及天命之性双重意蕴下对人性展开探索。

## 二、“情”的内涵

在有关人性的探讨中，与“性”最为密切的概念当属“情”。从目前的研究成果来看，甲骨文中没有出现“情”这个字。“青”相对于“情”来说出现较早，始见于西周金文，写作“”。“青”，《说文解字》释为“东方色也”，段玉裁注为“考工记曰东方谓之青”，而《释名》这样解释：“青，生也，象物生时色也。”据以上解释可知“生”和“青”有相近的含义。而“情”字出现较晚，甲骨文和金文中都未见，有时借“青”来表“情”。在郭店楚简发现之前，先秦文献中论“情”者并不是很多，据已有文献考察，“情”首次出现是在《尚书・康诰》之中：“天畏棐忱，民情大可见，小人难保。”《诗经》中“情”出现了一次，《陈风・宛丘》载：“子之汤兮，宛丘之上兮，洵有情兮，而无望兮！”到《论语》，才出现两处与“情”有关的记载，一处是《子路》中“上好信，则民莫敢不用情”，另一处是《子张》中记曾子的话“上失其道，民散久矣。如得其情，则哀矜而勿喜！”就连《左传》也不过十多处“情”的记载而已。直至郭店楚简出土，才大大改观了以往认为不重“情”的观念。郭店竹简 13000 多个字，“情”字竟然出现高达 27 次之多，其中有 20 次集中出现在了《性》一篇中。蒙培元指出：“儒家不仅将情感视为生命中最重要的问题，两千年来讨论不止，而且提到很高的层次，成为整个儒学的核心内容。只是长久以来，这个问题并未受到我们的重视。”①

学界对于郭店儒简《性》中的“情”字解释多集中于喜怒哀乐之已发和以欲释情两点之上。就喜怒哀乐之已发而言，大多专家认为性是内在的状态，而情是性已发的外在状态，以情释性，二者是内外的关系，只存在未发和已发的区别。庞朴曾说：“气诚于中，形发于外，性和情，只有未发已发的分别，没有后儒

① 蒙培元：《情感与理性・自序》，中国社会科学出版社，2002，第 1 页。

常说的性善情恶的差异，在道理上，显然更顺通些。”[①]陈来也赞成以内外之分来表示性情之别：“《性自命出》这一段材料表达的哲学立场是‘以气说性’，认为性是人的喜怒哀悲之气，但作为性的喜怒哀悲之气是‘内’而不‘见于外’，见于外者应属情。内外之分表示性情之分。”[②]而郭沂则是直接引用《中庸》中合乎中节的已发的“喜怒哀乐”为情，他认为情只有与中结合才能被深刻理解：“《性自命出》的‘情’，即为《天命》的已发之‘喜怒哀乐’。而已发之‘情’，当有‘中节’和不‘中节’的区别，只有‘发而皆中节’之‘情’，才可‘谓之和’，从而谓之‘道’。”[③]当然，以气的已发和未发之别来区分性情是有必要的，“喜怒哀悲之气，性也。及其见于外，则物取之也”。作为性的“喜怒哀悲之气”，在物取后显现于外就是情，情是性的外在表现。“好恶，性也。”好和恶作为人的情感活动，是根源于性的，《乐记》中也有“好恶无节于内，知诱于外”，同样表达了性内情外的观点。另外，《大戴礼记・文王官人第七十二》：“民有五性，喜怒欲惧忧也。喜气内畜，虽欲隐之，阳喜必见；怒气内畜，虽欲隐之，阳怒必见；欲气内畜，虽欲隐之，阳欲必见；惧气内畜，虽欲隐之，阳惧必见；忧悲之气内畜，虽欲隐之，阳忧必见。五气诚于中，发形于外，民情不隐也。”这也是以已发和未发也就是内与外来区分性和情的。

仔细分析郭店儒简中的“情”就会发现，单纯以已发和未发来区分性和情未免有些过于牵强。就情动来说，情本身自然而然地由内向外流露其实就与已发和未发没有多大的关系了。“诚于中而形于外”，诚于中的情自会形于外，“有诸内，必形于外”，圣人践形，“其声变，则〔心从之〕。其心变，则其声亦然。吟，游哀也。噪，游乐也。啾，游声【也】。呕，游心也。”《性》这里的情就不可用已发和未发来界定，而是“设内外皆行”“苟有其情，虽未之为，斯人信之矣。未

① 庞朴：《孔孟之间——郭店楚简中的儒家心性说》，载国际儒学联合会编《国际儒学研究》(第6辑)，中国社会科学出版社，1999，第240页。

② 陈来：《郭店楚简〈性自命出〉与儒学人性论》，载《竹帛〈五行〉与简帛研究》，生活・读书・新知三联书店，2009，第80页。

③ 郭沂：《思孟心性论及其相关问题》，载山东师范大学齐鲁文化研究中心、美国哈佛大学燕京学社编《儒家思孟学派论集》，齐鲁书社，2008，第252页。

言而信,有美情者也。""信,情之方也"。《礼记·表记》也认为"信近情"。《六位》也云:"君子言信言尔,言诚言尔,设外内皆得也。""诚"和"信"在这里并举,都是"设外内皆得"。而外物或者外力对性的外显又是有影响的,"凡性,或动之,或逆之,或交之,或厉之,或绌之,或养之,或长之",喜怒哀悲之气总会以这样或那样的方式表现出来,已发的是情,《论语·泰伯》云"正颜色,斯近信矣",《性》也说"未言而信,有美情者也",诚于内的未发其实也是情。由此可知,郭店儒简中的情是内外皆得的。

以欲言性应该说是沿袭了汉儒的思维方式,到了宋儒那里,情欲则成了道德修养中必须要解决的一个问题。许慎在《说文解字》中对"情"的解释是这样的:"情,人之阴气有欲者。"颜炳罡也以欲释性,"好恶,性也;所好所恶,物也","这里所说的好恶不是情感,而是情感的价值趋向或者说是'欲',好恶这种情感价值趋向发自主体,所好所恶是好恶之对象"[①]。竹简《名数》也明确提出"欲出于性"。需要明确的是,欲只是情的一种,或好或恶,它是出于性的情之一种。以欲释性有一定的道理,关注到了情的趋向。但是,欲是情的一种,并不等于情和性是一回事,汤一介对于情和欲曾有过如下论述:"'情'和'欲'实应有所分别。照先秦儒家看,'情'与'欲'虽均由'性'感物而动而生,喜怒哀乐等虽见之于外,但并不包含占有的意思;而'欲'则包含着占有的意思。"[②]

基于以上分析可知,无论哪种看法,基本上都认可情是一种心理的呈现,是一种与喜怒哀悲爱欲等相关的心理事实,不具备道德属性。笔者认同学界对于情的分析,也有一些粗浅的个人见解,认为郭店儒简中的情不仅仅是心理活动的情感呈现,还可从本体论的角度予以解说,既有形而下的意义,还有形而上的提升。不能用"竹简论'情',实际上并不仅仅将之限定在感情的层面上,而毋宁更倾向于从本体论的高度予以构造。所以我认为,一般学者视竹简为'以情释性',其实只说对了一半,其另一半则是情与性同,都处于同一个本

① 颜炳罡:《郭店楚简〈性自命出〉与荀子的情性哲学》,《中国哲学史》2009年第1期,第6页。
② 汤一介:《论"道始于情"》,载《我的哲学之路》,新华出版社,2006,第114页。

体之中。分别性情，不过是在存在层次上展示开来方便言说而已。”[①]按余治平的观点，我们可以从“情生于性”和“道始于情”，也就是形而下和形而上两个层面来理解情。

首先，就形而下的角度而言，“情生于性”。

情作为一种感性经验，为自然情感。“喜怒哀悲之气，性也。及其见于外，则物取之也。”这里的喜怒哀悲之气，是性的外显，五种气是蕴含于内的，而五种情则是发于外的。如《乐记》所言：“是故先王本之情性，稽之度数，制之礼仪，合生气之和，道五常之行，使之阳而不散，阴而不密，刚气不怒，柔气不摄，四畅交于中而发作于外。”这些情感都是直观的感情。《性》云：“闻笑声，则鲜如也斯喜。闻歌谣，则陶如也斯奋。听琴瑟之声，则悸如也斯叹”。“喜斯陶，陶斯奋，奋斯咏，咏斯犹，犹斯舞。舞，喜之终也。愠斯忧，忧斯戚，戚斯叹，叹斯辟。辟斯踊。踊，愠之终也。”可见，情是人内在心理活动的外在呈现。

其次，从形而上的意义来看，“道始于情”。

郭店儒简把情放到了一个前所未有的高度，情具有超越性，“道始于情”，把情与天、命、性放在同一序列中与天命相贯通。这种情况下，情就很难用喜怒哀悲之气等具体的情感来界定其内涵。作为道之所始，情超越了感性经验的层面具有了形而上的意义。在《性》中，下面这句话被大量引用：“未言而信，有美情者也。未教而民恒，性善者也。”看到“性”和“善”连在一起，很多学者以此来作为郭店儒简性善论的依据。这里暂且不论这种观点合理与否，从语法的角度我们分析一下句子便可知，美情和性善是相对的，因而情与性在这句话中是并列的关系。还有就是情以信为内容。孔子在《论语・子路》中就有类似的论述：“上好信，则民莫敢不用情。”情与信相对应，朱熹在《四书章句集注》中也释为“诚”，朱子云：“情，诚实也。敬服用情，盖各以其类而应也。”[②]因此，除了自然情感之外，在诚这一点上，也还有形而上这一超越层面。

---

① 余治平：《哲学本体视野下的心、性、情、敬探究——郭店楚简〈性自命出〉的另一种解读》，载武汉大学中国文化研究院编《郭店楚简国际学术研讨会论文集》，湖北人民出版社，2000，第 358 页。

② 朱熹：《四书章句集注》，中华书局，2011，第 135 页。

据前面对于“性”和“情”的分析可知，郭店儒简是先秦最早较系统论述性的文献，其性有经验实然性，为生之自然，有气性、欲性和材性之内涵。同时，性也有超验应然性，是人之为人的根本，“性自命出”，与天命同属形而上的层面。情也和性一样兼具有形而上和形而下两个层面的意义，既指心理活动的外在呈现，喜怒哀悲好恶，又有超越层面的意义，“道始于情”，天、命、性、情，是同一层面的形上的存在。无论形上或者形下，我们可以看出，性情都是非道德领域的，不具备价值判断的功能。在人类童年时期，它只是反映当时人们认识世界、关注自身、思索现实的一个含混的存在。

## 第三节　人性的具体探索

郭店儒简对人性的探索并非只关涉性和情，还涉及很多其他概念，大体上以性情为核心，指涉到天、命、心、物、习、教等诸多因素及各因素间的相互关系。郭店儒简中最系统论述性的《性》开篇即言：

> 凡人虽有性，心无定志。待物而后作，待悦而后行，待习而后定。喜怒哀悲之气，性也。及其见于外，则物取之也。性自命出，命自天降。道始于情，情生于性。始者近情，终者近义。知情〔者能〕出之，知义者能入之。

短短几句话，就概述出了人性论的形成机制及各因素之间的相互关系，其是理解郭店儒简人性的纲领性论述。下面，我们来一一析之。

### 一、以心取性

“心”在甲骨文中写为“”，是象形字，指的是人的生理性器官——心脏。《孟子・告子上》云“心之官则思”，认为心是人体用于思的器官，《说文解字》也解释为“人心，土藏，在身之中。象形”。由人的心脏本义又引申出思维或意识之义，如《诗经・魏风・园有桃》云“心之忧矣，我歌且谣”，《诗经・大雅・瞻

仰》也云："人之云亡，心之悲矣"，这里的心关涉到的是心理活动。孔子很少谈及心，但郭店儒简对心却是非常重视的。庞朴意识到了郭店儒简中从心的字很多，结合"中山三器"①得出结论，认为"那时候，人们对于内心世界或心理状态的了解与研究，已是相当可观了；否则，自无从造出如此众多的'心'字旁文字来"②。

郭店儒简中的心并不是完全能动的，它的指向性和认知功能都还要受到志的影响。"凡人虽有性，心无定志"，心有有定志和无定志之分，无定志的心虽有一定的直觉反应，但是它本身不具备自主性，人性就会因外界的物不同而有所变化。"待悦而后行，待习而后定"，在物、悦、习等因素的参与下，无定志的心无法准确把握人性。而有志的心就不同了，它有认知、思维的能力和主宰的功能。

就认知、思维能力而言，《性》记载："虽能其事，不能其心，不贵。"心是有所能的，而能的心即指有认知能力和思维功能的心，所以说"不能其心，不贵"。另外，《乐记》中也有论述心的认知思维功能的句子："乐者，音之所由生也，其本在人心之感于物也。"因为有这一功能，才能对外界的刺激产生反应，进而作出抉择，才会有根于人心的乐。《性》说："有其为人之节节如也，不有夫柬柬之心则采。有其为人之柬柬如也，不有夫恒始之志则缦。人之巧言利辞者，不有夫诎诎之心则流。"其中，"柬柬之心"和"诎诎之心"表现出的是人性。心"弗取不出"用了双重否定句来加强语气，强调的是心在人性中的作用。通过心的认知能力和思维功能，对外界的各种物、势作出不同的反应，进而把内在的性以情的不同形式表现出来。

从主宰功能上讲，以心导性，心能控制身及身体的各项活动，所以也能操控人的意志。"凡忧思而后悲，凡乐思而后忻，凡思之用心为甚。叹，思之方

---

① 1977于战国中山国墓葬出土的中山王刻铭铜鼎、中山王刻铭铜方壶和中山王刻铭铜圆壶3件青铜器文物被称作"中山三器"。三者均有长篇铭文刻于其上，为研究战国时期中山的历史提供了重要的资料。

② 庞朴：《郢燕书说——郭店楚简中山三器心旁文字试说》，载武汉大学中国文化研究院编《郭店楚简国际学术研讨会论文集》，湖北人民出版社，2000，第37页。

也。其声变，则〔心从之〕。其心变，则其声亦然。吟，游哀也。噪，游乐也。啾，游声【也】，呕，游心也。”情感和声音的变化，都是心的发用流行所造成的，在性外显为情的同时还有主导的成分。心有判断，与身相结合有主导作用，操控着身体的各个器官，《五行》云：“耳目鼻口手足六者，心之役也。心曰唯，莫敢不唯；诺，莫敢不诺；进，莫敢不进；后，莫敢不后；深，莫敢不深；浅，莫敢不浅。”心发出指令，身莫敢不从，身受心的役使，身体的器官耳、目、鼻、口、手、足六者在心的主宰支配下有所动作。《性》言“君子身以为主心”，六体为心所役，心为身主，在心的作用下，君子本性才会呈现出来。

在郭店儒简中，心的作用是非常重要的，潜在的性自身很难完成自我显现，还需要心的参与。与性相较，心具有较灵活的能动性。“人之虽有性心，弗取不出”一句，凸显了心在人性论中的重要地位——以心取性。

## 二、以物取性

在取性的过程中，不仅要有心的参与，还少不了物的因素。何为物？《性》对于物有着明确的界定：“凡见者之谓物。”这里“见者”不单单指目之所见，理解为主体所能感知到的应该更合理一些。既然如此，物就是指人所能感知的存在对象。“凡人虽有性，心无定志，待物而后作，待悦而后行，待习而后定。”“凡性为主，物取之也”，物在性和心的交互关系中起着重要的作用，一方面，物动心志。另一方面，以物取性。

第一，物动心志。

心志的发动与流行都离不开物的参与，以心取性，心在取性过程中扮演使用者的角色，但是如若没有物，到哪里去取呢？物是取性的受动者。所以，物既是性的载体，又是心取性的受动者。虽然心有认知思维及主导的功用，但心并不是完全能动，不受任何影响的，无定志的心还有很强的不确定性，它会随着外物的流转而转换心志。如此一来，心势必会被外物所牵引。心的指向性和决断都离不开外物的影响，所以会“待物而后作”，物充当了影响心志、外显心志的角色。对于这句话，李友广认为：“强调心的原初性与心志的不确定性，

'物'在此处便充当了心志外显、作用的重要条件，正因为如此，《性自命出》又进一步说：'待悦而后行，待习而后定。'(简 1-2)可见，心志的始发不离与外物的接触。"[①]

第二，物诱性出。

郭店儒简认为性是内在的，隐匿于人体之内，需要通过情表现出来。《性》指出："喜怒哀悲之气，性也。及其见于外，则物取之也。"性的外显除了心取之外，还要经过物取这一环节，"凡动性者，物也"，物是诱动性的一个重要因素，没有物的外诱，单单是心也是取不出性的。《礼记·乐记》中提出："夫民有血气心知之性，而无哀乐喜怒之常，应感起物而动，然后心术形焉。"性有静止的性格，因而才要有动性的物将内在的性外诱而出，所以竹简说："及其见于外，则物取之也。"《性》在界定性的内涵时云："好恶，性也。所好所恶，物也。"物即是所好所恶的对象，它可以触动人性使之见于外，在动性之物和见于外的性二者互动关系中，人性就成为了可把握的现实存在。

说到物，不得不提的是"势"。势在人性论中作为物的外延，对人性的外显也有着很大的影响。竹简认为"物之设者之谓势"，用物之设来解释势，仿佛是一个回环，只不过缩小了范围而已。至于什么是物之设，竹简则没有明确的定义。但是有一点可以肯定的是，物与势是相关且紧密联系的两个概念。战国时期势主要是指形势、趋势和时势。"善不〔善，性也〕。所善所不善，势也。"善无论是解释为擅长、善于还是价值判断之善，都受势的影响。事物自身的运动变化情势造成善与不善的性。"所善所不善则无疑是客观的价值对象或价值事实，也就是'物之势'，故物之'取'性的真实意义实在于势之'出性'。"[②]竹简论述性，从势作为物的外延，成为取性的环节，反映了当时人们对于人性论的形成有了进一步的思考。

郭店儒简人性论不仅仅关注以心取性，还重视以物取性。关注物包括势

---

① 李友广：《从心、性分言到心性合一——先秦儒家性论思想演变模式简探》，《文史哲》2012 年第 3 期，第 77 页。

② 向世陵：《郭店竹简"性""情"说》，《孔子研究》1999 年第 1 期，第 76 页。

在内的外在客观事实对内在性的影响，使性动、使性出，进一步深化了对人性的认识。

## 三、习以养性

由于性会受到心、志、物、势等外在因素的影响，因而养性就显得尤为重要。郭店儒简《性》云："养性者，习也。"这突出了习对于人性探索的重要作用。孔子曾经指出"性相近，习相远"，肯定了习在人性论中的作用。正是由于不同的习，才使得相近的性最终有了不同的呈现。后天的习染教化作用于性，使之朝着既定的方向发展。儒简中承认先天的性是一样的，还提出性同论，《教》和《性》分别说道："圣人之性与中人之性，其生而未有非志。""四海之内，其性一也。"二者相互支持，明确提出性同。先天的性是一样的，无圣人与中人之别，但是后来为何会发展出性善与性恶的论证呢？其中，除了心、物、势的影响之外，习的作用也不可小觑。不过有一点需要说明的是，心、物、势、习、教等无论哪种因素，都只是后天的，只是对性的外显有一定的影响，使之在表现出来的时候有了差异，而先天的性是"一"的，现实中的差异是因为后天因素的作用。正是由于后天的因素可以影响性的外在呈现，因而就更要注重后天习的作用。

习的指向是什么？郭店儒简认为习的是性，习的作用就是养性，这在儒简中是明确指出的。整体上来看，习是一个中性词，指的是涵养性的习俗、习惯或者是功夫。养也不一定是积极的，它和习一样是一个中性的词，养善性则善长，养恶性则会恶长。孟子也主张养性，在《尽心上》中指出："存其心，养其性，所以事天也。"只不过孟子讲的是存心养性，而儒简提出的是养性，"凡人虽有性，心无定志，待物而后作，待悦而后行，待习而后定"。孟子重视养，他提出的"养性"是属于内在心性的修养工夫。郭店儒简与其不同，儒简认为人性是在习行实践中的活动中得到涵养、培植之后，人性论才得以完备起来的。

郭店儒简认为性可动、可逆、可交、可厉、可绌、可养、可长，《论衡·本性》中也有言："习善而为善，习恶而为恶也。"在现实中习什么，性就会以什么样的面貌呈现出来。至于荀子，更加重视习的作用，《儒效》载："性也者，吾所不能为也，然而可化也……注错习俗，所以化性也……习俗移志，安久移质，并一而不二，则通于神明，参于天地矣。”待习而后定，性和心志都必须在可习的实践中才能定，竹简的作者意识到了习与定的关系，使养性具体落实到了现实生活层面，其对于性的培护要通过习心来完成。慎独、反求诸己等涵养方式都是习心的重要方式。习心主要是指心性受到习的影响，还要习来涵养。

习其实也是一个涵盖颇为广泛的概念，按丁原明的观点，“它体现了习心与习身、内习与外习、直觉与践履的统一，从而拓展了孔子关于‘习’的内涵”①。人性对外呈现的变化有多种可能性，这种可能性转化为现实的有效途径就是习。

## 四、道以长性

对于性的长养，除了习之外，道也是一个非常重要的途径。《性》云：“长性者，道也。”道能长性，对于后天的长性之道把握不同，人心人性即有不同的表现。道普遍存在于天地万物，天地万物都有道规范于中，正如《尊德义》所说的“莫不有道”。既然人性论中关涉到道，道在人性中占有一席之地，那么，我们首要解决的问题就是何为道。

对于郭店儒简中道的理解，学界可谓是众说纷纭，但是大都从“凡道，心术为主。道四术，唯人道为可道也。其三术者，道之而已”这段话出发来解释何为道，仁者见仁，智者见智。如何把握“长性者，道也”不是一个简单的问题。但是简文中对道有一个明确的界定，“道者，群物之道”，这给我们理解道指引了一个方向。《论语・卫灵公》载孔子曾言“君子群而不党”，这个“群”字按古汉语知识的理解，是使动用法，是“使……汇合、使……朝向”之义。“道者，群物之道”的“群”字与孔子“群而不党”之“群”是同样用法，可理解为“使……群”，“之”用作动词，也就是使物朝向道的意思。因而，道就是汇集万物使之各得其所之道。就“道四术”而言，无论哪四术，有一点可以肯定的是，道有天道

① 丁原明：《郭店儒简“性”、“情”说探微》，《齐鲁学刊》2002年第1期，第39页。

与人道之别。

天道与人道在郭店儒简中相分相与，《性》曰："性自命出，命自天降。道始于情，情生于性。"而《穷达以时》云："有天有人，天人有分。察天人之分，而知所行矣。"对于天道与人道的内涵，《五行》有较为明晰的解释：

> 仁形于内谓之德之行，不形于内谓之行。义形于内谓之德之行，不形于内谓之行。礼形于内谓之德之行，不形于内谓之〔行。智形〕于内谓之德之行，不形于内谓之行。圣形于内谓之德之行，不形于内谓之行。① [redacted]
>
> 德之行五和谓之德，四行和谓之善。善，人道也。德，天道也。

由此可知，"仁、义、礼、智"四者和谐之善是人道，而"仁、义、礼、智、圣"五者和谐之圣是天道。人道出自天道，由天道下贯而来。无论是人道还是天道，对于人性都有极大的影响。《五行》又云："闻道而悦者，好仁者也。闻道而畏者，好义者也。闻道而恭者，好礼者也。闻道而乐者，好德者也。"闻道之后会引起人的悦、畏、恭、乐等情，使性表现出好仁、好义、好礼、好德等不同行为和内在心理的趋向。

相对于《五行》来讲，《性》更加系统地论证了道对于性如何导。该篇提出"道始于情""始者近情，终者近义"，道自始至终经历了一个人文自觉的过程。所以说"凡道，心术为主。道四术，唯人道为可道也。其三术者，道之而已。诗书礼乐，其始出皆生于人"，更多地把道的关注点放到了"人道"之上。道通过作用于人身影响人性。人道以诗、书、礼、乐为切入点来长性。接下来进一步阐释："诗，有为为之也。书，有为言之也。礼乐，有为举之也。圣人比其类而论会之，观其先后而逆顺之，体其义而节文之，理其情而出入之，然后复以教。教所以生德于中者也。"诗书礼乐都是人间的、可道的，属于人道。对于诗书之教，《性》只是提到了"有为为之"和"有为言之"，没有展开阐释论述。而礼乐之

---

① "圣形于内谓之德之行，不形于内谓之行"一句，李零的《郭店楚简校读记》一书如是释读，而其他版本则释读为："圣形于内谓之德之行，不形于内谓之德之行。"本书引李零本。

教对于性的影响，简文则是进行了重点论述。礼因人情而作，通过节文使人有“敬”。简文中礼乐合称，把乐教也归入了礼教之中，认为乐是“礼之深泽也”，通过对不同乐的不同反应来完成乐教对于性的长养。“闻笑声，则鲜如也斯喜。闻歌谣，则陶如也斯奋。听琴瑟之声，则悸如也斯叹。观《赉》《武》，则齐如也斯作。观《韶》《夏》，则勉如也斯敛。”这段话具体反映了乐教对于性的长养。心无定志，在乐教之下随着礼乐的变化在现实中则有不同的展现。通过礼乐教化，心逐渐有定志，进而做到道以长性。郭店儒简对人性的探索不仅仅涉及性和情，它所构建的人性论是一个关涉到诸多概念的开放的理论体系，因而，探索人性就显得更为复杂。虽然说“四海之内，其性一也”，但又讲到“凡性，或动之，或逆之，或交之，或厉之，或绌之，或养之，或长之”。性可动、可逆、可交、可厉、可绌、可养、可长，“凡动性者，物也；逆性者，悦也；交性者，故也；厉性者，义也；绌性者，势也；养性者，习也；长性者，道也”。对性的动、逆、交、厉、绌、养、长通过物、悦、故、义、势、习、道等因素与性的交互作用，主要经过心和物取性、以习养性、以道长性等环节来展示当时的人性。

“性自命出，命自天降。道始于情，情生于性。”郭店儒简人性论的总纲可如此来说，性以天为根源，性是内隐的，需要心和物的参与方可提取。情是超越的，是性的外显。同时，道又是始于情的，天、命、性、情、心、物、道等因素交互作用，最终影响人性的呈现。

## 第四节　人性探索的意义

就理论层面而言，郭店儒简对人性的探索是人性论史上不可或缺的必要环节。郭店儒简对于人性的阐述大大丰富了先秦的人性论思想。由前文可知，郭店儒简的人性论是一个复杂开放的理论，人性以命为中介，以天为根源，心、物、习、道等因素影响人性的外在呈现。就核心概念性和情来讲，二者都是既有形上超越的层面，又涵盖形下经验的层面。因而，郭店儒简中的人性一方面是与天命处于同一序列的应然之性，另一方面又表现为具体的实然之性。

无论是哪个层面上的性,“四海之内,其性一也”。这个“一”的性,很难用自然、善或者恶等词语来界定。笔者认为,它是融应然与实然于一体的一个含混的存在,“以往由于受文献的限制,人们都认为孔子之后儒家人性论的发展,是以性善论和性恶论的对立与论争为轴心而展开的。《性自命出》对于‘性’的规定,则揭示了在性善论和性恶论对立与论争之前,儒家对于‘性’的理解则要平实得多,并不是处于一种非此即彼的紧张状态中”①。但是,接下来的性善论与性恶论也未尝不与郭店儒简中的人性论有关。因而,在理论层面,郭店儒简人性论为性善论、性恶论的发展奠定了基础,在现实社会的实践层面,由于性的外在呈现可受心、物、习、教等因素的影响,再加上动荡的社会现实,人性的修养、社会伦理的构建及德治王道的追求成了较突出的问题。

## 一、天命之性与性善论

从孔子提出“性相近”到孟子性善论和荀子性恶论的建立,在资料不足的情况下不免给人以突兀的感觉。而郭店楚简的面世填充了中间的空白。性有超越的形而上层面,“性自命出,命自天降”“四海之内,其性一也”,性为人之为人的共同本质,禀自天赋。天在春秋战国时期有价值判断的能力,因而,其中蕴含着先验的性善,与《中庸》所论之性和《孟子》的性善论较为相近。所以,我们可以得出这样一个结论,郭店儒简人性论从普遍性出发在形而上的层面发用流行,在借鉴与发展的基础上,结合《中庸》,至《孟子》建立起完备的性善论。

《中庸》所论人性与郭店儒简的人性有很大的相似之处。首先从以天论性来讲,《中庸》以天来规定性,“天命之谓性”,显然与“性自命出,命自天降”的思想相一致。不同的是《性》是以人性为出发点向天、命追溯,天—命—性—情是一个生发的进程。而《中庸》讲“天命之谓性”是以天来规定性,由天到人,不是生发的路径。虽然郭店儒简人性论和《中庸》二者都是从天和命的角度来论性,但是它们不是出于同一个层面上的。一个由人到天,一个由天到人,是互

① 李维武:《〈性自命出〉的哲学意蕴初探》,载武汉大学中国文化研究院编《郭店楚简国际学术研讨会论文集》,湖北人民出版社,2000,第312页。

逆的，论述角度显然不同，二者相互补充，恰恰反映的是当时对人性的理解。其次，对于性的界定，竹简认为“四海之内，其性一也”，这个“一”并没有指出是善还是恶，只是认为四海之内性同。《教》云：“圣人之性与中人之性，其生而未有非志。”这里最多可推论到性有善的可能性。而《中庸》却认为：“君子之道费而隐。夫妇之愚，可以与知焉。及其至也，虽圣人亦有所不知焉。夫妇之不肖，可以能行焉。及其至也，虽圣人亦有所不能焉。”愚夫愚妇率性而为与君子同样秉承天命之性。在天命、性、道、教这个体系中，无论哪个环节为善，其性就必然会是善的，且这种善是普遍的德性。“自诚明谓之性，自明诚谓之教”，《中庸》通过辨析诚、明、性、教的关系，将性贯彻到整个人类生活，建立起普遍的德性论。人性由可能之善到普遍的必然之善，是《中庸》对郭店儒简人性论的进一步发展。

然而，《中庸》并没有指出愚夫愚妇自明诚的人性根据，有可能是自我学习模仿之后而诚，也有可能是通过教化唤醒其诚。子思只是提到“曲能有诚”，但未涉及“有诚”的人性基础。而孟子实际上突破了子思的隐晦，明确提出了性善论。

第一，孟子认为性必善。

孟子对于性和善都提出了自己的看法。一方面，就性而言，孟子对郭店儒简之性的含义作了发展。孟子所论述的性不是指生之本能，而是人异于禽兽之处，是人之为人的特质。《尽心下》云：“口之于味也，目之于色也，耳之于声也，鼻之于臭也，四肢之于安佚也，性也，有命焉，君子不谓性也。”孟子先是对“口之于味”“目之于色”“耳之于声”“鼻之于臭”作了是性的判断，但紧接着又指出君子不认为这些是性。前者性只是形下层面的感性经验，但孟子将它们视作命，剔除出了性的范畴，只从价值判断的角度来决定。另一方面，孟子对于善也有新的论证，更多地关注内在道德品质，更注重内在禀赋的善。就善来讲，孟子保留了以外在标准为判断善恶用法，但他提出的实际上是不受外物的影响、充分体现自我意志的善，这种善可由我掌控。因而，它只能存在于道德的领域。借用梁涛的话来说：“孟子的善可定义为：己之道德禀赋及己与他人适当关系的实现。”[①]

郭店儒简所探讨的性是一个含混的存在，有自然之性及天命之性之分。《中庸》所述之性为普遍之德，而孟子从价值判断的角度以善为性。正如袁保新所认为的孟子人性论“最大的特色即在于摆脱经验、实然的观点，不再顺自然生活种种机能、欲望来识取‘人性’。他从人具体、真实的生命活动着眼，指出贯穿这一切生命活动背后的，实际上存在着一种不为生理本能限制的道德意识——‘心’，并就‘心’之自觉自主的践仁行义，来肯定人之所以为人的‘真性’所在”[②]。人性禀自天，天赋予人善性，人性本身以善为性，而出现恶的现象只不过是外物的影响罢了。孟子在《告子上》中以牛山之木为例来论证：

> 牛山之木尝美矣，以其郊于大国也，斧斤伐之，可以为美乎？是其日夜之所息，雨露之所润，非无萌蘖之生焉，牛羊又从而牧之，是以若彼濯濯也。人见其濯濯也，以为未尝有材焉，此岂山之性也哉？虽存乎人者，岂无仁义之心哉？

因为斧斤砍伐和牛羊放牧的原因，牛山才消亡。其实，人也一样，一些恶习只是受外物的影响，而仁义之心是内在的、天赋的，人性是善的。孟子所论之性更多地指向内在道德领域，其性则是从价值判断的角度来界定，通过对性和善的理解，孟子完成了性必善的构建。

第二，孟子认为性普遍善。

孟子继承了郭店儒简“性自命出”和《中庸》“天命之谓性”的思想，从超越的层面来理解性，认为性是天所赋予的、应然的。《孟子·告子上》云：“仁义礼智，非由外铄我也，我固有之也。”孟子认为仁义礼智不是通过外部的学习实践来获得的，而是本来就有的，是天生的，说到底，是天所赋予的。孟子引《诗经》“天生烝民，有物有则。民之秉彝，好是懿德”来论证善来自天，从形而上的层面隐设了性必善。孟子不仅认为人性必善，还认为人性普遍善。“人之所不学

① 梁涛：《郭店竹简与思孟学派》，中国人民大学出版社，2008，第 342 页。
② 袁保新：《孟子三辨之学的历史省察与现代诠释》，文津出版社，1981 年，第 48-49 页。

而能者，其良能也；所不虑而知者，其良知也。”良知良能是人人都具有的道德生命，“人皆可以为尧舜”。在道德人格上，孟子认为“圣人与我同类耳”。虽然在孟子的观念中有“劳心”与“劳力”之分，有“形色，天性也；惟圣人然后可以践形”的论述，但孟子都将其归为是对人性的现实主义认识。“而事实上孟子的理论贡献就在于突破这一认知，从而建构起‘道德理想主义’。”[①]由天所赋的人性为仁义礼智等内在道德的善，秉承天赋之性，主观上人人都有道德心，人人都有道德生命。因而，在孟子的思想中，性不仅是必善的，还是普遍善的，每个人都可成为尧舜。

第三，孟子的性善论不是理论上的自说自话，而是可以落实到现实中的、可实践的理论。

孟子用大量的篇幅来说明这一点，其中最值得一提的是四端之心。《公孙丑上》云：

> 今人乍见孺子将入于井，皆有怵惕恻隐之心。非所以内交于孺子之父母也，非所以要誉于乡党朋友也，非恶其声而然也。由是观之，无恻隐之心，非人也；无羞恶之心，非人也；无辞让之心，非人也；无是非之心，非人也。

现实生活中的恻隐之心、羞恶之心、辞让之心、是非之心是仁义礼智之端，孟子明确指出：“恻隐之心，仁之端也；羞恶之心，义之端也；辞让之心，礼之端也；是非之心，智之端也。”见到孺子即将坠入井，作为人都有怵惕恻隐之心，这不是经过思索所得，而是自然而然的本能，是人之常情。因而，每个人心中都有仁这一端，同理，也有礼、义、智之端。正是由于人心都有如此端倪，人性必然都是善的。性本善，修养的工夫自然就是发掘本心之善，以求放心。因而，《告子上》说：“学问之道无他，求其放心而已矣。”四端是人生而具有的，《公孙丑上》又说：“苟能充之，足以保四海；苟不充之，不足以事父母。”在现实生活中尽四

---

① 王洁：《略论先秦儒家的人性观》，《南京师大学报》（社会科学版）2006 年第 2 期，第 15 页。

端之心，即可完成对形上超越之性善的实践落实。由是，孟子性善论得以确立。

据上述分析可知，孟子继承发展了郭店儒简和《中庸》的人性论思想，并演变发展成了性善论。竹简中的天是溯源性的，性是含混的存在，对四海之内齐一的性并没有善和恶的论述。而孟子之天是主宰之天，性为普遍必然的善性，继承发展了郭店儒简中人性形而上的超越应然之性，由是建立了完整的性善论。

## 二、自然之性与性恶论

郭店儒简中的人性不仅仅有超越的品格，还有自然之性一说，具有形而下的实然经验层面。“喜怒哀悲之气，性也”“好恶，性也”“善不〔善，性也〕”，气、好恶、善不善等在前文有所分析，从生之自然的层面在感性经验的基础上以人的自然气质为性，这一层面为荀子所继承发展，最终形成了性恶论。

首先，荀子以“本始材朴”为性。

从“性”的内涵来看，郭店儒简成了荀子人性论的源头。颜炳罡教授认为荀子的人性论远比性恶要复杂。在荀子的情性哲学中，含有材性、知性、情性、欲性、人之本质之性等，《性》可能成了荀子思想之直接源头。① 就荀子所论之“性”而言，我们要弄清楚的是它指自然之性，荀子《性恶》云：“凡性者，天之就也，不可学，不可事。”荀子所论之性与孟子所论之性只不过是名称上都用了“性”这一相同的词，但“性”所指涉的并非同一个内涵。在荀子的思想中，人性是与生俱来的自然属性，有知能与情欲。荀子在《礼论》中用了一个“朴”字来概说：“性者，本始材朴也。”《性》有言“性自命出，命自天降”，《中庸》也载“天命之谓性”，孟子则直接指出性是天赋的必善之性，他们都承认性是天赋的，不同之处在于《庸》《孟》认为性是人生而有之的内在道德生命，是超验的义理。而荀子则认为性是自然的，《正名》指出“生之所以然者谓之性”，郭店儒简认为性是气性、欲性和材性，是自然之性。由郭店儒简到荀子人性论的确立，其间告

① 颜炳罡：《郭店楚简〈性自命出〉与荀子的情性哲学》，《中国哲学史》2009年第1期，第5-9页。

子有关人性论的思想是不无影响的。《孟子·告子上》记载了告子对性的论述:“性,犹杞柳也;义,犹杯棬也。”告子善于比喻,除了把性喻为杞柳,还用湍水来比喻:“性犹湍水也,决诸东方则东流,决诸西方则西流。人性之无分于善不善也,犹水之无分于东西也。”告子还提出“生之谓性”“食色,性也”。在告子的思想中,性是无善无不善的自然之性。荀子同样以自然之性为人性,《性恶》中指出:“今人之性饥而欲饱,寒而欲暖,劳而欲休,此人之情性也。”在荀子看来,“目好色,耳好声,口好味,心好利,骨体肤理好愉佚,是皆生于人之情性者也”。由此可见,荀子所论之性,并非简单地用一个“恶”字来概述,究其根本,应该说是“本始材朴”。这一点正和《性》所述“喜怒哀悲之气”“好恶”“善不善”相一致。它继承发展了郭店儒简所论之性的形而下层面的经验之性,以之为源头,沿着告子生之谓性的路径,荀子规定了自己质朴之性的内涵。

其次,在性、情、欲的关系上,荀子继承发展了郭店儒简的思想。

郭店儒简认为,情生于性,欲是性的一种,好恶之性是一种自然的趋向,我们称之为欲性。在《荀子》中,三者的关系也是非常紧密的。《性恶》云:“今人之性,生而有好利焉……生而有疾恶焉……生而有耳目之欲,有好声色焉……然则从人之性,顺人之情,必出于争夺,合于犯分乱理而归于暴。”这里的“好利”“好声色”,荀子称之为性,实则是生理本能,是性之好、恶、喜、怒、哀、乐中“喜”的情,属于人之情,而且还是带有意欲的情。在《正名》中,荀子如是阐释三者的关系:“性者,天之就也;情者,性之质也;欲者,情之应也。”虽然三者之间有一以贯之的联系,但是也不能简单地混同。荀子认为情是性的内容,欲是情所产生的趋向,“性之好、恶、喜、怒、哀、乐谓之情”。性与情是体用的关系,在荀子看来,性是体,情为用,而欲则是情的表现。

再次,荀子认为性需要后天的“伪”。

郭店儒简认为性可动、可逆、可交、可厉、可绌、可养、可长,“凡性,或动之,或逆之,或交之,或厉之,或绌之,或养之,或长之”。性的外在表现是随外物流转而变化的。《性》提出:“凡动性者,物也;逆性者,悦也;交性者,故也;厉性者,义也;绌性者,势也;养性者,习也;长性者,道也。”受物、悦、故、义、势、习、道等因素的影响，性的呈现方式也有所不同。战国初期的世硕认为性是有善有恶的，王充在《论衡》中记载："周人世硕，以为'人性有善有恶，举人之善性养而致之，则善长；性恶养而致之，则恶长。'"世子认为善恶是与生俱来的，保持和发扬这种本性的关键在于后天的养。养善性则善长，相反，养恶性则恶长。这明显与思孟所论述的先验的善有所不同，重视人后天的长养。荀子也认为性是需要"伪"的，《礼论》云："伪者，文理隆盛也。无性则伪之无所加，无伪则性不能自美。性伪合，然后圣人之名一，天下之功于是就也。"性不仅要"伪"，还要"化"。《性恶》说："性也者，吾所不能为也，然而可化也。"荀子通过心的知能作用，以人文秩序来节制自然情欲。通过"伪"和"化"，每个人都可成为君子。

最后，就语言的角度而言，对于性的描述，荀子也明显继承了郭店儒简的人性论思想。

郭店儒简《性》中有"刚之树也，刚取之也；柔之约，柔取之也""四海之内，其性一也"等句子，而《荀子·劝学》中也有"强自取柱，柔自取束""于、越、夷、貉之子，生而同声，长而异俗，教使之然也"等类似的描写。在对于人性的处理上，儒简《性》云："圣人比其类而论会之，观其先后而逆顺之，体其义而节文之，理其情而出入之，然后复以教。"《荀子·劝学》则载："故诵数以贯之，思索以通之，为其人以处之，除其害者以持养之。"关于乐和性的关系，《性》有"凡声其出于情也信，然后其入拨人之心也够"的描写，《荀子·乐论》中也有"声乐之入人也深，其化人也速"的记载。

由此可知，荀子继承发展了郭店儒简中人性形而下的感性经验层面，郭店儒简中所论实然的人性是荀子人性论的源头。荀子以先天的自然实然之性为人性，经过后天的"伪"使人性从自然之性向社会功能上转，沿着告子的方向和世子的路径，荀子以"恶"论性，构建起了对后世影响深远的性恶论。

郭店儒简通过对人性的探索，不仅仅在理论上完善了先秦儒学理论体系，成为人性论史上不可或缺的一环，还在人的现实生活中加强了儒学的人文精神和实践的品格，"使儒家对人的生命存在的理解不再拘泥于现实的生活世界，但另一方面又没有淡化、弱化儒家的现实性格和实践精神，'性'尽管来自于'天'的本然世界，但终究要归于'人'的文化世界"[①]。它着力于发现人、关注人，高扬人的价值。"天生百物人为贵"，社会发展到一定的阶段，人们对上天的依赖越来越淡薄，外在的神秘力量对人类社会的影响进一步虚化，人的价值得到凸显。正如苏格拉底的名言"认识你自己"，人类将更多的目光转向自身，强调人的地位，关注人的价值。在天与人的关系中，不仅仅是天生人成的生成模式，郭店儒简还注重由人到天的逆向进程。在天道与人道下行与上达的互动中，人的价值得以高扬。

① 李维武：《〈性自命出〉的哲学意蕴初探》，载武汉大学中国文化研究院编《郭店楚简国际学术研讨会论文集》，湖北人民出版社，2000，第 311 页。

# 第五章　金声玉振——人格的臻善

战国时期战乱不断，人们存在着沉重的对生命的焦虑与忧患，追逐功名利禄的欲望不断膨胀，仅靠天的作用已经不能规范失序的社会，道德修养就显得尤为必要。人性贯通了人道与天道，从天生人成的角度来看，儒简对于人性问题的探讨，为提升道德修养奠定了坚实的基础。天赋人性之外，人还可发挥积极主动性，认知超越的天命，进而内外交修，追求道德的完满。君子在这一时期成为人格臻善的目标，道德修养成为人性探索后的首要任务。

郭店儒简中对于德的论述占有较大的比重，几乎每一篇都贯穿了德的讨论。《论语》中孔子论德 24 次，《孟子》论德 30 次，《大学》和《中庸》共论德 18 次。郭店儒简则不同，德字出现了 47 次之多，不仅论德，还有专门的篇章来讨论德。较为集中的主要有《五行》《尊德义》两篇。《六位》虽然也论及六德，但其落脚点是在“位”上，德是位的内在支撑，将在下章着重讨论。而《尊德义》则主要讨论的是德治的理念，“尊德义，明乎民伦，可以为君”。因而，我们主要以《五行》为中心，来透视作为一个整体的郭店儒简的道德论，以期透视人格的臻善。

## 第一节　“五行”概说

### 一、“五行”考释

郭店儒简中《五行》与《缁衣》同抄于一卷，原有章号、句读、重文号，简文 28 章，共 1600 字，50 枚简，是出土简文中唯一有篇名的，其内容与马王堆帛书

《五行》主体部分大致相同，是较为完整的一篇。

一提到“五行”，中国人比较容易想到的是“金、木、水、火、土”，而我们这里要讨论的五行却不是这五种元素，而是荀子《非十二子》中所提到的“五行”：

> 略法先王而不知其统，犹然而材剧志大，闻见杂博。案往旧造说，谓之五行，甚僻违而无类，幽隐而无说，闭约而无解。案饰其辞而祗敬之曰：此真先君子之言也。子思唱之，孟轲和之，世俗之沟犹瞀儒，嚾嚾然不知其所非也，遂受而传之，以为仲尼、子游为兹厚于后世，是则子思、孟轲之罪也。

对于荀子的这段话，王先谦《荀子集解》中收录了郭嵩焘的评论：“荀子屡言仲尼、子弓，不及子游。本篇后云‘子游氏之贱儒’，与子张、子夏同讥，则此‘子游’必‘子弓’之误。”[①]这段话是研究“五行”的基础资料。

荀子对五行说的批判应该是相当尖锐的。他认为五行说利用了以往的某种思想资源，是“案往旧”而造的旧说，此说驳杂且“僻违”“幽隐”“闭约”，有相当的神秘性，令人费解。据荀子的批判可知，子思、孟子曾将此说托孔子之言，“子思唱之，孟轲和之”，因而当时认为是“仲尼、子游为兹厚于后世”。对于十二子的批评，荀子皆切中要害，如对道家，荀子认为老子贵柔只顾及了“诎”的一面而没有顾及“信”的一面；对墨家，荀子认为只顾及了齐同，带有平均主义色彩，但未顾及差等，如此下去社会势必会陷入混乱状态；至于名家惠氏、邓析，荀子指出二者不效法古代圣王，不崇尚礼，却好奇谈怪论。对各家的批驳，荀子一语中的，完全没有旁枝末节的指摘。由此推断，荀子所驳之“五行”必是思孟学派的一项中心内容，并且在当时是相当流行的。只不过后世随着典籍的失传，想要再弄清楚荀子所批判的“五行”是什么成了相当不容易的事情。历史逐渐远去，回过头来去追溯当时的情景，如果没有确凿的资料做支撑的话，不要说对历史一探究竟，就是对留存的典籍理解起来也是相当不易的。因

① 王先谦：《荀子集解》，沈啸寰、王星贤点校，中华书局，1988，第 95 页。

而,对于"五行"的理解可谓是众说纷纭。

在郭店儒简出土以前,对于"五行"的理解可谓相当复杂。以时间为序,特列几个代表性的观点以加深对于"五行"的理解。原始五行说受孟子推崇,通过邹衍大肆鼓吹,成为正式的阴阳五行。郑玄在注《礼记·乐记》中"道五常之行"一句时认为"五常,五行也",提出五行是五常。但是郑玄在注《中庸》时杂糅了阴阳五行之说,其《礼记正义》在注"天命之谓性"一段时,认为:"天命,谓天所命生人者也,是谓性命。木神则仁,金神则义,火神则礼,水神则信,土神则知。"郑玄以"木、金、火、水、土"来注解思孟五行。唐代杨倞最早提出思孟五行是五常,其注《荀子》时提出思孟五行是"仁、义、礼、智、信"五常。章太炎引《表记》作为旁证,以此作为子思之遗说。章太炎不仅认为五行为五常,还将君臣父子等关系赋予其中,认为五行为五常五伦之杂糅。"此以水火土比父母于子,犹董生以五行比臣子事君父。"[①]其后,梁启超更是指出五行为五常或五伦,但却不是金、木、水、火、土五种元素。"子思说虽无可考(或《中庸》外尚有著述),孟子则恒言仁、义、礼、智,未尝以信与之并列也。此文何指,姑勿深论,但决非如后世之五行说,则可断言耳。"[②]郭沫若则在《中庸》与《孟子》的基础上认为思孟五行是指"仁、义、礼、智、诚"。而顾颉刚认为荀子把邹衍和孟子混为一谈,错批了思孟,是一个误会,五行指的还是阴阳五行论。《孟子》中有"五百年必有王者兴"之句,据此,范文澜认为这是阴阳五行之推论,必定包含了阴阳五行。侯外庐也认为思孟的作品不仅有《中庸》《孟子》,还有《洪范》《易传》,由此可推导出思孟可能倡导阴阳五行。有关思孟五行各种观点不一而足,各有所据,在学界未达成共识,学者争论不休,各执一端。

直到1973年,湖南长沙马王堆汉墓帛书出土,有关五行的探讨开始有了新的资料依据,开启了五行研究的新局面。对于思孟五行的讨论出现了两大阵营,一派认为帛书《五行》中的思想即思孟五行说,主要代表人物有庞朴、魏启鹏、廖名春、李景林、浅野裕一等,他们都认为五行为五种德行,并阐释荀子

---

① 章太炎:《章太炎全集》(一),上海人民出版社,1982,第169页。

② 梁启超:《梁启超论中国文化史》,商务印书馆,2012,第184页。

批驳思孟五行的原因。而另一派则相反，认为《帛书》五行之思想不是思孟五行说。两大阵营各抒己见，相持不下。在研究了《老子》甲本后的一篇讲儒家德行的佚书之后，庞朴发现文中一再出现"仁、义、礼、智、圣"五个字，因而，他指出这就是荀子所批的五行。庞朴的《帛书五行篇研究》一文认为《中庸》"唯天下至圣"一段，和"仁、义、礼、智、圣"相对应，融合了五行说。进而，庞朴指出荀子批判五行的原因是思孟将五种德行摘取出来，不顾它们分别属于道德、政治、认识论诸领域，将其并列谓之，不仅赋予了它们"幽隐"之内容，还将其构筑成了"闭约"的体系，所以，荀子严加批判。[①] 魏启鹏指出，西周的礼乐是天子威仪及权力的外显，是外向控制型的。而思孟五行是五种道德，强调德性，向内探索，是内向思辨型，因而荀子才加以批判。[②] 黄俊杰则从"心"和"道"两个概念入手探寻荀子批驳五行的原因，认为"心"注重社会性、政治性，而"道"注重主体性、超越性，思孟与荀子二者对于心与道两个概念的内涵有根本性的差异。[③] 而廖名春则认为孟子将"仁、义、礼、智、圣"五德归为人性，与荀子主张性恶相左，荀子批的是人性的性善说，而不是五种德行。[④] 李景林认为思孟五行主张圣人与天道同一，而荀子主张的是天人相分，矛盾的焦点在于天人关系，"以天人之分批判思孟的天人合一。"[⑤]梁涛则从"形于内"与"不形于内"间的矛盾入手，认为荀子和思孟在仁与礼关系上的分歧是荀子批驳思孟五行的原因。[⑥] 而反对派主要有赵光贤、任继愈、池田知久等。就在庞朴提出五行为五德之后，赵光贤就在《新五行说商榷》一文中提出帛书之《五行》的作者在汉初，和荀子所批之五行没有关系。任继愈更加彻底，在《中国哲学发展史》中直接对思孟学派的存在质疑，更不用提思孟五行一说了。至于荀子所抨击的五

---

① 庞朴:《马王堆帛书解开了思孟五行说之谜——帛书〈老子〉甲本卷后古佚书之一的初步研究》,《文物》1977 年第 10 期,第 63-69 页。

② 魏启鹏:《思孟五行说的再思考》,《四川大学学报》(哲学社会科学版)1988 年第 4 期,第 86 页。

③ 黄俊杰:《中国思想史中"身体观"研究的新视野》,《现代哲学》2002 年第 3 期,第 56-58 页。

④ 廖名春:《思孟五行说新解》,《哲学研究》1994 年第 11 期,第 62-69 页。

⑤ 李景林:《中西文化研究系列之三——思孟五行说与思孟学派》,《吉林大学社会科学学报》1997 年第 1 期,第 45 页。

⑥ 梁涛:《郭店竹简与思孟学派》,中国人民大学出版社,2008,第 227-231 页。

行，是具有神秘主义的阴阳五行，孟子后学与阴阳五行应当有结合，故而遭到荀子一系的反对。帛书《五行》的出土为思孟五行的研究提供了至关重要的资料，但思孟五行的内容没有明确。两种观点僵持不下，“五行”还是学界的一桩公案。

时隔20年，郭店竹简《五行》的出土，证实了庞朴推论的正确性，有关五行是不是思孟五行的争论沉寂下来，学者们大都认为《五行》就是荀子所批判的思孟五行。荀子所驳“五行”的内容基本上得到了解决，既不是“金、木、水、火、土”五种元素，也不是“仁、义、礼、智、信”五常，更不是五伦，而是“仁、义、礼、智、圣”五德。在思孟五行的内容明晰之后，又掀起了研究的新高潮。庞朴增补了《帛书五行篇研究》，写成了《竹帛〈五行〉篇校注及研究》一书，池田知久在《马王堆汉墓帛书五行研究》的基础上对竹简《五行》进行了更细致地注解。孙开泰系统梳理了竹帛《五行》的研究成果，著有《〈郭店楚墓竹简·五行〉篇校释》，在阴阳五行的背景下对竹简五行进行校读与注释。廖名春则写了《郭店楚简〈五行〉篇校释札记》，提出不同见解。陈来的《竹简〈五行〉章句简注——竹简〈五行〉分经解论》，模仿朱子章句，把《五行》分为上经下解进行剖析。与帛书研究不同的是，学者对于竹简《五行》的研究多从整体的角度入手来阐发其思想。庞朴的《三重道德论》从人伦道德、社会道德和天地道德来分析，①梁涛则认为“德之行”和“行”是双重道德律，与“仁内义外”是同一个意思。② 刘信芳从认识论的角度进行分析，认为“仁”揭示了主客体的关系，义、礼揭示了行为规范，知揭示了认识规律，圣涉及的则是真理问题。③ 陈来的《竹简〈五行〉篇与子思思想研究》指出五行强调德在实现过程中心理的展开过程，有了超越性，也为孟子四端说奠定了基础，为《中庸》作了准备。④

① 庞朴：《三重道德论》，《历史研究》2000年第5期，第3-11页。

② 梁涛：《郭店竹简与思孟学派》，中国人民大学出版社，2008，第381-385页。

③ 刘信芳：《简帛〈五行〉仁义礼知圣研究》，载国际儒学联合会编《国际儒学研究》（第11辑），国际文化出版社公司，2001，第32-53页。

④ 陈来：《竹简〈五行〉篇与子思思想研究》，《北京大学学报》（哲学社会科学版）2007年第2期，第5-18页。

在思孟五行的内容大体确定之后，学者们深入研究的同时，庞朴又提出了一个问题："既然思孟五行只是仁义礼智圣，何以荀子斥为'甚僻违而无类，幽隐而无说，闭约而无解'？荀子自己岂不也常说仁、道义、论礼、谈智圣，何僻违、幽隐、闭约之有？"[①]

对于这一问题，陈来在《竹简〈五行〉篇与子思思想研究》一文中认为，"'案往旧造说，谓之五行，当指子思利用了古代五行的观念形式；'僻违而无类'，当指子思把'圣智'和'仁义礼'不同类的概念列属为同一德行体系；'幽隐而无说''闭约而无解'，则当指子思只作了《五行》篇经部，没有充分加以解释。"[②]高峰在《从〈洪范〉"五行"到"五德终始"——一个经学问题的哲学考察》中指出，孔子学思并重，而思孟学派循思一路，尽心知性以知天，而荀子循的是学一路，因而反对思孟五行。[③] 至于梁涛的《荀子对思孟"五行"说的批判》认为荀子批驳思孟五行在于荀子重礼，而思孟五行强调仁。[④]

即使在郭店儒简《五行》出土后，也有少数学者对思孟五行的内容提出异议，认为荀子《非十二子》中指斥的五行为"金、木、水、火、土"五种元素。苏瑞隆根据《荀子·乐论》中五行清楚的先行词推论《非十二子》中的"五行"为"金、木、水、火、土"，而思孟五行的内容如何无法得知。[⑤] 而葛志毅指出荀子的《非十二子》提到了"案往旧造说谓之五行"，但是并没有说明何为五行，《天论》中"无有作好，遵王之道；无有作恶，遵王之路"一句出自《洪范》，那么荀子应该知道洪范五行。葛志毅根据《荀子》中所涉及的"五官、五采、五帝、五色、五声、五兵、五疾、五祀、五种、五谷、五刑、五听、五味"等概念，推断出五行不是指五种

---

① 庞朴：《思孟五行新考》，载刘贻群编《庞朴文集》（第二卷），山东大学出版社，2005，第191-202页。

② 陈来：《竹简〈五行〉篇与子思思想研究》，《北京大学学报》（哲学社会科学版）2007年第2期，第16页。

③ 高峰：《从〈洪范〉"五行"到"五德终始"——一个经学问题的哲学考察》，《湖南科技学院学报》2005年第9期，第178-184页。

④ 梁涛：《荀子对思孟"五行"说的批判》，《中国文化研究》2001年第2期，第40-46页。

⑤ 苏瑞隆：《简帛五行篇与思孟学派再议》，载山东师范大学齐鲁文化研究中心、美国哈佛大学燕京学社编《儒家思孟学派论集》，齐鲁书社，2008，第48页。

元素。[①]

至于思孟五行的内容究竟是什么，荀子《非十二子》中所言五行究竟又是什么，笔者赞同庞朴的观点，认为荀子所非的是思孟五行，为“仁、义、礼、智、圣”五种德行。其实，联系竹简、帛书《五行》及思孟的相关作品，将它们对读，互相参照，即可明了荀子所批判的思孟五行不是“金、木、水、火、土”五种元素，而是“仁、义、礼、智、圣”五种德行。

## 二、简帛《五行》之比较

郭店竹简《五行》出土后，与帛书《五行》相互佐证，更能反映那一时期的思想状况。虽然简本与帛书经文部分中的内容大体相同，比较简帛两种不同版本就会发现，二者之间的不同还是较为明显的。为了更清楚地展示二者之间的差异，特列表（表 5-1）如下。

**表 5-1　简帛《五行》版本内容差异**

<table>
<tr><th>郭店竹简《五行》</th><th>帛书《五行》</th></tr>
<tr><td>有题目</td><td>无题目</td></tr>
<tr><td>无“说”</td><td>有“说”</td></tr>
<tr><td>语言简洁</td><td>语言繁复</td></tr>
<tr><td>圣不形于内谓之德之行[②]</td><td>圣不形于内谓之行</td></tr>
<tr><td>圣智，礼乐之所由生也</td><td>经部脱烂了四个字，说部为“仁义，礼乐之所由生也”</td></tr>
<tr><td></td><td>君子无中心之忧则无中心之圣</td></tr>
<tr><td colspan="2">“仁、义、礼、智、圣”的次序不同</td></tr>
<tr><td colspan="2">“不聪不明，不圣不智……无德”在文中位置不同</td></tr>
<tr><td colspan="2">“颜色容貌温变也”一段在文中的位置不同</td></tr>
</table>

① 葛志毅：《重论阴阳五行之学的形成》，《中华文化论坛》2003 年第 1 期，第 61 页。

② 虽然李零的《郭店楚简校读记》释读为“圣形于内谓之德之行，不形于内谓之行”，但其他版本释读为"圣形于内谓之德之行，不形于内谓之德之行”。此处也一并列出。

郭店竹简与帛书《五行》的不同主要说明了以下问题。

第一，简本《五行》与帛书本经说应该产生于不同时期。

根据简帛二者的差异可以看出简本《五行》较之帛书本更接近子思的思想，而帛书本则有较多后人修改的地方。就题目而言，帛书本没有题目，庞朴根据内容命名为《五行》，而简本《五行》则是自带题目。再有就是简本《五行》有经无说，而帛书本有经有说。庞朴指出"《五行》篇早先没有'说'或'解'，并非我的发明，荀子先我两千多年已经说了：'(子思孟轲)按往旧造说，谓之五行，甚僻违而无类，幽隐而无说，闭约而无解。'无类是说不合逻辑；无说、无解，固然是指内容的幽隐和闭约，但也足以旁证。"[①]而池田知久认为简本《五行》是有说的，他指出："当时已形成和马王堆《五行》大致相同的说文，只不过这次偶然没有一起出土而已。"[②]虽然池田知久也举了一些例子，但总体上看，举例有些牵强，此说不足以令人信服。而庞朴指出早先的《五行》是没有说或解的，"说"是后人补上去的。笔者认为，《五行》经说方面的差异，其实就是流传过程中修改的部分，也就是简帛是不同时代之产物的依据。并且，就语言而言，简本要比帛书本俭省很多。帛书《五行》有"君子无中心之忧则无中心之圣"一句，而简本中却没有这句话。帛书 173～176 行为："君子无中心之忧则无中心之智，无中心之智则无中心之悦，无中心之悦则不安，不安则不乐，不乐则无德。君子无中心之忧则无中心之圣，无中心之圣则无中心之悦，无中心之悦则不安，不安则不乐，不乐则无德。"此节比简本多了"君子无中心之忧则无中心之圣，无中心之圣则无中心之悦，无中心之悦则不安，不安则不乐，不乐则无德"一句，帛书本多此一句，在于传承者对智作了狭义的理解。庞朴认为简帛《五行》中圣和智并举都是特意区分二者的差别，明示二者属于不同的范畴，用以显示两种不同的境界。庞朴对帛书《五行》经文推断用在这里倒也合适，"完全等同圣智的前因后果，那就完全没有必要分立两个范畴……将圣智完全等

---

① 庞朴：《竹帛〈五行〉篇比较》，《人民政协报》1998 年 8 月 3 日第 3 版。

② 池田知久：《郭店楚简〈五行〉研究》，载《池田知久简帛研究论集》，中华书局，2006，第 54 页。

同起来的两段文字，必有一段有误，或者压根儿就是衍文。”[①]而梁涛则认为楚简《五行》没有此句的原因当是传抄时遗漏掉了。“在帛书本中，智、圣对举，显然更为合理，竹简本只谈智不谈圣，与文中的‘聪明圣智’之论已不相符，所以帛书本应该是《五行》的原貌，而竹简本的缺省乃是它在抄写过程中的遗漏。”[②]在简本中，学界大多释读为“圣”不论是否“形于内”都称为“德之行”，而帛书本中“圣”“不形于内”就称之为“行”，而不是“德之行”，可见圣的地位有所下降。此句正是随着现实的改变，简本和帛书本的作者对于不同时代的现状所作出的不同构思，文字方面的差异反映的是思想上的变化。语言的繁简还体现在对《诗》的引用不同上。帛书本经文引《诗》比简本全，基本上都有“《诗》曰”二字。引用内容也是简本简省，帛书本繁复。如引《诗经·大雅·燕燕》，简本引文为：“瞻望弗及，泣涕如雨。”而帛书本的引文为：“燕燕于飞，差池其羽。之子于归，远送于野。瞻望弗及，泣涕如雨。”简本45～46号为：“诺，莫敢不诺；进，莫敢不进。”帛书本则写为：“心曰诺，莫敢不诺；心曰进，莫敢不进。”简本47号“闻道而悦者”句帛书本则记为“闻君子道而悦”。帛书本明显比简本在语言上要繁复细致得多。除了这些，对于相同部分，简帛二者的次序也是不尽相同的。《五行》开篇对于五种德行的论述，简本的论述顺序为仁、义、礼、智、圣，而帛书本论述的顺序则为仁、智、义、礼、圣。此外，在帛书《五行》中，“不聪不明”到“不乐无德”一段在“不恭无礼”之后，而“颜色容貌温变也”至“恭而博交，礼也”一段紧随其后，在“未尝闻君子道”段之前。有学者认为如此调整是为了统一文章前后所论仁、义、礼、德之顺序。经过调整，文章结构更加合理。庞朴指出：“竹书本先仁义礼而谈圣智，于文理于逻辑，未尝不可；但它接着圣智连带谈了五行四行，把一个总结性的论断提到了不前不后的中间位置，便未免进退失据，露出马脚了。”[③]而徐少华则认为简本优于帛书本。徐少华

---

① 庞朴：《〈五行〉补注》，载谢维扬、朱渊清主编《新出土文献与古代文明研究》，上海大学出版社，2004，第326-327页。

② 梁涛：《简帛〈五行〉“经文”比较》，载《古墓新知》，台湾古籍出版有限公司，2002，第168页。

③ 庞朴：《竹帛〈五行〉篇比较》，《人民政协报》1998年8月3日第3版。

指出："竹简本在有关德、仁、义、礼的立论、解说与归纳顺序上虽存在不尽一致的地方，但其在解说内容和逻辑联系上，却显得更加紧凑、合理，重点突出，更可能是文章的原貌。帛书本对竹简本的章节顺序作了一定调整，虽弥补了某些不足，但却带来了论述结构上的脱离和主题思想的削弱，这是我们应该辨明的。"[①]

简帛二者的差异，无论是否作者有意为之，都不可能判定哪个本子优哪个本子劣，二者的不同是时代所造成的。随着时代的发展，简本《五行》与帛书《五行》的着眼点与突出点都会有所变化，无所谓优劣。但通过差别得出一个结论：简本《五行》与帛书《五行》产生于不同的时期，甚而至于，帛书《五行》的经、说也产生于不同时期。

第二，简本"五行"与帛书"五行"的思想重点有所不同。

文本的不同只是表象，所揭示的都是思想的差异。通过对比分析简本《五行》与帛书《五行》二者在文本上的差别可知，简本强调"圣、智"，而帛书突出"仁、义"。陈丽桂认为简本崇圣而帛书崇仁义，帛书本"说"文"几乎都以仁、义为譬，来解证经文，大有以仁、义总结、取代五行之势，这是否意味着：说文作者较之经文作者对于"仁""义"有着偏好与更多的熟悉程度。[②]

简本《五行》开篇对于五种德行的论述，以仁、义、礼、智、圣为序。

> 仁形于内谓之德之行，不形于内谓之行。义形于内谓之德之行，不形于内谓之行。礼形于内谓之德之行，不形于内谓之〔行。智形〕于内谓之德之行，不形于内谓之行。圣形于内谓之德之行，不形于内谓之行。

而帛书本经部的论述对五种德行的排序却是仁、智、义、礼、圣。

---

① 徐少华：《楚简与帛书〈五行〉篇章结构及其相关问题》，《中国哲学史》2001年第3期，第19页。

② 陈丽桂：《从郭店竹简〈五行〉检视帛书〈五行〉说文对经文的依违情况》，载陈福滨主编《本世纪出土思想文献与中国古典哲学研究论文集》（上册），台湾辅仁大学出版社，1999，第195页。

> 仁形于内谓之德之行，不形于内谓之行。智形于内谓之德之行，不形于内谓之行。义形于内谓之德之行，不形于内谓之行。礼形于内谓之德之行，不形于内谓之行。圣形于内谓之德之行，不形于内谓之行。

我们先来看郭店儒简，在这一段论述中，有关五种德行的排列次序为仁、义、礼、智、圣，其中仁、义、礼三者虽位于前面，但后面的“圣”却是最重要的，“智”次之。帛书本对于五者的排序如上所示为仁、智、义、礼、圣，对于五行的排序，郭沂指出“它们皆经后人改窜，皆非原始，而本来的次序应该是圣、智、仁、义、礼。”①不论郭先生的论断是否正确，但他证明了一点，郭店竹简比较重圣。

还有一处文字次序上的不同，简本 20～22 号为：

> 不聪不明，【不明不圣】，不圣不智，不智不仁，不仁不安，不安不乐，不乐无德。■
>
> 不变不悦，不悦不戚，不戚不亲，不亲不爱，不爱不仁。■
>
> 不直不肆，不肆不果，不果不简，不简不行，不行不义。■
>
> 不远不敬，不敬不严，不严不尊，不尊不恭，不恭无礼。■

而帛书本 188～190 行则为：

> 不变不悦，不悦不戚，不戚不亲，不亲不爱，不爱不仁。不直不肆，不肆不果，不果不简，不简不行，不行不义。不远不敬，不敬不严，不严不尊，不尊不恭，不恭无礼。不聪不明，不圣不智，不智不仁，不仁不安，不安不乐，不乐无德。

简本《五行》先论述了圣、智、仁，然后接着义、礼，紧接着 22～23 号又进行反向论述：

---

① 郭沂：《郭店竹简与先秦学术思想》，上海教育出版社，2001，第 460 页。

> 未尝闻君子道，谓之不聪。未尝见贤人，谓之不明。闻君子道而不知其君子道也，谓之不圣。见贤人而不知其有德也，谓之不智。■
>
> 见而知之，智也。闻而知之，圣也。明明，智也。赫赫，圣也。“明明在下，赫赫在上”，此之谓也。■
>
> 闻君子道，聪也。闻而知之，圣也。圣人知天道也。知而行之，义也。行之而时，德也。见贤人，明也。见而知之，智也。知而安之，仁也。安而敬之，礼也。圣，知礼乐之所由生也，五〔行之所和〕也。和则乐，乐则有德，有德则邦家兴。文王之示也如此。“文〔王在上，于昭〕于天”，此之谓也。■
>
> 见而知之，智也。知而安之，仁也。安而行之，义也。行而敬之，礼也。仁，义礼所由生也，四行之所和也。和则同，同则善。■

在以否定的方式反向解释了圣智之后，再一次把论述的次序列为圣、智、仁、义、礼。由此可见，简本突出圣智，圣和智在五行中处于统摄的地位。而帛书《五行》先论述了仁、义、礼，之后才论述圣和智，把简本中有关圣智的第一句放在了段末，而将仁、义、礼的论述提前，重点突出仁和义，接着把190～195行有关“中心”和“外心”的论述紧随其后，“颜色容貌温变也……恭而博交，礼也”一段提前，放在“未尝闻君子道，谓之不聪……和则同，同则善”之前，这样，有关圣智的论述嵌在“颜色容貌温变也”和“不简不行”两段中间，圣智之论被割裂为两段，整体上也就割裂了圣智的主线，进而突出仁义。安而行为义，行而敬为礼，呼应了义礼是由仁所生。因而，简文接着说“仁，义礼所由生也”。同理，仁、义、礼三者又是从智上派生下来的，智是三者的立基之处。

据《中庸》“仁者人也，亲亲为大。义者宜也，尊贤为大。亲亲之杀，尊贤之等，礼所生也”，学界对于“仁，义礼所由生也”一句的断句，另一种观点认为可读为“仁义，礼所由生也”。无论哪种断法，其实在这段话中，智是一个奠基性的概念，仁、义、礼三者关系暂且不论，三者都由智所派生是确凿无疑的。简本强调了圣智的重要性。而帛书《五行》经部此句的位置脱烂了14个字，无法辨析。再看说部，有一句为“仁义，礼乐之所由生也”。很明显，为了突出仁义，帛书本作者将简本中的文本进行了改动。郭沂指出："很明显，这种安排是不符合全书的思想的，它把一个本来井然的秩序打乱了，一定出于后人改窜。其目的，是推重仁义。"[①]帛书本显然经过了后人的重新改造，通过重新构思突出仁义的作用，帛书《五行》云："仁义，礼智所由生也，四行之所和也。"说文进一步解释"言礼智生于仁义也"，在仁、义、礼、智四行中，仁、义是基础性的，而智排在了仁、义甚至是礼的后面，礼、智反而成了仁、义派生出来的概念。

帛书本与简本《五行》经文内容大体一致，但帛书本多出来的说部，更加重视仁和义，颇有以仁、义来总结、取代五行的趋势。从简本到帛书本的变化，体现了时代的变迁，文字的背后反映的是社会思想的发展。随着人性论的不断完善，社会更加关注人的主体性，社会失序，也更需要宣扬仁义。帛书本作者从社会现实出发，在简本的基础上进一步探索，凸显了仁义的地位和作用。

第三，简帛"五行"的差异，是研究子思学派的重要资料。

简帛《五行》的不同主要体现在文字繁简、语句次序、文句有无等方面，反映了早期儒家思想的发展变化。简本重圣智，而帛书本却越来越崇尚仁义，二者其实融入了不同的社会思想，承袭孔子，为孟子大谈仁义提供了理论基础。《孟子·万章下》云："孔子之谓集大成。集大成也者，金声而玉振之也。金声也者，始条理也；玉振之也者，终条理也。始条理者，智之事也；终条理者，圣之事也。智，譬则巧也；圣，譬则力也。由射于百步之外也，其至，尔力也；其中，非尔力也。"孟子重仁义也尚圣智。

先秦是儒学的产生时期，也是儒学兴盛时期，奠定了儒学发展的样貌。但由于资料的缺失，对于先秦儒学的了解大体滞于孔、孟、荀三个点之上。孔子弟子三千，自孔子去世后到荀子，这两百多年的时间只知道一个孟子。儒学思想在三者之间如断了线的珠子，很难找到发展变化的轨迹。何以出现性的善与恶？儒学的发展轨迹如何等，历来是学术界的难题。

孔子去世后，七十子散落于各地，也就是说儒学传播到各地。时间空间转

① 郭沂：《郭店竹简与先秦学术思想》，上海教育出版社，2001，第461页。

变，势必会引起学术思想的变迁。对于史料的困境，简帛资料的出土可以说是带来了一把钥匙，帛书本的说部两次出现“世子曰”，世子作为孔门七十子之一，帛书本说部削弱圣智，重视仁义，应反映了他的思想。简帛《五行》作为同一典籍的两种传世文本，尤其是二者中存在的差异，更能体现出思想的变化发展。荀子指出五行说是子思唱之，孟轲和之，并且郭店儒简已经证明了帛书本经部写于孟子之前，则简本《五行》应为子思作于战国前期。由于《子思》23 篇佚失，郭店儒简《五行》可作为研究子思的一个支点，透视孔孟之间的发展脉络。郭店儒简《五行》的出土，证实了思孟学派的存在，回答了荀子所批驳的“五行”是什么，为认识思孟学派乃至整个儒学提供了重要的资料。

## 第二节　儒简的人格修养

荀子所批驳的思孟五行为五种德行，也是人格臻善的主要思想资源。作为有意识自觉的个体，“仁、义、礼、智、圣”五行恰恰是其人格臻善的起点与归宿。通过德之行与行的相互作用，在突出圣智之德的基础上，追求道德的完满，成就君子人格。

### 一、“五行”的思想来源

荀子在批驳思孟五行时用了“按往旧造说”一句，由此我们可推断出思孟五行不是没有任何传承借鉴横空出世的，而应该是吸取了一定的思想或者借鉴了一定的思维方式后经过作者的构架成就的新说。对于思孟五行的思想来源问题，笔者认为有必要从子思之前对于五行的架构与阐述及当时的社会现状略窥一二。

1. 原始五行的影响

原始五行对于思孟五行的影响在思维方式方面，而不是资料传承方面。据现有资料可考，五行首先出现于《尚书・甘誓》之中，“有扈氏威侮五行，怠弃三正”。而对于五行性质的描绘，最早见于《尚书・洪范》。其中不仅指出五行为金、木、水、火、土五种元素，还阐述了各自的性质，将五行与五味相配：

> 五行，一曰水，二曰火，三曰木，四曰金，五曰土。水曰润下，火曰炎上，木曰曲直，金曰从革，土爰稼穑。润下作咸，炎上曰苦，曲直作酸，从革作辛，稼穑作甘。

到了春秋晚期五行体系趋于成熟，战国时期的《礼记·月令》则是利用五行思想建立的相应体系。这一时期不可忽视的一个人物是邹衍，他将阴阳与五行相结合。学界推论邹衍很有可能沟通了两个五行之间的关系。《史记·孟子荀卿列传》云："邹衍睹有国者益淫侈，不能尚德，若大雅整之于身，施及黎庶矣。乃深观阴阳消息而作怪迂之变，《终始》《大圣》之篇十余万言……然要其归，必止乎仁义节俭，君臣上下六亲之施，始也滥耳。王公大人初见其术，惧然顾化，其后不能行之。"司马迁认为邹衍学说归于仁义，因而，他势必会建立起两个五行间的关联。但是有关邹衍的传世文献太少，无法确认，只是推测。到了汉代，才从有文字可考的资料中发现了两种五行内在体系中的关联，在此之前，皆找不出金、木、水、火、土与仁、义、礼、智、圣相配的记载。由是，该如何理解传统五行与思孟五行二者之间的关系是一个较为重要的问题。

李学勤认为子思创五行所依据的资料为《尚书·洪范》，"子思的五行说则将作为元素的五行与道德范畴的五行结合为一"①。他指出虽然二者有所差别，但由于"仁"的范畴出现较晚，在《洪范》时期还没有包括进去，因而，《中庸》"唯天下至圣"一段应该本于《洪范》。李学勤看到五行与五事之间没有搭配，用五行与方向相配，崇土说，力图找到圣的根据。笔者认为，思孟五行借鉴了传统五行的思维方式，用"传统五行"这一概念的框架装的却是儒家的思想，相当于今天我们所说的旧瓶装新酒。接下来我们通过对洪范五行的分析来窥视其中端倪。

《尚书·洪范》对于五行的记载较为详细："鲧堙洪水，汩陈其五行。帝乃

① 李学勤：《帛书〈五行〉与〈尚书·洪范〉》，《学术月刊》1986年第11期，第40页。

震怒，不畀洪范九畴，彝伦攸斁。鲧则殛死，禹乃嗣兴，天乃锡禹洪范九畴，彝伦攸叙。初一曰五行，次二曰敬用五事，次三曰农用八政，次四曰协用五纪，次五曰建用皇极，次六曰乂用三德，次七曰明用稽疑，次八曰念用庶征，次九曰向用五福，威用六极。一、五行：一曰水，二曰火，三曰木，四曰金，五曰土。水曰润下，火曰炎上，木曰曲直，金曰从革，土爰稼穑。润下作咸，炎上作苦，曲直作酸，从革作辛，稼穑作甘。二、五事：一曰貌，二曰言，三曰视，四曰听，五曰思。貌曰恭，言曰从，视曰明，听曰聪，思曰睿。恭作肃，从作乂，明作哲，聪作谋，睿作圣。"文中不仅论述了五行和五事，还将五行与五味、五事与五休征相搭配，但是五行和五事并没有搭配。特列五行与五事关系表（表 5-2）如下。

**表 5-2　洪范五行与五事关系**

| 洪范五行 | | | 五事 | 五休征 |
|---|---|---|---|---|
| 名称 | 性质 | 五味 | | |
| 水 | 水曰润下 | 润下作咸 | 一曰貌；貌曰恭；恭作肃 | 曰肃，时雨若 |
| 火 | 火曰炎上 | 炎上作苦 | 二曰言；言曰从；从作乂 | 曰乂，时旸若 |
| 木 | 木曰曲直 | 曲直作酸 | 三曰视；视曰明；明作哲 | 曰哲，时燠若 |
| 金 | 金曰从革 | 从革作辛 | 四曰听；听曰聪；聪作谋 | 曰谋，时寒若 |
| 土 | 土曰爰穑 | 爰穑作甘 | 五曰思；思曰睿；睿作圣 | 曰圣，时风若 |

考察《中庸》和洪范五行、思孟五行之间的关系就会发现，三者之间内容上也存在着一致性，特列表（表 5-3）对应如下。

**表 5-3　《中庸》、洪范五行、思孟五行关系**

| 《中庸》 | 洪范五行 | 思孟五行 |
|---|---|---|
| 聪明睿知，足以有临也 | 土：思曰睿；睿作圣 | 圣 |
| 宽裕温柔，足以有容也 | 金：听曰聪；聪作谋 | 仁 |
| 发强刚毅，足以有执也 | 火：言曰从；从作乂 | 义 |
| 齐庄中正，足以有敬也 | 水：貌曰恭；恭作肃 | 礼 |
| 文理密察，足以有别也 | 木：视曰明；明作哲 | 智 |

郑玄作的注是一个关键,“天命,谓天所命生人者也,是为性命。木神则仁,金神则义,火神则礼,水神则信,土神则智”①。李学勤认为郑玄作注时《子思子》还存在,但也有一种可能,郑玄作注时并没有引用《子思子》,而是用汉以来的观念来附会古人之说。《汉书·艺文志》提到《子思子》23 篇,而《隋书·经籍志》提到《子思子》7 卷,可见《子思子》的遗失是一个过程,在这一漫长过程中应该不会没有人见过《子思子》,但却没有人引用思孟五行的资料。因而,可以推测,郑玄应是用汉初以来儒生的观点来注《中庸》。再加上检阅先秦文献,即使在对五行说有总结的《吕氏春秋》中,也没有发现原始五行与思孟五行之间的联系。

这并不意味着思孟五行与原始五行没有任何瓜葛,原始五行在相生相克的体系建立起来之前,是崇尚土的。较早的五行观中认为五行之中土为尊,把五行按五方分配的话,李学勤列图表述如下②:

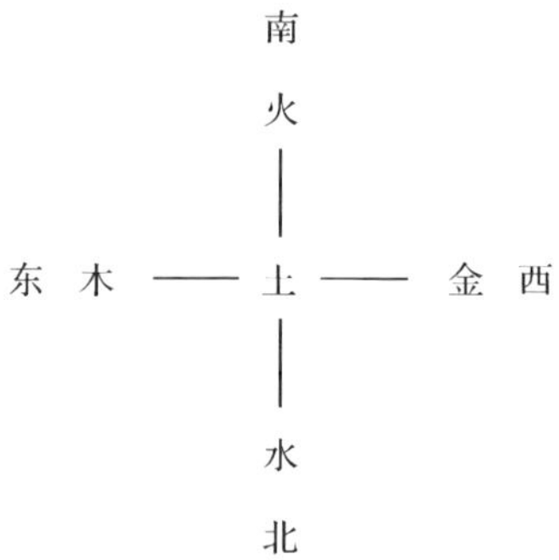


土作为五者之一,与其他四者并列而又超越木、水、金、火四者。不得不说这一思维模式影响了思孟五行。思孟五行仁、义、礼、智、圣五者当中,如前文所述,崇圣还是较为明显的。圣作为天道,与作为人道的其他四德并列而又超越其他四德,这一思维模式显然是借鉴了原始五行的尚土说。

由此可见,思孟五行说不仅借用了原始五行一词的名称,还借鉴了原始五

① 郑玄注、孔颖达疏、龚抗云整理、王文锦审定:《礼记正义》,载李学勤主编《十三经注疏》本,北京大学出版社,1999,第 1422 页。

② 李学勤:《帛书〈五简〉与〈尚书·洪范〉》,《学术月刊》1986 年第 11 期,第 39 页。

行尚土说的思维模式，将仁、义、礼、智、圣儒家所倡导的五种德行进行构架而建立起思孟五行说。

2. 内容上的借鉴

任何一种学说的出现都不是凭空而立的，都与当时的社会有关，思孟五行也不例外。春秋战国之际出现了人道危机，礼崩乐坏，孔子以知其不可为而为之的担当力挽失序的社会现实，创造性地提出“仁”的概念，倡导以仁为本以礼为用的仁本礼用思想，正如黑格尔所指出的，人的外部行为是怎样的，他的内心也是怎样的。如果仅仅在内心中有德行，而外在行为并不与此一致，那么，内心生活与外在行为都是同样空虚不实的。①

原始五行说创生较早，孔子也有对它的论述，并将五行与儒家思想相结合，孔子称“中庸”为至德，而在孔子思想中，洪范就可以观度，《孔丛子·论书》载：“《洪范》可以观度……吾于《洪范》，见君子之不忍言人之恶而质人之美也。发乎中而见乎外以成文者，其唯《洪范》乎！”《孔子家语·礼运》也记载了孔子对五行的论述：“故人者，天地之德，阴阳之交，鬼神之会，五行之秀。……播五行于四时，和四气而后月生。”孔子把自然五行说与儒家的人文精神作了结合。而《吕氏春秋》进一步把五行与人身相结合：

> 曾子曰：“身者，父母之遗体也。行父母之遗体，敢不敬乎？居处不庄，非孝也。事君不忠，非孝也。莅官不敬，非孝也。朋友不笃，非孝也。战陈无勇，非孝也。五行不遂。灾及乎亲。敢不敬乎？”
>
> 养有五道：修宫室，安床第，节饮食，养体之道也。树五色，施五采，列文章，养目之道也。正六律，和五声，杂八音，养耳之道也。熟五谷，烹六畜，和煎调，养口之道也。和颜色，说言语，敬进退，养志之道也。此五者，代进而厚用之，可谓养善矣。
>
> 父母既没，敬行其身，无遗父母恶名，可谓能终矣。仁者，仁此者也；礼者，履此者也；义者，宜此者也；信者，信此者也；礼者，体此

① 黑格尔：《逻辑学》，梁志学译，人民出版社，2002，第259页。

者也。

《吕氏春秋》引用曾子孝的观点，把五种德行称为五行，阐述了自然五行与修身的关系。进而，从孝出发，并体、目、耳、口、志之道，对应貌、视、听、言、思，与仁、礼、义、信、勇相配，与《中庸》“唯天下之至圣”相近。

通过荀子的批判内容可知，在子思所处的时代，五行说已渗透当时生活的方方面面，子思以原始五行之名为名，借鉴原始五行说的框架和思维模式，依据孔子对五种德行的论述和曾子五行说阐释，在失序的社会中继承发展了孔子仁本礼用的思想。

## 二、“德之行”与“行”

郭店儒简《五行》明确指出思孟五行为“仁、义、礼、智、圣”五种德行，从字面上看，包含有两个方面的意思：一个表示数量五，另一个表示内容仁、义、礼、智、圣。其实，在儒家以道德为本位的思想体系中，有关德行的词很多，孔子就提出很多，恭、宽、信、敏、惠、温、良、俭、让，等等。作为孔子后学，这里为什么选择了这五个呢？它们之间有着怎样的联系？接下来我们仔细分析。

依据简文我们可知，郭店儒简有很多关于德的论述，其中《五行》是专门论述道德修养的篇章。五种德行从结构逻辑的角度来看，有内外之别，从内容来看，有由亲到善再到德的递进。

从逻辑上看，郭店儒简中的“行”有“形于内”和“不形于内”的区分。这里讲内，是指人的内心。《论语・学而》中也有“见不贤而内自省也”句，内也是指的内心。所以，形于内应该是指仁、义、礼、智、圣在人的内心。不形于内有两种情况，一种是意识在内化五行之后，圣人践形。另一种是没有经过心灵的内化而体现出来的外在的规范。儒家主张内外合一，反对言不由衷。因而，第二种观点是站不住脚的。五行是否形于内是一个颇为关键的问题，它涉及德之行与行、善与德、人道与天道的关系问题。

“仁、义、礼、智”四者形于内称之为德之行，不形于内的时候称为行。相对于四者，“圣”较为特殊，李零以外的整理本认为它无论是否形于内都称为德之行。陈来认为德行的内在化是《五行》的主题，“竹简《五行》篇作为子思对德行的讨论，其论‘德之行’与‘行’的区别，强调德的内在性；其论德行得以实现的心理展开过程及其外在体现，强调内在意识的发端对德行实现的根本性和原初性。”[①]对于德之行和行，梁涛从仁内义外的角度入手，认为德之行和行是并列的，为双重道德律，德之行是主体的自觉，属于内在的道德，而行是一种客观规范，是外在的道德。[②] 但是由于人性可知，德行的根源是天，由天所赋予的道德是人固有的，根本不存在内外这样的双重道德问题。退一步说，就算子思五行存在内外之别，那么，子思思想仁内义外与孟子仁义内在则相左，不符合儒家的思想。下面，我们将通过对“德”“行”“德之行”的解读来进一步加深对于形于内和不形于内的理解。

甲骨文中的德字写为“”，金文中写作“”或“”。德与得相通，在有关德的训诂中，大都训为“得”，晁福林对德的观念进行了梳理，认为在先秦时期经历了天德、祖宗之德和制度之德以及精神品性之德三个阶段。在春秋之际，德才逐步走出天道观的影响，进而走向人间。[③] 生之谓性，《庄子·天地》云“物得以生谓之德”，因而，性与德便可沟通，德又有了性的内涵。所以说，在“得”的原意基础上，德与性互相联系，指向人的性。圣作为天道是超越于仁、义、礼、智四者的，因而无论是否形于内都称之为德。仁、义、礼、智只有形于内的时候，与人心产生互动，作为人的性表现出来，才可称为德。否则，只是外在的规范道德，只能称为行。行，甲骨文为“”，当形于内的时候，行是德的表现，二者关系密切。在内而言，德是内心的品德，在外而言，德即是形于内的行。当不形于内的时候，行只是行动，没有经过人的内心。虽然二者都为行，

① 陈来：《竹简〈五行〉篇与子思思想研究》，《北京大学学报》（哲学社会科学版）2007 年第 2 期，第 18 页。

② 梁涛：《简帛〈五行〉新探——兼论〈五行〉在思想史中的地位》，《孔子研究》2022 年第 5 期，第 39-41 页。

③ 晁福林：《先秦时期“德”观念的起源及其发展》，《中国社会科学》2005 年第 4 期，第 192-204 页。

一个是德之行，经过了人心之后又施诸外，一个是行，只是外在的规范。就李零以外的郭店儒简释读来说，除了圣以外，形于内是判断四行与德之行的标准。由此可见，德之行与行是仁、义、礼、智的存在方式，二者的区别不在仁、义、礼、智本身，只是在于四者以什么样的方式存在。当德之行表现于外时，不是单纯的行，而是君子、贤人的形象典范来呈现形于内的德之行。不形于内的行的外在呈现也不是德之行已经形于内的人的行为规范，而是没有经过内化的人为了获取德性而对行定的标准。一为内在德性，一为道德规范，从这个意义上可用内外来称呼，在存在与实现的方式上，二者贯通，是相一致的。

郭店儒简《五行》在区分了德之行与行之后，紧接着写道："德之行五和谓之德，四行和谓之善。"这里又提出了德与善的概念。仁、义、礼、智四者为善的因素，仁、义、礼、智、圣五者为德的有机组成部分，其中，四行当中任何一种单独的德行都不能称之为善或德，当然，四种或五种德行简单地罗列或叠加也不能够成就善与德。善、德分别是四行和五行各要素之间有机的统一，这里面有"和"的神奇作用。由简文可知，和为成善与成德的前提和途径，只有和还不够，还要能和，四行五行才能成善成德。和是什么？郭店儒简《五行》载："和则同，同则善""和则乐，乐则有德"。先来看一处和的阐释，和，就会同，同，就会善，在由和到同再到善的推进过程中，和所产生的作用是同。仁、义、礼、智四者都不能称为善，但他们都有向善的倾向，这便是同，在和的基础上，仁、义、礼、智经过同的向善性互相和谐，进而到善。另一处"和则乐，乐则有德"，帛书本说认为"和者，犹五声之和也。"五声之和涉及乐，礼主别异，乐主和同，礼乐教化，乐着重于和谐，相互之间没有任何的排斥或不相适应，一切都是刚刚好，彼此适合，五种德行相互协调和谐，形成有机的融合，方可成为德。和是四行五行为善为德的关键点，没有和，就无所谓善与德。四行和谓之善，五行和谓之德，善又是德的基础，而德是善的更高层次，《荀子·劝学》云："积善成德，而神明自得，圣心备焉。"

在明辨了善与德之后，作者紧接着又说"善，人道也；德，天〔道也〕。"提出了天道人道之说，仁、义、礼、智、圣是天所赋予人的，得之于天，可践行，内在于人的心中，就是德，为天道。呈现于外在的仁、义、礼、智，和，则是善，为人道。善不是超越的，是人伦规范，为实际的、世俗的，与人生密切相关，因而称为人道。而德是五行所和内化于心，为人之性，由天所赋，内在地由人而上达于天道，天人之间没有阻滞，浑然一体，所以天德也称为天道。正如《五行》篇末云："天施诸其人，天也。其人施诸人，狎也。"人道与天道的区分，关键点在于圣。圣和声、听古文中为一字，徐中舒指出："以耳形著于人首部位强调耳之功用；从口者，口有言咏，耳得感知者为声；以耳知声则为听；耳具敏锐之听闻之功效是为圣。声、听、圣三字同源，其始本为一字，后世分化其形音义乃有别，然典籍中此三字亦互相通用。咠之会意为圣，既言其听觉功能之精通，又谓其效果之明确。故其引申义亦训通、训明、训贤乃至以精通者为圣。"[①]帛书《五行》亦云："闻而知之，圣也，闻之而【遂】知其天之道，圣也。"五行之中缺失了"圣"这一行，天道也就落入人道的范畴。孟子坚持性善论，讲仁、义、礼、智根于心，天为终极根源，实际上还是继承了人道与天道二者的结果。

从郭店儒简道德体系的内容来分析，大抵经历了由亲到善到德这样一个逐层上升或推演的道德体系。正如庞朴所提出的"三重道德论"，认为三重道德规范组成了完整的儒家道德学说体系，"人之作为家庭成员所应有的人伦道德（六德），作为社会成员所应有的社会道德（四行），以及作为天地之子所应有的天地道德（五行）。这三重道德，由近及远，逐一上升，营造了三重浅深不同而又互相关联的境界，为人们的德行生活，为人们的快乐与幸福，开拓出了广阔无垠的空间"[②]。

人作为个体生命，身体发肤受之父母，作为社会的存在，其所面对的社会伦理首先是家庭伦理，人都有父母，在此基础上有了父子亲、兄弟情，而后，人的关系才渐渐扩展到社会乃至天地之间。

古人讲究以德称位，处于怎样的职位，扮演什么样的角色就应具备什么样的道德修养。人一出生所首先面对的是家庭，在家庭里，首先要面对的则是与

---

① 徐中舒主编：《甲骨文字典》，四川辞书出版社，2006，第 1287 页。

② 庞朴：《三重道德论》，《历史研究》2000 年第 5 期，第 3 页。

父母之间的关系。中国讲究父慈子孝,作为社会的人,首先情感道德是亲亲之情,宗法社会中,人们道德构建首先是亲情,以孝为基点向外推演才有了天下为公的博爱。当然,亲情也分远近,有内外之别。

家庭组合出现了社会,人与人的关系除了内还有外,作为社会中的一分子,家庭道德之外还应有社会道德。在郭店儒简中,善指仁、义、礼、智四行和,属于人道。郭店儒简对于仁、义、礼、智之间的关系有详细的解说:"不智不仁,不仁不安,不安不乐,不乐无德。"由此可知,智为仁、义、礼的开端。这一点,儒简中还有一处可证明:

> 见而知之,智也。闻而知之,圣也。明明,智也。赫赫,圣也。"明明在下,赫赫在上",此之谓也。■

> 闻君子道,聪也。闻而知之,圣也。圣人知天道也。知而行之,义也。行之而时,德也。见贤人,明也。见而知之,智也。知而安之,仁也。安而敬之,礼也。圣,知礼乐之所由生也,五〔行之所和〕也。和则乐,乐则有德,有德则邦家兴。文王之示也如此。"文〔王在上,于昭〕于天",此之谓也。■

> 见而知之,智也。知而安之,仁也。安而行之,义也。行而敬之,礼也。仁,义礼所由生也,四行之所和也。和则同,同则善。■

"四行和"之善中,智是仁的开端,至于智是如何与仁产生关系,可从一个"变"字来阐释。在竹简中有对"变"的解释,《五行》言"颜色容貌温变也。"变就是指的温,并且是颜色容貌的温。由此,变为外在的容貌温,如此理解"不变不悦"则简单得多了。变为容貌外在的表现,悦为内在心情的悦,内外一如,谦谦君子,变与悦是内外的关系,不温不悦,温则悦,在释仁时竹简指出:"仁之思也精,精则察,察则安,安则温,温则悦,悦则戚,戚则亲,亲则爱,爱则玉色,玉色则形,形则仁。"由这一段可理出温—悦—玉色—仁是可推导的。温也可用玉色来形容。另外,玉常被古人用来喻德,温就是玉所喻的德之一,也符合玉的特性。玉色是仁的一个外在表现。同样,"智之思也长,长则得,得则不忘,不忘则明，明则见贤人，见贤人则玉色，玉色则形，形则智”。玉色也是智的一个外在表现，也就是说，玉色，抑或称为温、变，都是仁和智的外在表现。见贤人知其有德，为智，“知而安之”为仁，智和仁关涉到的是个人与外人交往的问题。再回到“温”，作为颜色容貌的表现，温是一种色，孔子很重视色，子贡的话证明了这一点。《学而》中记述了子贡的话：“夫子温良恭俭让以得之。”孔子提出君子有九思，其中色占了两项，《季氏》就明确记载了孔子的话，“色思温，貌思恭”，所以在行孝时不可“色难”。[①] 孟子在《尽心上》中对色有更进一步的解释：“仁义礼智根于心，其生色也，睟然见于面，盎于背，施于四体，四体不言而喻。”色是内在德的外在表现。竹简《教》也载“形与中，发于色”。色虽然微妙多变，很难把握，但却可体现礼的精华。仁为本，礼为用，作为仁的外显，礼要有内在支持方可为礼，繁复的礼之形式只是礼之精华的体现，内心的敬不可能表现于巧言令色。“不远不敬，不敬不严，不严不尊，不尊不恭，不恭无礼。”《五行》以“远”来形容礼，远指以其外心与人交，只有见贤人明道之后，方可产生外心，以外心与人交则做到了礼。对于义，竹简也进行了详细的解说：“不直不肆，不肆不果，不果不简，不简不行，不行不义。”并进一步指出了仁与义的关系，“简，义之方也”“强，义之方”，简为义之方，有果敢实行的意思。这里讲实行并不是不计当前情势与后果盲目实行，而是在中心辨然之后再实行。中心辨然，“不以小道害大道”，果敢地实行大道。而仁的原则为匿，匿即是隐藏，《说文解字》释为“匿，亡也”。段玉裁在《说文解字注》中进一步阐释为“藏也、微也”。这里讲隐匿并不是不辨是非地藏匿，而是赦小罪，由此生爱。所以可以说，仁为辨于道后，有原则地匿，赦小罪，简而言之为柔。刚柔相济，仁义并存，二者适用于不同的场合。“不强不絿，不刚不柔”，该刚则刚，该柔则柔，因情势而变，此即是宜。义者宜也，可明晰“仁，礼乐所由生”之句了。作为善，四行之所和，所构筑的是社会中的道德，人与人相交都应遵循一定的道德规范，仁、义、礼、智根于心，由天所赋，规范着人的社会行为，是亲亲基础之上的向外

① 《论语·为政》载子夏问孝，孔子回答：“色难。有事弟子服其劳，有酒食先生馔，曾是以为孝乎？”

扩展的道德规范。有一点需要明确的是，社会道德由亲亲推衍而来，但有些不适用于家庭道德，较著名的则是“攘羊”的例子。《论语·子路》载：“叶公语孔子曰：吾党有直躬者，其父攘羊，而子证之。孔子曰：吾党之直者，异于是，父为子隐，子为父隐，直在其中矣。”以亲情看，父子相隐，直在其中，以善的根源来看，父子相隐违背了社会道德规范，没有做到刚，违背的是社会公德。

人是社会的存在，同时，更重要的还是精神的存在，这也是人区别于其他物的一个重要标志。人以外的其他生物，荀子在《王制》中就指出：“水火有气而无生，草木有生而无知，禽兽有知而无义。”但是作为人，“有气、有生、有知，亦且有义”，人具有超越现实层面而上达天道的精神追求。正如庞朴所言，“精神存在则是人类独有的骄傲和标帜，并因各人觉悟与否而有参差。”[①]因而，人还应修习五行，如《中庸》所记的那样以“赞天地之化育”而“与天地参”。

德超越具体的社会现实，复归天地宇宙，仁民而爱物，民胞物与，德之行五和谓之德，“仁、义、礼、智、圣”五种德行和谐的状态才可能称为德，“德，天道也”，德是天道的体现，是天的运行规律在人心中的内在体现，天是德的终极根源，而德的外在呈现是五种德行混融的状态。《五行》曰：“闻君子道，聪也。闻而知之，圣也。圣人知天道也。知而行之，义也。行之而时，德也。见贤人，明也。见而知之，智也。知而安之，仁也。安而敬之，礼也。圣，知礼乐之所由生也，五〔行之所和〕也。和则乐，乐则有德。”五种德行侧重人内在的心理感受，由圣智而生仁、义、礼，突出圣的派生功能，闻君子道而知之为圣，接下来环环相扣，和则乐，乐则有德。与德相对应的是乐，它不像善，和则同，同则善，善是人道，为人性之内的事，而德则是天道，是人精神存在所追求的境界。“乐”在郭店儒简中写为“”，是人生的大快乐，为德之至极，超乎人的感官，指的是人作为天地道德奉行者时所获得的大乐。把乐与天道相联系，五行和的德为乐的呈现，天道为乐的根源，乐则成了得道者的精神状态，无关乎物质，无关乎感官，是精神领域的与天地参的通达之乐，正如“孔颜乐处”，《论语·雍也》就

① 庞朴：《三重道德论》，《历史研究》2000 年第 5 期，第 8 页。

记述了孔子对颜回的称赞："贤哉回也，一箪食，一瓢饮，在陋巷，人不堪其忧，回也不改其乐。贤哉回也。"超越物质层面与感官享受，这里乐是一种超脱的精神，与天地万物为一体，抛却了一切，独与天地精神相往来。亲和善是具体人伦中所要遵循的道德，而德主要关涉的是精神层面。《孟子·告子下》云："人皆可以为尧舜"，指的是每个人经过修炼可上升至尧舜那样的境界，并不是说每个人都必须做到尧舜。

认识感性的存在，是自然人，其首先面对的是家庭。随着人的社会化，逐渐融入社会，人才成了社会人，作为社会的存在，四行和之善为人的基本道德。不仅如此，人还是精神的存在，有精神上的追求，追求天地精神，应具备五行和之德。家庭、社会、个体三种位置是人们所要面对的，以亲为起点，从家庭亲情开始，亲亲仁民提升为善的社会道德，仁民爱物，进而超越现实，追求天地之乐，成就天道之德。亲、善、德三者是一步步往外推演往上提升的，亲亲而为仁，积善而成德，由亲到善到德，是不同层次的道德境界，逐层上升，构成了儒简完整的道德体系。

## 三、成德目标

郭店儒简所追求的是成就君子人格。何为君子，《五行》有明确的界定，"五行皆行于内而时行之，谓之君〔子〕"，君子的标准有两个，一是五行皆行于内，二是时行之。既有五行形于内天道方面的追求，也有时行之人道方面的实践。换句话说，则是集善与德于一体。善为人道，圣为天道，说白了，君子就是沟通天人的桥梁。

郭店儒简所论五行之中重圣智，圣智之德为成德目标。因而，我们可以说圣智之德为君子之德，集的是天道与人道，也就是善与德。何为圣人？圣与智为何连用？首先我们来分析一下圣智之德这一成德目标。圣智之德，由圣和智两种德行组成，具体来说，可理解为圣善。圣贤一词中，贤属于人道。仁、义、礼、智四者和谓之善，且四行不形于内，可通过后天的目、喻、譬而获得，《五行》云："目而知之""喻而知之""譬而知之"，作为人道善，是人施诸人的规范性道德，是外在的行，“有与始，有与终也”，表现为金声，属人道。仁、义、礼、智、圣五行和之德为天道，是天施诸人的，以天为终极根源，五行皆行于内，通过几知天，是超越性的道德，表现为外金声内玉振。为了更为直观地呈现二者的关系，特参考张卫红的《试论〈五行〉的成德进路》[①]一文，如下表(表5-4)所示。

**表5-4　圣、贤二者关系**

| 名称 | 道之所属 | 来源 | 方式 | 德之所称 | 道德属性 | 表现 | 成德之方 | 德之所具 |
|---|---|---|---|---|---|---|---|---|
| 圣 | 天道 | 天施诸人 | 形于内 | 德 | 超越性 | 内玉音<br>外金声 | 几 | 五行 |
| 贤 | 人道 | 人施诸人 | 不形于内 | 善 | 规范性 | 金声 | 目、喻、譬 | 四行 |

圣与智有别，赫赫之圣始于天，为圣人所具，是天道，而明明之智是对世俗社会的知，为贤人所具，属于人道。贤人所具备的其实与仁、义、礼、智的智不同，仁、义、礼、智之智是认知能力，辨别事物是否符合道义，而贤人之智则是对善的整体把握。这里把圣智合起来讲，为了突出郭店儒简的道德追求不仅上达天道，还立足于世间，贤人之智为人道之极，可上达天道，而圣人有统四行之善，圣本身就涵盖了贤人之智，因而可以合言，表明道德可上贯天道、下化四海。此正是君子之道，可金声而玉振之。

金声玉振指的应是内在与外在相一致，相协调，作为君子，内外一如。《白虎通·考黜》云“金以配情”。以金和情相配，那么，金声也就是指外在的美善之声，而并非字面上所显示的钟声或者磬声。而玉振当指内心与外在的美善之声而产生的共鸣，中国古人喜欢以玉比德，《说文解字》如是释玉：“玉，石之美。有五德：润泽以温，仁之方也；䚡理自外，可以知中，义之方也；其声舒扬，专以远闻，智之方也；不桡而折，勇之方也；锐廉而不忮，絜之方也。”《礼记·聘义》中也记述了孔子对玉的论述，“君子比德于玉焉。温润而泽，仁也；缜密以

① 张卫红：《试论〈五行〉的成德进路》，《石河子大学学报》(哲学社会科学版)2003年第4期，第22-25页。

栗，知也；廉而不刿，义也；垂之如队，礼也；叩之其声清越以长，其终诎然，乐也；瑕不掩瑜，瑜不掩瑕，忠也；孚尹旁达，信也；气如白虹，天也；精神见于山川，地也；圭璋特达，德也；天下莫不贵者，道也。《诗》云：'言念君子，温其如玉。'故君子贵之也"。《五行》用大量的语句分别从玉音和玉色两个方面来描绘玉。"见贤人则玉色，玉色则形，形则智"，"爱则玉色，玉色则形，形则仁"，"闻君子道则玉音，玉音则形，形则圣"。诚如孟子在《尽心上》所言，"仁、义、礼、智根于心，其生色也。睟然见于面"。玉色就是仁、义、礼、智根于心之后人的外在显现，亦即合于仁的表情。而闻君子道则玉音，玉音实则为合于道的音，耳闻之，内心温润。听到玉音心中润泽，外在颜色表现为玉色，内心有感，有玉振般的共鸣。因而，玉振也并非字面上的意思指玉石的震动，而是指内心之振，且为合于德的内心之振。以金和玉的比方来阐释内外的统一，提出了道德修养的目标，也就是集大成的君子。帛书《五行》中《传》304～305 有对君子的详细解释："君子集大成。成也者，犹造之也。犹具之也。大成也者，金声玉振之也。唯金声而玉振之者，然后已仁而以人仁，已义而以人义，大成至矣，神耳矣。"君子为善为德，能金声而玉振之。简而言之，集大成的君子既要有外在的仪表，又要有内在的支撑，外在生命与内在之玉振是有机的统一。若心中无德，没有玉振，那么，外在的金声则会充耳不闻视而不见，金声只是外在的客体，对于主体而言金声也就没有了美善的价值，那么就无善可言。如若没有美善之声，内心虽有玉之德，却无法通过外在的表象呈现出来，内心不是活的流动，只是僵化的静止状态，也无法引起心中的共鸣，所以金声和玉振的高度统一才是君子集大成的理想状态。《五行》载"唯有德者，然后能金声而玉振之"，内心具备了仁、义、礼、智、圣的有德者，方能达到金声玉振的水平。

如若内在的义理不足，单从逻辑的维度来看，金声和玉振可理解为外与内的对应。金声为外在之声，玉振为内心之振，正如《韩诗外传》云："在内者皆玉色，在外者皆金声。"闻金声产生共鸣，则为玉振，听之者则为圣。善为人道，圣为天道，因而，金声玉振为人道、天道相贯通的最高境界，也就是前面所述的圣者。

金声对应智、善、人道，玉振对应圣、德、天道，《五行》对此作了阐释："〔君〕子之为善也，有与始，有与终也。君子之为德也，〔有与始，有与〕终也。金声而玉振之，有德者也。"《孟子・万章下》云："孔子，圣之时者也。孔子之谓集大成。集大成也者，金声而玉振之也。金声也者，始条理也；玉振之也者，终条理也。始条理者，智之事也；终条理者，圣之事也。"赵岐在注中说："振，扬如也。故如金音之有杀，振扬玉音终始如一也。始条理者，金从革，可始之使条理。终条理者，玉终其声而不细也，合三德而不挠也。"[①]《孟子注疏》对赵岐的注释为："孔子之圣则以时也，其时为言，以谓时然则然，无可无不可，故谓之集其大成，又非止于一偏而已。故孟子于下又取金声玉振而喻之也，言集大成者，如金声而玉振之也。金声者，是其始条理也，言金声始则隆而终则杀者也，如伯夷能清而不能任，伊尹能任而不能和，下惠能和而不能清者也；玉振之者，是其终条理也，言玉振则终始如一而无隆杀者也，如孔子能清、能任、能和者也，所以合金声而玉振之而言也，以其孔子其始如金声之隆，而能清、能任、能和，其终且如玉振无隆杀，又能清而且任、任而且和、和而且清，有始有终，如一者也。"[②]金声始条理，玉振终条理，天道与人道在集大成的君子身上完美贯通，既有德之行，又能时行之，达到了集大成的君子境界。

## 第三节　人格臻善的进程

《五行》将圣智之德作为成德的目标，就整个儒家而言，追求的就是成就集大成的君子。以圣智之德为核心，贯通天人，在人生道德的修养方面，原始儒家，尤其是《五行》对于成德的进程进行了详细地概述。从成德主体样貌的变化到成德所需的条件及成德方式都有明晰的阐释。

---

① 赵岐：《孟子章句》，中华书局，1998，第 81 页。

② 李学勤主编：《十三经注疏・孟子注疏》，北京大学出版社，1999，第 271 页。

## 一、成德主体

毫无疑问，道德修养和实践的主体是人，人除了自然性，最为重要的是作为社会的人，具有社会性。《论语·述而》载孔子语"天生德于予"，对于天所赋予的德的体悟和实践，不同的人是存在一定的差异的。《五行》认为，道德实践的主体有不同的称呼，"五行皆行于内而时行之，谓之君〔子〕。士有志于君子道谓之志士"。"胥儢儢达诸君子道，谓之贤。"基于对天道的体悟与践行，道德主体经过了士—志士—贤—君子这一系列的称谓转换。随着主体对天道体悟的加深，道德人格不断完善，称谓也一级级变化。随着道德主体与德逐渐融合，道德人格层递性地臻于完善，直至成为集大成的君子。

天以命为中介赋予人以性，这个性不具备价值判断，是自然之性，可善可恶。因而，作为道德主体就要进行道德修养的提升和实践。一方面向内培育自觉的德行，另一方面向外又要恪守规则，要做到"从心所欲不逾矩"，对天道的体悟就成了必要的工作。对此首先作出反应的便是知识分子，春秋战国时期称为士，西周时期，士为最低的贵族，接受六艺教育的同时还担任具体的职务，操持具体事务，地位在大夫和庶人之间，不是独立的阶层。到了春秋时期，贵族衰败，庶民地位上升，他们都加入士的行列，士的数量增多。随着贵族阶层的衰败，他们自身的地位已不保，士也就不可能再以之为靠。士拓展自己的生存与发展空间，成了独立的社会阶层。到了春秋后期，孔子兴办私学，士的影响力越来越大。士虽然是一个阶层，是一种身份标准，但更多的是品格标准。在《子路》中记载有孔子与子贡关于士的一段对话："子贡问曰：'何如斯可谓之士矣？'子曰：'行己有耻，使于四方，不辱君命，可谓士矣。'曰：'敢问其次。'曰：'宗族称孝焉，乡党称弟焉。'曰：'敢问其次。'曰：'言必信，行必果，硁硁然小人哉！抑亦可以为次矣。'曰：'今之从政者何如？'子曰：'噫！斗筲之人，何足算也。'"身份由出身决定，而道德品格却可通过后天的学习得以提高。因而，有志于君子道的士被称为志士。很明显，与士相比，志士与天道进一步贴合，志士不仅像士一样接受六艺式的教育，而且在此基础上对自身提出了更高的要求。志士以君子道作为人生的追求，较之士离天道更近一步。随着价值主体的努力，志士继续提升便可到贤。志士不断对自身的品格进行完善，便完成了由志士向贤的角色转化，《五行》云："未尝闻君子道，谓之不聪。未尝见贤人，谓之不明。"贤人可达诸君子道的境界。但这还不是完美的状态。只有达到"五行皆形于内而时行之"的君子境界，方可称为集大成，道德主体与德合而为一。五行皆形于内，有内在圆满的德行，而又时行之，外在的因时制宜，内外通透，善与德有机统一，贯通天道、人道，是较为理想的道德主体。君子不仅具有自我超越的内圣一面，还有时行之的外王一面，是善与德的统一体。可以说，士和志士为向道之人，而贤和君子为知道之人，可称为闻道者。《五行》对闻道者进行了具体的划分，"闻道而悦者，好仁者也。闻道而畏者，好义者也。闻道而恭者，好礼者也。闻道而乐者，好德者也"。根据闻道后不同的心理感受，其实也就是对道的不同体悟，分为好仁者、好义者、好礼者、好德者，而其中又以好德者的境界为最。"和则乐，乐则有德"，有德者和，内外通透，内在生命自身及外界之间流畅生动，达到真正物我一体、天人合一。

## 二、成德条件

人作为成德主体，禀自天命而有性，但这个性是自然之性，道德的诉求还需要道德主体的主观条件与外在的客观条件，就郭店儒简来看，从主观上讲，主观条件为心和思，客观条件则是礼乐。

仁、义、礼、智、圣五德形于内为德，其中"思"是重要的方式，仁、智、圣三者，《五行》集中笔力来写了思的作用，义和礼则是仁内化的结果。竹简中思和仁两个字都有"心"，"君子无中心之忧则无中心之智，无中心之智则无中心〔之悦，无中心之悦则不〕安，不安则不乐，不乐则无德。"可以说，有没有德的关键在于是否有中心之忧，有了中心之忧则有中心之智、中心之圣，身心就会愉悦、安宁，而后和乐，和乐就是有德。所以，内心的情感是德的因素。因而，心是成德最基本的客观条件。

眼耳鼻舌身是动作行为的施动者，仁的行动从外在来看是身体所为，但有一点需要明确的是身是被心所驾驭的。在心与身的关系中，一方面主张以心统身，“耳目鼻口手足六者，心之役也。心曰唯，莫敢不唯；诺，莫敢不诺；进，莫敢不进；后，莫敢不后；深，莫敢不深；浅，莫敢不浅。和则同，同则善”。心是耳目口鼻手足的统帅，为五行形于内提供了生理上的依据。另一方面还主张致力而为。心不仅是之于人体之官能的主宰之心，也是好仁义的，同时也是慎独之心。通过思，“仁之思也精”，“智之思也长”，“圣之思也轻”，心统性情，为成德提供了最基础的条件。“闻而知之，圣也。”“见而知之，智也。”“不聪不明”，聪之于耳而言，明之于目来讲，耳目是闻和见的物质条件，而闻和见是圣和智二德的途径。闻和见不同于西方认识意义上的视觉、听觉，而是有道德的倾向，指向的是对道的体悟，是心的主动参与而不是被动接受的过程。所以，耳和日是圣德与智德的身体条件。乂心统六役，因而，圣智二德的物质依据是心。

心本向善，通过思心的统率作用布乎眼耳口鼻手足六者，心完成道德的内化。人是主观能动性的高级生物，除了六役必备的物质基础外，仁自身还有一个主观能动性——为。心统六役，发挥主观能动性，与格物致知的路径不同，《五行》不仅强调了心的思，还突出了为的作用。“善弗为无近，德弗志不成，智弗思不得”，五行的“为”相当于我们现在的行为，是具体的实践活动，“君子知而举之，谓之尊贤。知而事之，谓之尊贤者也”。“举”和“事”是外在的行为，是为的表现，通过这些社会行为，内外兼修，以“达诸君子道”。通过向内开掘培育、向外践行，经过心的主观作用，通过思和为的努力，德性在心理上得以体验，而后确证并调整内心的状态，为成德提供必备的主观条件。

除了主观条件以外，客观上的礼和乐也为成德提供了条件，礼是仁的表现形式，孔子以礼释仁，将礼看作仁的表现形式，《论语・八佾》载：“人而不仁，如礼何？人而不仁，如乐何？”关于礼，《五行》中有“安而敬之，礼也”“行而敬之，礼也”“恭而博交，礼也”及“不恭无礼”的说法。礼与内在情感相关，但春秋时期，社会转型期，礼崩乐坏，所以儒者大声疾呼致力于重新确定礼的修身成德传统。表现为行为规范的礼可以说是外在之行，具有一定的规范作用。《物由

望生》云:"人之道也,或由中出,或由外入。由中出者,仁、忠、信。由【外入者,礼、乐、刑|一】。"礼作为外在规范对道德起着外在的规范作用,具备一定的礼,在行为上表现出相应的德行,并以时而实践,也就是把礼形于内心成为德了。

再来说乐,礼乐不分,礼乐一体,不可分割。礼主别异,乐主和同,礼为大序,乐为大和。乐的作用可以涤荡人的灵魂,使之净化,以达到与德合一的境界。甲骨文中乐写为"",木棍上挂着铃铛,巫师舞蹈,摇晃铃铛以上达神,使之乐。可见,早期乐与神有关。乐有两重意义,音乐和快乐,而这两种意义又是相关联的。乐是天地调和,礼是天地秩序,先王制定礼乐,教人们以节度,看来乐同礼一样,具有外在规整的作用,只不过是礼用于区分,而乐则用于调和。"圣,知礼乐之所由生也",这里和礼同时出现的乐为音乐,二者共同作用。"和则乐,乐则有德",这里的乐是快乐,是完成德的前提,不乐则无德。所以,乐无论是音乐还是快乐,都是德的条件。

成就君子人格,除了自身因素之外,外在的礼乐也是必需的条件。人作为成德的主体,心统六役,通过思来达到德的境界,心为六役之主,也有主观能动性,通过伪可达到德的高度。而客观上,外在礼乐有规范作用,通过外在的规整可成德。另外,乐是成德的必要前提,所以,成德有主客观两方面的条件。

## 三、成德方式

成德的主体及客体为成德提供了主客两方面的条件,所以成德的方式也有两种。一种是对主体而言,发挥内在主动性,以由内而外的方式将德性外显。另一种是对客体来讲,从由外而内的方式由行到德。两种方式共同作用于道德的形成过程。对于道德的论述,行是四行不形于内的外在道德律,见贤思齐,扩而充之,以外在的方式作用于成德的过程。

对由内而外的成德进路来讲,以先验的天命观为背景,以有道德倾向的人性论为前提,仁、义、礼、智、圣经过心的作用内在于人性之中,内在于心的德性要通过外在的行来显现。简文明确论述了由中而外德性的彰显。由于竹简认为礼、义二者出自仁,所以《五行》对于仁、智、圣三者进行了阐释:

仁之思也精，精则察，察则安，安则温，温则悦，悦则戚，戚则亲，亲则爱，爱则玉色，玉色则形，形则仁。■

智之思也长，长则得，得则不忘，不忘则明，明则见贤人，见贤人则玉色。玉色则形，形则智。■

圣之思也轻，轻则形，形则不忘，不忘则聪，聪则闻君子道。闻君子道则玉音，玉音则形，形则圣。■

仁是形于内的德行，经过思会出现精—察—安—温—悦—戚—亲—爱一系列的情感体验及心理活动，这些内在的情感道德由内而外表现为玉色。故人多以玉喻德，玉色也就是指道德生命通透圆融后在容貌上的显现，这一显现就是仁。这一句话中有两个仁，以仁始以仁结束。但是二者又是不同的，开头的仁是内在的德性，潜在于人性中。而后面的仁则是经过思的过程，内心升华后德的显现，是道德生命扩充完善后的状态。同理，智和圣也一样，经过思的过程，内在道德进一步圆满，由内而外地显现。当然，不可否认的是，在这一过程中比较重要的是思，而思也是需要一定条件的，那就是慎独。

在郭店竹简出土以前，“慎独”就已经为古往今来的学者所关注。《大学》中出现了两处慎独，“所谓诚其意者，毋自欺也，如恶恶臭，如好好色，此之谓自谦，故君子必慎其独也！小人闲居为不善，无所不至，见君子而后厌然，掩其不善，而著其善。人之视己，如见其肺肝然，则何益矣。此谓诚于中，形于外，故君子必慎其独也”。《中庸》开篇就提到了慎独。“天命之谓性，率性之谓道，修道之谓教。道也者，不可须臾离也，可离非道也。是故君子戒慎乎其所不睹，恐惧乎其所不闻。莫见乎隐，莫显乎微，故君子慎其独也。”对于慎独的理解，主要有两种思路。一种以郑玄为代表，认为慎独即是独处时也要谨慎，注重道德自律。这一说法在学界占主流。郑玄注《礼记·中庸》提出“慎独者，慎其闲居之所为”的解释，为后世多数学者所接受发展，朱熹在《四书章句集注》中进一步发展了这一思想，《大学章句》云：“独者，人所不知而己所独知之地也。言欲自修者知为善以去其恶，则当实用其力，而禁止其自欺。使其恶恶则如恶恶臭，好善则如好好色，皆务决去，而求必得之，以自快足于己，不可徒苟且以殉外而为人也。然其实与不实，盖有他人所不及知而己独知之者，故必谨之于此以审其几焉。”[①]朱熹在《中庸章句》中又一次表达了类似的思想，指出“独者，人所不知而己所独知之地也。言幽暗之中，细微之事，迹虽未形而几则已动，人虽不知而己独知之，则是天下之事无有著见明显而过于此者。是以君子既常戒惧，而于此尤加谨焉，所以遏人欲于将萌，而不使其滋长于隐微之中，以至离道之远也”[②]。另一种思路则是把慎独和心、意相结合来理解。比如《说苑·敬慎》提到“诚无垢，思无辱”，诚和思开了理解慎独的新域。明代王栋也指出：“独即意之别名，慎即诚之用力者耳。意是心之主宰。”[③]戴震从“志意”的角度来理解慎独，指出：“凡有所行，端皆起于志意，如见之端起于隐，显之端起于微，其志意既动，人不见也。”[④]

随着郭店竹简的出土，对慎独的讨论也更加深入。很多学者将其与学庸相联系，丁四新认为郭店儒简慎独为慎心[⑤]，而刘信芳却认为郭店儒简慎独与《中庸》慎独本义相同。刘信芳指出“独是指我心，也就是个人意识，自我意识。慎独就是谨慎地看待群体意识中的个人意识，包含着重视个人意识的成分……《中庸》之‘慎独’与《五行》之‘慎独’可谓一脉相承”[⑥]。其实，无论二者的本义是否相同，郭店儒简慎独都可理解为诚意为一，保持内心的专一，内在德性与外在显现相一致，当独处时，外在道德律的作用几乎为零，这时候，内在道德规范起了主要作用，内心存有道德，方可自省，才能慎独。也就是说，慎独要以道德意识为前提。正如杜维明所说的：“‘慎独’，作为一种精神修养，绝非追求那种像原子般的个人的孤僻，而是意在上升到作为普通人性之基础的真实存在这个层面。”[⑦]

郭店儒简慎独的含义也可理解为能为一，“‘淑人君子，其仪一也’。能为

① 朱熹：《四书章句集注》，中华书局，2011，第 8 页。
② 朱熹：《四书章句集注》，中华书局，2011，第 20 页。
③ 黄宗羲：《明儒学案》（下），中华书局，2008，第 734 页。
④ 戴震：《孟子字义疏证》，中华书局，1982，第 11 页。
⑤ 丁四新：《略论郭店楚简〈五行〉思想》，《孔子研究》2000 第 3 期，第 54-57 页。
⑥ 刘信芳：《简帛五行解诂》，艺文印书馆，2000，第 321-326 页。
⑦ 杜维明：《〈中庸〉洞见》，段德智译，林同奇校，人民出版社 2008，第 31 页。

一，然后能为君子，【君子】慎其独也”，强调的是人的内心。心统六役，专一于心就可闻诸天道，天人合一，领悟天道，达到乐的境界。乐与德又是密不可分的，由思到德，其间是一个动态的过程。思后才有精、长、轻，精对应仁之思，长对应智之思，而轻则是圣之思后的状态，有了思，德性才可显现。反过来，不形—不安—不乐—无德，乐是德的前提。“闻道而乐者，好德者也。”“和则乐，乐则有德，有德则邦家兴。”这都表明了由乐才能完成的圆满。这里的乐不是单纯的感官刺激上的乐，而是经过思之后有所领悟的乐，领悟到了天道五行和谐后所达到的境界，经由乐，德方可显现。内在的德经过慎独，由思体悟天道，而后达到乐的境界，内在之德完满，而后就可显示出来。

《五行》中不形于内的行按梁涛的说法是外在道德律，对成德起着不可或缺的作用。作为不形于内的行是一种外在的规范，“它是道德主体实践外在规范的行为，是由外而内，而不是由内而外的。”①依据外在的行，通过耳目学君子道，也是成德的一种方式，这种外在行为的规范培育也能成德。不形于内的行通过道德主体的见、知、安、行、敬一系列的实践活动可达到合乎道德规范的要求。主体成了德之行的践行者，由闻见而聪明，进而达到圣智的高度。这是一个与自诚明相对的自明诚的成德进路。“闻君子道，聪也。闻而知之，圣也。圣人知天道也。知而行之，义也。行之而时，德也。见贤人，明也。见而知之，智也。”人通过身体闻见君子道，进而自我修身成德，当然，这里的闻见不同于西方认识论中感官的认知，而是有道德内涵的体悟在内。《大戴礼记·五帝德》提到了“明耳目，治天下”，在古人的意识中，耳目可通神明，对客体的认知不仅仅是指向认识层面，更有体悟的意味，将道作为认知的对象，知行合一。眼睛可看到贤人的形象，认识到贤者的道德从而进行学习体悟，“见贤人，明也”。同样，耳听到先王圣人之言，进行体悟，对天道人道有了进一步的理解，称为德。见闻说到底是一个心性修养的过程。在日用常行处，通过后天的学习不断扩充德性，不断践行成德之路，假他物以德，“君子集大成。能进之为君

① 梁涛：《简帛〈五行〉新探——兼论〈五行〉在思想史中的地位》，《孔子研究》2002 年第 5 期，第 41 页。

子，弗能进也，各止于其里。大而晏者，能有取焉。小而轸者，能有取焉。胥儢儢达诸君子道，谓之贤。”通过耳目以进之，见贤而明，听圣而聪，由外入手来体悟，然后以成德，是由外而内的一种方式。

成德的进路从形于内的德之行与不形于内的行两方面入手，一方面通过思体悟内在的德性，经由慎独而乐而德。另一方面通过耳目对德的体悟见贤思齐，由外入内，完成道德的完满。二者是统一的，共同完成道德的圆满。

## 第四节　“五行”的意义

### 一、郭店儒简与《大学》《中庸》

《五行》的结构和内容与《大学》《中庸》有许多相通之处，因而，透过《五行》我们可以更准确地定位《大学》《中庸》的成书年代及作者。

对于《大学》的成书年代及作者，自古以来看法不一，大体上有两种意见。一种认为成书于先秦。东汉贾逵指出“子思穷居于宋，惧圣道之不明，乃作《大学》以经之，《中庸》以纬之”[①]。朱熹虽然认为《大学》经部为曾子记述孔子之言，传为曾子记孔子之意，但却指出了《大学》成书于先秦。[②] 近代以来，郭沫若认为《大学》是乐正氏之儒的作品。[③] 李学勤认为曾子作《大学》，[④]而郭沂则认为《大学》的作者是子思门人。[⑤] 另一种则认为成书于秦汉。清代陈确非常明确地指出《大学》“决非秦以前儒者所作”[⑥]。冯友兰的《中国哲学史》则把《大学》归到了秦汉的儒学。直至简帛《五行》出土，为《大学》成书年代及作者提供了新的证据。

---

① 刘宗周：《大学古记·自叙》，转引自孙德华：《子思学派考论》，吉林大学博士学位论文，2010年10月，第116页。

② 朱熹：《四书章句集注·大学章句序》，中华书局，2011，第3页。

③ 郭沫若：《十批判书·儒家八派的批判》，中国华侨出版社，2008，第100页。

④ 李学勤：《从简帛佚籍〈五行〉谈到〈大学〉》，《孔子研究》1998年第3期，第47-51页。

⑤ 郭沂：《子思书再探讨——兼论〈大学〉作于子思》，《中国哲学史》2003年第4期，第30-32页。

⑥ 陈确：《陈确集·别集卷十四·大学辨一》，中华书局，1979，第552页。

就文体而言,《礼记》中的《大学》原本存在着一定的错乱,如“自天子以至于庶人,壹是皆以修身为本。其本乱而末治者,否矣。其所厚者薄,而其所薄者厚,未之有也。此谓知本,此谓知之至也”。这里讲到修身为知本。但是后面又出现了一句“子曰:‘听讼,吾犹人也。必也使无讼乎!’无情者不得尽其辞。大畏民志,此谓知本”。这句话中又讲到讼是知本。语义出现了混乱。朱熹对于《大学》的贡献在于对其进行了精心的标注分析后,重新整理了体制,内部分了经和传,体制明显清晰。

经朱子整理后,《大学》开篇有经,其后为传,经文首句“大学之道,在明明德”,后面有相对应的传文:“《康诰》曰:‘克明德。’《大甲》曰:‘顾諟天之明命。《帝典》曰:‘克明峻德。’皆自明也。”朱子用《康诰》《大甲》和《帝典》三篇的引文解释明德,用旨自明,呼应明明德的明。接着,经文中“欲修其身者先正其心”,传文曰:“所谓修身在正其心者,身有所忿懥,则不得其正;有所恐惧,则不得其正;有所好乐,则不得其正;有所忧患,则不得其正。心不在焉,视而不见,听而不闻,食而不知其味。此谓修身在正其心。”朱子一层层地对“修身在正其心”进行解释。《大学》此种文体与《五行》其实是相一致的,竹简曰“圣之思也轻”,后面就有解释。同样,对于“闻道而悦者,好仁者也。闻道而畏者,好义者也。闻道而恭者,好礼者也。闻道而乐者,好德者也”,也有相应的传文进行解释:“闻君子道,聪也。闻而知之,圣也。圣人知天道也。知而行之,义也。行之而时,德也。见贤人,明也。见而知之,智也。知而安之,仁也。安而敬之,礼也。圣,知礼乐之所由生也,五〔行之所和〕也。”所以说,《大学》和《五行》体例上相一致,都是经传相结合的作品。又如:

> 不变不悦,不悦不戚,不戚不亲,不亲不爱,不爱不仁。■
>
> 不直不肆,不肆不果,不果不简,不简不行,不行不义。■
>
> 不远不敬,不敬不严,不严不尊,不尊不恭,不恭无礼。■

这里对仁、义、礼进行了详细的解释。虽然在《五行》中后文没有对经文逐句的解释,但是有些篇章是有相对应的解释,经与说相结合,《五行》与《大学》

体例相一致，这也可以证明这些都是孔孟之间的作品。

从内容来考察，《大学》对于正心诚意有传文解释，“所谓诚其意者：毋自欺也，如恶恶臭，如好好色，此之谓自谦。故君子必慎其独也”。传文中对慎独进行了说明，而《五行》也有对慎独的理解：“能为一，然后能为君子，【君子】慎其独也。”二者内涵是一致的，梁涛指出：“不论在独处还是在大庭广众之下，均应‘诚其意’，保持内心的诚，保持内心的专一。”①由此，可以推断为同一时代的作品。另外，《大学》八目中修身是中间环节，与《五行》中“五行皆形于内而时行之”思想相一致，而《论语·里仁》中曾子的言论又与《大学》相一致，“曾子曰：‘夫子之道，忠恕而已矣。’”《雍也》载：“夫仁者，己欲立而立人，己欲达而达人，近能取譬，可谓仁之方也已。”这与《大学》经部相一致，由此可推断《大学》乃曾子所作。

与《大学》一样，对于《中庸》的作者也存在一定的争议，《史记·孔子家语》记载子思作《中庸》。但是宋代欧阳修对此提出了质疑，作为圣人之后的子思，其说却异于圣人，由此推断《中庸》的作者为子思乃“传之谬也”②。《中庸》中有“载华岳而不重”“今天下车同轨、书同文、行同伦”等句，冯友兰认为所反映的应该是秦以后的情况，而且语言特征也不是鲁语，“所论命、性、诚、明诸点，皆较孟子为详明，似就孟子之学说，加以发挥者。则此篇又似秦汉时孟子一派之儒者所作”③。郭沫若则认为“载华岳而不重”无关紧要，“书同文、行同伦”在春秋、战国时期已经出现，并且“车同轨”一语或者有问题，单凭这点就否定《中庸》为秦汉时期作品理论上不足。④《中庸》和《孟子》二者思想存在着一致性，但不能由此而认定《中庸》袭自《孟子》。简帛《五行》的出土，印证了思孟之间的传承，也证明了《中庸》早于《孟子》。正如李学勤所言：“这一篇的出现，使宋儒追慕崇尚的思孟一派儒学的流传线索重新凸显出来了。”⑤除此之外，还

---

① 梁涛：《郭店楚简与思孟学派》，中国人民大学出版社，2008，第300页。

② 欧阳修：《欧阳修全集》（第二册），中华书局，2001，第676页。

③ 冯友兰：《中国哲学史》，中华书局，1961，第477页。

④ 郭沫若：《十批判书·儒家八派的批判》，中国华侨出版社，2008，第101页。

⑤ 李学勤：《从简帛佚籍〈五行〉谈到〈大学〉》，《孔子研究》1998年第3期，第51页。

有观点认为《中庸》不是出自同一人之手，一部分出自子思，另一部分出自其后人之手。宋代王柏首先提出了《中庸》分为两部分，他以第 21 章(按朱子的分章)为分水岭，前面的为“中庸”，后面的为核心部分“诚明”，“中庸二字为道之目，未可为纲；诚明二字可以为纲，不可为目。”[①]梁涛也指出“今本《中庸》上下部分在文体、内容、思想等方面确实存在着差别，表现出不同的思想旨趣”[②]。而杨朝明在把《中庸》和《孔子家语》比较之后得出结论，认为《中庸》由四个独立的部分组成，今本《中庸》至少有两部分出自《子思子》。[③] 对于《中庸》的成书年代及作者仁者见仁智者见智，简帛《五行》的出土为我们提供了新的论据。

李学勤认为子思五行来源于《洪范》，又找出了《中庸》“唯天下至圣”一段与《洪范》的联系，因而，《五行》和《中庸》二者可以相互印证，可以找出荀子所非的五行是什么，并在《中庸》《孟子》书中能找到痕迹，借以确定子思是《中庸》的作者。[④] 郭齐勇从《五行》中三段文字来判定为子思之作。“颜色容貌温变也。以其中心与人交，悦也。中心悦旃，迁于兄弟，戚也。戚而信之，亲【也】。亲而笃之，爱也。爱父，其继爱人，仁也。”这一段说的其实就是《中庸》所云“仁者人也，亲亲为大”。接下来“中心辩然而正行之，直也。直而遂之，肆也。肆而不畏强御，果也。不以小道害大道，简也。有大罪而大诛之，行也。贵贵，其等尊贤，义也。”这段的内容与《中庸》“义者宜也，尊贤为大”相应。“以其外心与人交，远也。远而庄之，敬也。敬而不懈，严也。严而畏之，尊也。尊而不骄，恭也。恭而博交，礼也。”讲的恰与《中庸》“亲亲之杀，尊贤之等，礼所生也”相对应。因而，《中庸》当为子思之作。[⑤]

在确定子思作《中庸》后一个问题紧接着出现，就是《五行》和《中庸》二者时间先后的问题。一种观点认为《中庸》早于《五行》。李学勤分析后认为从逻

---

① 张心澂：《伪书通考》(上册)，上海商务印书馆，1939，第 448 页。

② 梁涛：《郭店楚简与思孟学派》，中国人民大学出版社，2008，第 268 页。

③ 杨朝明：《〈中庸〉成书问题新探》，《河南科技大学学报》(社会科学版)2006 年第 5 期，第 8-12 页。

④ 李学勤：《帛书〈五行〉与〈尚书·洪范〉》，《学术月刊》1986 年第 11 期，第 37-40 页。

⑤ 郭齐勇：《郭店楚简〈五行〉的身心观与道德论》，载《中国哲学智慧的探索》，中华书局，2008，第 62 页。

辑上看《五行》晚于《中庸》。① 邢文在《楚简〈五行〉试论》一文中则从“圣知”入手分析，指出《中庸》“苟不固聪明圣知达天德者，其孰能知之”一句为《五行》圣智论的源头。因而，《五行》在《中庸》之后。② 另一种观点认为《五行》早于《中庸》。陈来认为《五行》中性还没有达到孟子“性善”的观念，超越性也没有达到《中庸》“天命”的观念，因而，《五行》早于《中庸》。③ 从儒学史的发展角度来看，从孔子到汉董仲舒逐步有宗教化的倾向，而《五行》中没有《中庸》所呈现的“至诚如神”的宗教色彩。显然，《五行》要比《中庸》早。④ 李存山指出了《中庸》与《五行》的接近处，圣在仁义礼之前，并且保留了圣智的较为重要的地位。不过也指出了二者的出入，《中庸》认为仁义是礼之所由生，而《五行》则是更加强调圣智的统帅作用，却没有《中庸》中的三达德、五达道思想，因而，应该比《中庸》早。⑤

通过《大学》《中庸》和简本《五行》的比较，参考各家的论述，笔者较为赞同李学勤的观点，认为《五行》晚于《大学》《中庸》，受到了《大学》《中庸》的影响，为子思时代的作品。

## 二、从“五行”到“四端”

荀子批判孟子和之，那么孟子和的是什么？从《五行》可知，孟子对郭店儒简思想的继承和发扬表现在两个方面，一是将仁、义、礼、智内化，二是将圣人格化。

首先，对于《五行》中的“仁、义、礼、智”，孟子将其内化，进一步探究道德的渊源，提出性善论。《五行》开篇即言：

> 仁形于内谓之德之行，不形于内谓之行。义形于内谓之德之行，

---

① 李学勤：《从简帛佚籍〈五行〉谈到大学》，《孔子研究》1998 年第 3 期，第 51 页。

② 邢文：《楚简〈五行〉试论》，《文物》1998 年第 10 期，第 59-60 页。

③ 陈来：《竹简〈五行〉篇与子思思想研究》，《北京大学学报》（哲学社会科学版）2007 年第 2 期，第 7 页。

④ 魏启鹏：《简帛文献〈五行〉笺证》，中华书局，2005，第 54 页。

⑤ 李存山：《郭店楚简研究散论》，《孔子研究》2000 年第 3 期，第 38-41 页。

不形于内谓之行。礼形于内谓之德之行，不形于内谓之〔行。智形〕于内谓之德之行，不形于内谓之行。圣形于内谓之德之行，不形于内谓之行。

这里详细区分了"行"与"德之行"，"仁、义、礼、智、圣"形于内时为德之行，是道德意识，孟子继承了这一思想，《尽心下》载："仁之于父子也，义之于君臣也，礼之于宾主也，智之于贤者也，圣人之于天道也，命也，有性焉，君子不谓命也。"在此基础上，孟子对简本《五行》进行了扬弃，对于不形于内的行，孟子没有过多地论述，而对形于内的"仁、义、礼、智"都进行了充分地论述。孟子沿着仁、义、礼、智形于内的路径将其内化为人之为人的品格，把仁、义、礼、智先天地安于人性之中，是性善的基础。《告子上》说："仁义礼智，非由外铄我，我固有之也，弗思耳矣。"这四端不用经过任何过程，先天地内在于人性，而简本《五行》却要经过思才能得到。孟子高扬了德之行中的礼、智，摒弃了不形于内的行，将仁、义、礼、智向内转，赋予人性之中，以人道为对象，最终的关注点是人。《公孙丑上》也记载了"无恻隐之心，非人也；无羞恶之心，非人也；无辞让之心，非人也；无是非之心，非人也。恻隐之心，仁之端也；羞恶之心，义之端也；辞让之心，礼之端也；是非之心，智之端也。人之有是四端也，犹其有四体也。"仁义礼智这四德，犹如人的四体，是根于心的性。《五行》讲天道又讲人道，有内外之分，而孟子只讲内，天人相贯通，天命直接赋予人德性，道德内在于人。

其次，就圣而言，孟子将圣人格化。

简本《五行》中无论是否形于内圣都是天道，是高于其他四德的。《述而》也记载了孔子的话："圣人，吾不得而见之矣，得见君子者，斯可矣。"圣作为高高在上的膜拜对象，具有神秘性，与道相通，是人无法达到的高度。《大戴礼记·哀公问五义》中在孔子与哀公的对话中对圣作了界定："所谓圣人者，知通乎大道，应变而不穷，能测万物之情性者也。大道者，所以变化而凝成万物者也。情性也者，所以理然、不然、取、舍者也。故其事大，配乎天地，参乎日月，杂于云霓，总要万物，穆穆纯纯，其莫之能循；若天之司，莫之能职；百姓淡然，莫知其善。若此，则可谓圣人矣。"这一层次上的圣，连尧舜都无法企及，是孔子所认为的最高境界。到了简本《五行》，圣的地位有所下降，不是孔子所认为的是无法达到的高度，而是与仁、义、礼、智并存，只不过地位高于其他四者罢了。“金声而玉振之”，天道与人道相贯通，有德者能金声而玉振之。“五行形于内而时行之”，这里，圣作为一德，与其他四德和，且行于内，即可为君子。可见，圣内在于人性之中，是君子所能拥有的。与孔子的论述相比，地位显然是下降了，但并不是每个人都有的，它是君子道，并不是任何人不经过任何努力轻而易举都可以获得的。

而孟子发展了郭店儒简五行中圣的思想，将其地位再次下拉，进一步人格化。《孟子·告子上》明确指出“圣人与我同类者”。孟子谈圣，基本上都是人，《尽心下》云：“圣人，百世之师也，伯夷、柳下惠是也。”圣不像五行一样是德目，而是人的道德修养的境界。因为孟子主张仁、义、礼、智根于心，人有四端之心，先天性存在，所以人人皆可为尧舜，也就是说人人都可成为圣人。圣人与凡人一样，都有生理和道德的追求，《告子上》云：“口之于味也，有同耆焉；耳之于声也，有同听焉；目之于色也，有同美焉。至于心，独无所同然乎？心之所同然者何也？谓理也，义也。圣人先得我心之所同然耳。”虽然圣人是之于天道来讲的，但是它并不比仁、义、礼、智地位高。孔子认为圣高不可攀，但是孟子却把伯夷、伊尹、柳下惠等称为“古圣人”，足见孟子将圣平凡化了。从孔子到五行，圣的地位一路下降，从难以企及道德之一种，再到孟子时圣的进一步人格化，人人皆可成圣，其地位一降再降，说明了孔孟之间儒学发展根据时代进行了自我调适。至此，五行到孟子那里，演变成了四端。

孟子扬弃五行说对道德的探究向内转，将仁义礼智内在于心，同时又拉低圣的地位，将其人格化，通过这两方面的努力，郭店儒简五行发展为孟子所倡导的四端。

## 三、从“五行”到“五常”

“五行”与“五常”，两个词一字之差，却有着千差万别的不同。时代背景不同，内容和顺序也有所差别。五常是一个历史范畴，虽然是汉代才有其名，但早在先秦时期就有了五常的意思。“仁、义、礼、智、信”这一五常的概念有一个模糊到清晰、抽象到具体的过程。先秦时期是孕育期，汉代的时候定型，而到了宋以后基本上就巩固下来了。

五常又称为五行、五性和五法等，先秦时期有两处文献出现五常，一处是《尚书・泰誓》所载：“今商王受狎侮五常，荒怠弗敬，自绝于天，结怨于民，斫朝涉之胫，剖贤人之心，作威杀戮，毒痛四海。”不过这里虽以五常为名，内容却是水火木金土。另一处是《庄子・天运》云：“天有六极五常，帝王顺之则治，逆之则凶。”这里的五常是五福，寿、富、康宁、好德、善终，与仁、义、礼、智、信没有什么关系。直至《尚书・甘誓》“予誓告汝：有扈氏威侮五行，怠弃三正，天用剿绝其命”，才有了仁、义、礼、智、信的说法。《庄子・杂篇・庚桑楚》有段话虽没有用“五行”或者“五常”之类的词语，但将礼、义、智、仁、信连用，“至礼有不人，至义不物，至知不谋，至仁无亲，至信辟金”。

先民在生活实践中萌生了道德意识，其中含有仁、义、礼、智、信五个范畴。殷周时期，“事鬼敬神”，“祭祀的仪节，是由人祭祀的观点所定出来的，这便含有人文的意义……殷人虽有祭祀之仪节，但其所重者在由仪节所达到的‘致福’的目的，而不在仪节之本身，故礼之观念不显……到了周公，才特别重视到这种仪节本身的意义，于是礼的观念始显著了出来。”①到了春秋时期，礼崩乐坏，礼在社会中受到冲击，各家纷纷提出救世之说，信在这时的地位开始上升。《左传》中盟誓很多，表明人与人之间的信任出现了危机，需要外在的力量加以强化，信的概念也就得到了强调。孔子在失序的社会中提出仁，“仁者人也”，“克己复礼为仁”，孔子还创立了与仁相比肩的德目，义与利相对而言，到儒简五行，义形于内，成了与仁、礼等相并列的德行。对于智，孔子的定义较为宽泛，有智慧之义，而孟子将智作为德内在于人。战国时期，出现了“仁、义、礼、智、圣”五行的概念，形于内的五行和谓之德，为天道，而四行和则为善，为人道，五行中强调的是圣智，圣比其他四行要高，直至孟子将圣人格化，提出四端

① 徐复观：《中国人性论史・先秦篇》(上)，九州出版社，2020，第45-46页。

说，仁、义、礼、智的地位得到进一步确认，至于信，孟子虽没有将之并列，但也有相当的地位。庞朴认为"'信'如果与'义'有了冲突，那是要舍信取义的。"①可见，先秦时期已有了五常的观念和事实，只不过还没有"五常"这一概念而已。五个小的概念，由天道下降到人道，回到人本身。

西汉时期，董仲舒第一次将仁、义、礼、智、信五种德行并列提出，"五常"作为一个词也一并提出，"夫仁谊礼知信五常之道，王者所当修饬也，五者修饬，故受天之佑，而享鬼神之灵，德施于方外，延及群生也。"②董仲舒提倡君主修王政，用五常进行道德修养的提高。鉴于此，五常作为一个专有名词在中国思想史上有了自己的地位。与此同时，也是五常政治化的开始。与五行相比，董仲舒用信代替了圣。在大一统的时代背景下，对被统治者的管理明显要高于对圣的追求，所以，信地位上升，圣被信所替代。董仲舒的天人感应说将五常配入五行，借天的名义，用神权来限制君权。神权由道德所出，是天意的体现，所以五常与天道五行可以相配，仁配木，义配金，礼配水，智配火，信配土，五常配五行，取自天意，用天命神授的理解言天下国家。扬雄对董仲舒这种神秘的理论提出异议，从宇宙论来论证五常，努力使五常摆脱天命神学的桎梏，回归到道德的自我完善。《法言·修身》云："或问'仁、义、礼、智、信之用'。曰：'仁，宅也；义，路也；礼，服也；智，烛也；信，符也。处宅，由路，正服，明烛，执符，君子不动，动斯得矣。'"③君子将五常内化就不会越轨，全体社会成员都注重道德的自律，用五常自我完善以成君子。

东汉时期，谶纬神学较为兴盛，章帝在此背景下命编订的《白虎通》自然包含了古文经学、今文经学及谶纬神学三者的思想，神学色彩较董仲舒更为浓厚。《白虎通》涉及五常，认为五常源于阴阳之气，是先天所具有的，内在于人性。《白虎通·性情》云："人生而应八卦之体，得五气以为常，仁、义、礼、智、信是也。"并用五经对五常配以外在的教化。《白虎通·五经》载："经所以有五

---

① 庞朴：《思孟五行新考》，《文史》1979 年第 7 期，第 168 页。

② 班固：《汉书》（第八册），中华书局，1964，第 2505 页。

③ 扬雄：《法言义疏》（上），汪荣宝撰，陈仲夫点校，中华书局，1987，第 92 页。

何？经，常也，有五常之道，故曰《五经》。《乐》，仁；《书》，义；《礼》，礼；《易》，智；《诗》，信也。人情有五性，怀五常，不能自成，是以圣人象天五常之道而明之，以教人成其德也。”五经为阐明五常之经典，有教化的作用。同时，又提出五刑作为五常的鞭策，与五经的教化相辅相成。《白虎通》中的五常是统治者所编定的用于统治天下的工具。

此后，五常开启了外在化、社会化、政治化之路。五常结合三纲成了中华民族的主要政治及伦理准则。即使佛教也没有超出五常的影响，南北朝时期，“护法、弘法者常以五戒会通儒家伦理的‘五常’，即不杀配仁，不盗配义，不淫配礼，不饮酒配智，不妄语配信”①。特别是宋以后，五常被教条化，彻底沦为统治阶级统治人民的工具，其自身的生命消失殆尽。

从五行到五常，到内在德行与外在行的天人合一，再到与神权相结合，逐步沦为统治者的工具，由信代替圣，德性进一步外在化、政治化。

战乱不断、社会失序的战国时期，人内心深处的焦虑逐步增加。此时，外在礼的启发与规范难以直抵灵魂深处，因而，在对人性探索的基础上，人格的臻善成了时代的命题。以“五行”说为代表，郭店儒简在贯通天人的前提下，向内探究，通过形于内与不形于内的“五行”构建起完整的道德体系，以金声玉振为目标，追求人格的臻善。

① 高云萍：《论作为伦理道德范畴“五常”的形成》，《北京邮电大学学报》（社会科学版）2006年第2期，第19页。

# 第六章　仁内义外——人伦的构建

思孟学派在充分认识到人之后开始进行秩序的构建。五行可以说是从内在角度对道德提出要求，进行人类精神秩序的构建，表现于外则是人类社会秩序的设计。郭店儒简在道德的基础上据天而注重伦理的构建。本章以《六位》为中心，兼其他篇章来讨论郭店儒简人伦社会秩序的构建问题。

## 第一节　“六位”概述

《六位》原题为《六德》，李零根据文义，认为简文中所述六德为六职所派生，六教为六位所派生，实以六位为文，并且《教》一篇中也有“六位”一词，与该篇相承。因而，李零认为“六位”作为篇名更合适。本书对其观点深以为然，《六位》的竹简长 32.5 厘米，编线为两道，间距为 17.5 厘米，竹简两端为梯形，26 和 33 号简中有两处墨书通横长方块，为分章标志。外部形式与《教》《尊德义》及《性》相同，书写风格也相近，三者可能同抄于一卷。

### 一、思想渊源

郭店儒简为孔孟之间儒家的论述，其内容大多来源于早期儒家。就《六位》来讲，其中的六德、六位等思想承孔子而又有进一步发展，有承前启后的桥梁作用。

“六德”一词见于《周礼·地官·大司徒》：“以乡三物教万民，而宾兴之，一曰六德：知、仁、圣、义、忠、和。”其中“和”与《六位》中的“信”不同，其他都相一致。在《阳货》中孔子有六言之说，“六言”指仁、知、信、直、勇、刚，言为德之义，六言就是六德。但是《论语》中所论德目较多，除此之外还有“恭、宽、信、敏、惠、温、良、俭、让”等，如《学而》：“弟子入则孝，出则弟，谨而信，泛爱众，而亲仁，行有余力，则以学文。”《卫灵公》也记载了子张问行，孔子曰“言忠信，行笃敬”。对于诸德，孔子随处而说，于生活点滴处随处成仁，并没有固定化的组合。而与六位相配的德则殊为少见。目前，据专家考据，只在大小戴《礼记》中找到了与“夫妇”两位相配的德。《礼记·郊特牲》载：

夫昏礼，万世之始也。取于异姓，所以附远厚别也。币必诚，辞无不腆，告之以直信。信，事人也；信，妇德也。壹与之齐，终身不改，故夫死不嫁。男子亲迎，男先于女，刚柔之义也。天先乎地，君先乎臣，其义一也。执挚以相见，敬章别也。男女有别，然后父子亲。父子亲然后义生。义生然后礼作，礼作然后万物安。无别无义，禽兽之道也。婿亲御授绥，亲之也。亲之也者，亲之也。敬而亲之，先王之所以得天下也。出乎大门而先，男帅女，女从男，夫妇之义由此始也。妇人，从人者也；幼从父兄，嫁从夫，夫死从子。夫也者，夫也。夫也者，以知帅人者也。

这段文字提到了信为妇德，知为夫德，但其他四德并没有谈及，只谈到了君臣父子夫妇六位，至于德，只涉及夫妇二德，其余四德在刘向《说苑·建本》中有详细阐述：

天之所生，地之所养，莫贵乎人。人之道，莫大乎父子之亲，君臣之义。父道圣，子道仁，君道义，臣道忠。贤父之于子也，慈惠以生之，教诲以成之，养其谊，藏其伪，时其节，慎其施。子年七岁以上，父为之择明师，选良友，勿使见恶，少渐之以善，使之早化。故贤子之事亲，发言陈辞，应对不悖乎耳，趋走进退，容貌不悖乎目，卑体贱身，不悖乎心。君子之事亲，以积德。子者，亲之本也，无所推而不从命；推而不从命者，惟害亲者也。故亲之所安，子皆供之。贤臣之事君也，受官之日，以主为父，以国为家，以士人为兄弟。故苟有可以安国家，

> 利民人者，不避其难，不惮其劳，以成其义。故其君亦有助之，以遂其德。夫君臣之与百姓，转相为本，如循环无端。夫子亦云：'人之行莫大于孝。'孝行成于内，而嘉号布于外是谓建之于本，而荣华自茂矣。君以臣为本，臣以君为本，父以子为本，子以父为本，弃其本荣华槁矣。

这一大段文字中提到了父道、子道、君道、臣道，分别对应了圣、仁、义、忠四德，与郭店儒简《六位》中所言一致。再加上夫妇二德，《礼记》与《说苑》二者所言六德与郭店儒简所述六德相同。

"六位"一说见于《庄子·盗跖》和《吕氏春秋·处方》，《庄子·盗跖》载："五纪六位，将何以为别乎？"《吕氏春秋·处方》也载："凡为治必先定分，君臣父子夫妇，君臣父子夫妇六者当位，则下不逾节而上不苟为矣，少不悍辟而长不简慢矣。"二者所云与《六位》中所述六位一致。早期传世典籍中，有些提法与《六位》相似。《周逸书·常训》中论及到"夫妻、父子、兄弟、君臣""八政"，《左传·昭公二十五年》中记载："夫礼，天之经也，地之义也，民之行也。天地之经，而民实则之……为君臣上下，以则地义；为夫妇外内，以经二物；为父子、兄弟、姑姊、甥舅、昏媾、姻亚，以象天明。"在儒家典籍中，子夏论及到了六位。《乐记》中有子夏与魏文侯的对话："圣人作为父子君臣，以为纪纲。"

虽然孔子没有将六德与六位相匹配，但他将六位独立出来并予以重视。在《礼记·哀公问》中记载了孔子回答哀公问政的问题，孔子曰："夫妇别、父子亲、君臣严，三者正，则庶物从之矣。"孔子将君臣、父子、夫妇从众多的关系中单独列出来，以此作为社会伦理秩序的基础。《论语·颜渊》载："齐景公问政于孔子，孔子对曰：君君，臣臣，父父，子子。公曰：善哉！信如君不君，臣不臣，父不父，子不子，虽有粟，吾得而食诸？"《六位》承《论语》并进一步发展，以构建和谐的秩序，如若夫不夫，妇不妇，父不父，子不子，君不君，臣不臣，每个人都不在自己的位上，社会终将失序。

简文所言六位是为了"夫夫，妇妇，父父，子子，君君，臣臣，六者各行其职，而谗谄无由作也"。六者各在其位，各行其职，以建立和谐的社会秩序。《周易·

序卦》指出:“有天地,然后有万物;有万物,然后有男女;有男女,然后有夫妇;有夫妇,然后有父子;有父子,然后有君臣;有君臣,然后有上下;有上下,然后礼义有所错。”六职由六德和六位相对应所派生,在《论语》中孔子有一些论述,就君臣来讲,《八佾》记载:“君使臣以礼,臣事君以忠。”《公冶长》中孔子也云:“有君子之道四焉:其行己也恭,其事上也敬,其养民也惠,其使民也义。”“使臣以礼”“使民也义”与《六位》义为君德,以义使人相一致。《六位》中忠为臣德,以忠事人也源于“臣事君以忠”,“其事上也敬”。使人、从人对于父子而言,《论语·学而》言“弟子入则孝”,与仁为子德相呼应,但是《左传·昭公二十六年》记载了晏子的一句话,“父慈而教,子孝而箴”,这里慈为父德,教为父职,子职有箴、协两种。至于夫妇,上文有所论述,与智、信相对应的是率、从二职。《左传·隐公三年》云:“君义、臣行、父慈、子孝、兄爱、弟敬、所谓六顺也。”这里六顺有兄弟无夫妇,郭店儒简吸收了有关六职的思想,对应六位,夫妇、父子、君臣,提出六职:率人、从人、教、学、使人、事人,每一位对应相配的职,郭店儒简试图从职、位、德入手,对孔子“君君、臣臣、父父、子子”的秩序进行阐扬,以期“六者各行其职,而谗谄无由作也”。

“何谓六德?圣、智也,仁、义也,忠、信也。”对于六德的内容,不是圣、智、仁、义、忠、信,而是两两相对,分为三组。圣与智,《五行》说:“明明,智也。赫赫,圣也。‘明明在下,赫赫在上’,此之谓也。”对于仁义,《六位》云:“仁,内也。义,外也。”《物由望生》也讲到“仁生于人,义生于道。或生于内,或生于外”。《五行》讲不圣不智,之后又讲不智不仁。而忠信,《忠信之道》云:“忠,仁之实也。信,义之期也。”忠为仁的实现,信是义的实现。所以,忠信是仁义的展开。由此可知,六德三组存在着展开的内在联系。以圣为核心向外展开,而圣为父德,以父子之间的血缘纽带为基础构建社会伦理,又提出了内外三位和上下三位。下文将详细阐释。

## 二、“六德”与“六位”不是互文

《六位》提出了“六位”“六德”,每一位配一德。如此理解会不会有偏差?

人是多角色的存在，为人父、为人子、为人夫，而且《五行》还提出了“仁、义、礼、智、圣”形于内之说，也就是说“仁、义、礼、智、圣”五德形于内，人内在地有五种德行，这里又怎么说配一德呢？是否出现了逻辑上不严密、前后相矛盾的情况？是否运用了互文的修辞手法，其实是每一位都有六德？对于这些问题，我们首先要弄清楚何为互文，然后再分析作为独立的个体，是否每一位都有六德还是说每个人有六德。

互文是古文中较为常见的修辞手法之一，其历史悠远，有据可考的先秦典籍中就已被广泛使用，只不过没有用“互文”一词，直到汉代才出现罢了。郑玄注《礼记·坊记》“君子约言，小人先言”一句曰：“言人尚德不尚言也。‘约’与‘先’互言尔。君子‘约’则小人‘多’矣，小人‘先’则君子‘后’矣。”郑玄的注不仅指出，按句子的意思来看，应该是省略了“小人多言”和“君子后言”，还用了“互言”一词。文句文义前后相互补充才算得上意义完整。唐孔颖达明确提出“互文”一词。在注疏《诗经·唐风·葛生》“葛生蒙楚，蔹蔓于野”时认为这两句互文而同兴。葛言“生”则蔹亦“生”，蔹言“蔓”则葛亦“蔓”；葛言“蒙”则蔹亦“蒙”，蔹言“于野”则葛亦言“于野”。同理，说葛生于此延蔓而蒙于楚木，蔹亦生于此延蔓而蒙于野中。孔颖达指出这是互文的用法，前句省略了“蔓”“于野”两个词，后句省略了“生”“蒙楚”两个词，在解释的过程中要予以补足。至于“互文”的定义，郑玄和孔颖达都没有明确界定。而贾公彦在注疏《仪礼·既夕礼》“枣糗栗脯”时区分了“互文”和“互相足”，互相足是指“二物”其实是“一物”，可互注，但互文中“二物”与此不同，是不相同的物，可互相补充。因而，我们可以认为互文指结构上相同或相近，文义上互相补充的一种艺术手法，主要有单句互文和复句互文两种类型。单句互文，显而易见是同一个句子中的互文用法。“烟笼寒水月笼沙”一句诗中，“烟”和“月”相对相补，“寒水”和“沙”相对相补充，这句诗歌要传递的意思是烟笼寒水笼沙，月笼寒水笼沙。同理，“秦时明月汉时关”，即是指秦汉时的明月秦汉时的关。一句话中，AxBy 的结构表达的却是 AxyBxy 的意思。复句互文则是两句或者两句以上的情况下，词语相对举，语义相补充。《左传·隐公元年·郑伯克段于鄢》中载：“公入而赋：

‘大隧之中，其乐也融融。’姜出而赋：‘大隧之外，其乐也泄泄。’”此句的意义并不是公入和姜出而作的赋，应为公出入和姜出入而赋，“出”和“入”互文。《周易·坤卦》中“西南得朋，乃与类行；东北丧明，乃终有庆”一句，前半句省略了“乃终无庆”，后半句省略了“不与类行”，补充后文义才通顺完整。无论单句还是复句互文，不仅对举顿挫，节奏感极强，而且简练了词句，韵味悠长。

通过对“互文”的分析，我们可总结出这一修辞手法的特点：结构上相同或相似，文义上单独来看都单薄或者不通顺，相互补充后通畅完整。比如《文心雕龙·神思》中一句“子建援牍如口诵，仲宣举笔似宿构”，结构上“子建”和“仲宣”相对举，“援牍”与“举笔”，“如”与“似”，“口诵”与“宿构”也是相对举的。意义上指曹植创作不仅要援牍，还要举笔，而王粲创作不仅要举笔，还要援牍。因此，解释为曹植援牍与王粲举笔，文义明显不足，二者相互补充意思才完整，为互文的用法。

明晰了互文的定义、类型以及特征后，我们来分析一下《六位》中是否运用了互文的修辞手法呢？很显然，答案是否定的。就结构而言，有关“六位”与“六德”的论述没有紧密连在一起，而是分段来论述的。当然也就不存在相对举的情况。文中有关“六位”与“六职”倒是放在一起进行论述：“生民〔斯必有夫妇、父子、君臣，此〕六位也。有率人者，有从人者；有使人者，有事人〔者；有〕教者，有学者，此六职也。”但对于“六德”则是在解释了其内涵之后才分而论之，与“六位”并没有放在一起相对应阐释。就意义来说，每位各配相应的一德，二者不是相互补充，而是自足的。再者，六德和六位相匹配，中间还有职相对应。有位有职，六德是相对于位和职而言的，并不是相对于人而言的。如若主语是人，此处用互文的修辞手法还说得过去，但是恰恰这里隐含的主语不是人，而是位和职，人有诸德，这是肯定的，但是相对于一个职来说，每一位，就只有与此相配的最主要的一德。为人君除了义，还要讲仁、礼等，这是孔子多次强调的，《为政》就讲“道之以德，齐之以礼，有耻且格”。在使人这一职上，义是与之相配的重要一德。在其位谋其政，孔子注重正名思想，讲求名副其实，这是其一。其二是树立规矩，不可僭越。八佾舞于庭，诸侯争霸，群雄逐鹿，不安其位，不尽其职，导致社会失序。所以说，配，有它的深意在，为了社会有序地运行，构建和谐的社会秩序。以具体的德行进行相应的配位，履行相应的职责。郭店儒简如此系统地进行论述，有其深远的意义，而并不是用互文的修辞以论述人有诸德。这也是《六位》与《五行》不同之所在。《五行》主要从内在道德入手，追求完美的人格，提出了形于内的德性，圣智之德，追求人格的完满。而《六位》则是从外在的秩序入手，构建有序的伦理。

《五行》开篇即言“仁形于内谓之德之行，不形于内谓之德之行。义形于内谓之德之行，不形于内谓之行。礼形于内谓之德之行，不形于内谓之〔行。智形〕于内谓之德之行，不形于内谓之行。圣形于内谓之德之行，不形于内谓之行。”郭店儒简追求成就君子人格，“五行皆形于内而时行之”人格完满，贯通天人之道，人有诸德，而《六位》云：“生民〔斯必有夫妇、父子、君臣，此〕六位也。有率人者，有从人者；有使人者，有事人〔者；有〕教者，有学者，此六职也。既有夫六位也，以任此〔六职〕也。六职既分，以裕六德。六德者此。何为六德？圣、智也，仁、义也，忠、信也。”

文章以六位为主，六者各行其职，因而说不是互文的修辞手法。“六位”的着力点在于人类社会中的秩序，六德在社会中“作礼乐，制刑法，教此民尔，使之有向也，非圣智者莫之能也。亲父子，和大臣，寝四邻之抵牾，非仁义者莫之能也。聚人民，任土地，足此民尔，生死之用，非忠信者莫之能也。”这里其实讲了三种社会关系。其中，圣智制礼作乐，制刑法，作用于上层建筑及国家意识形态。仁和义亲父子、和大臣，协调的是以父系血缘为基础的社会人伦秩序。而忠信聚人民，任土地，巩固了农业社会的生产关系。这三种社会关系是古代社会的主体，处理好就可实现社会安定，人民富足。由此可知，六德不仅作用大，分工也明确具体。每一德相对应一位，每一位对应一职，不同个体有不同的位，即使同一个体，也有不同的位，不同的位配不同的德，父德为圣，子德为仁，夫德为智，妇德为信，君德为义，臣德为忠。因而，有多德的是人，对于位来讲，一对一的关系。所以说，“六位”与“六德”之间没有运用互文的修辞手法。

# 第二节　伦理构建的方式

《六位》论述了君臣、父子、夫妇三大关系，为了更好地处理这基础的三大关系，郭店儒简提出了“六位”的概念。这“六位”并不是空洞僵化的位，而是有内在道德要求与之相对应。因位设德，以德称位。

## 一、以德称位

### 1. 以礼为用

春秋战国时期礼崩乐坏，名不副实的现象相继百出。孔子提出了“正名”的思想，要求社会中每个人根据自己在社会中的地位、身份做好自己。以德称位，根据社会整体的需要结合自身的情况扮演好自己的角色，《论语·季氏》记载了季氏将伐颛臾一事，当孔子听到这件事情时，他的首要反应是对冉有和季路追责，指出“无乃尔是过与”。当冉有表达出是季孙而不是他们两人的意思后，孔子直接说：“周任有言曰：‘陈力就列，不能者止。’危而不持，颠而不扶，则将焉用彼相矣？且尔言过矣！虎兕出于柙，龟玉毁于椟中，是谁之过与？”“不在其位，不谋其政”，孔子认为在其位就要谋其政，位与职要相匹配。另外，在其位力不及也是孔子所反对的。赵穿杀了晋灵公，崔杼杀了齐庄公，虽晋灵公和齐庄公两位国君是残暴的统治者，但孔子看来这也是以下犯上。《论语·季氏》载孔子的话：“天下有道，则礼乐征伐自天子出；天下无道，则礼乐征伐自诸侯出。”天下动荡，诸侯置礼于不顾，尤其是季氏，多有僭越的举动。于是孔子提出正名。在《子路》中他认为“名不正则言不顺，言不顺则事不成，事不成则礼乐不兴，礼乐不兴则刑罚不中，刑罚不中则民无所措手足”。只有正名，才可能促进周礼的复兴，挽救失序的社会。孔子正名的内容大体是恢复周礼所制定的宗法制，就是《颜渊》中所记述的“君君、臣臣、父父、子子”，处在哪个位就应有与之相配的品行，名以实为支撑。而孔子正名的目的则是恢复周礼。恢复周礼，并不是复制粘贴周代的礼制，而是对周礼进行损益。孔子认为周礼不应停留在礼仪的形式上，而更应关注内容实质，重道德教化。《为政》就指出“道之以德，齐之以礼，有耻且格”。仁是最重要的，《八佾》也指出“人而不仁如礼何”，用内在含有德的礼规范社会中的人，使他们做符合自我身份的事情，不会越礼，更不用提犯上作乱了。孔子提倡的这种礼，以亲亲为中心，以贤贤为补充，社会中每个人都在礼的规范之内，选贤与能，亲亲贤贤相互补充，共同构建社会伦常。

位在竹简中主要指主体在整个社会中的身份、地位等，是衡量一个人等级、身份、权力、财产等的标准，处于何位，就有与之相配套的一系列规定。每个人在群体中都处在自己的位上，《论语·宪问》曾子曾云“君子思不出其位”，《中庸》也提出“非天子，不议礼，不制度，不考文”，不处在天子之位，就不要讨论制定礼仪、法律制度以及文字文化。有位无德或者有德无位都不可。“虽有位，苟无其德，不敢作礼乐焉。虽有其德，苟无其位，亦不敢作礼乐焉。”所以说，位不单是空间之所处的位，更有其实，正如《公孙龙子·名实论》中所说的“实以实其所实而不旷焉，位也”。所以说，德与位相配，天下有道。郭店儒简继承发扬了孔子有关礼的思想，在众多的社会关系中总结出父子夫妇君臣这三对六位为最基本的人际关系进行系统论述。与孔子一样，提出六位不是重点，重点在于六位背后的六德，通过六德与六位相互作用，构建和谐的社会秩序。

《六位》指出“生民〔斯必有夫妇、父子、君臣，此〕六位也。”凡是人都在六位之中必占有相应的位，男女有别，天地阴阳，男女结为夫妇是自然之道。人生而有父母，父子关系延伸到君臣，每个人都逃避不了社会中这六种最基本的关系。处在位上则会有相应的使命，“以实其所实”，“有率人者，有从人者；有使人者，有事人〔者；有〕教者，有学者，此六职也”。而六职也有它的标准和规范，即所谓的六德。“义者，君德也……忠者，臣德也……智也者，夫德也……信也者，妇德也……圣也者，父德也……仁者，子德也。”郭店儒简中不仅提出了六位、六职与六德，还详细论述了三者如何相配：

任诸父兄，任诸子弟，大材艺者大官，小材艺者小官，因而施禄焉，使之足以生，足以死，谓之君，以义使人多。义者，君德也。非我血气之亲，畜我如其子弟，故曰：苟济夫人之善也，劳其脏𦝫之力弗敢惮也，危其死弗敢爱也，谓之【臣】，以忠事人多。忠者，臣德也。知可为者；知不可为者；知行者；知不行者，谓之夫，以智率人多。智也者，夫德也。一与之齐，终身弗改之矣。是故夫死有主，终身不嫁，谓之妇，以信从人多也。信也者，妇德也。既生畜之，又从而教诲之，谓之圣。圣也者，父德也。子也者，会埻长材以事上，谓之义；上共下之义，以睦□□，谓之孝；故人则为〔人也，谓之〕仁。仁者，子德也。

三组两两搭配，夫为率人者，强调智，妇为从人者，强调信，父为教人者，强调的是圣，子为受者，强调的是学，君为使人，强调义，而臣为事人，强调忠。为了表述清晰，更加直观地理解六位、六职与六德之间的关系，特列表（表 6-1）如下。

**表 6-1　六位、六职、六德的关系**

| 名称 | 内容 | | | | | |
|---|---|---|---|---|---|---|
| 六位 | 夫 | 妇 | 父 | 子 | 君 | 臣 |
| 六职 | 率人 | 从人 | 教 | 学 | 使人 | 事人 |
| 六德 | 智 | 信 | 圣 | 仁 | 义 | 忠 |

用智、信、圣、仁、义、忠六德来规范六职以配六位，以德称位。战国时期是农业社会，在这种生产关系中，男性的力量显现出优势，因而在生产劳动中处于主导地位，与女性相对而言，有率人的职责。在率人中，明了“知可为者，知不可为者；知行者，知不行者”，因而，用智德配夫位以应率人之职。与夫相对的妇在生产中处于被率的地位，生产关系中的从属地位反映到日常人伦中，在妇这一位上被赋予了信德，要求妇要与夫“一与之齐，终身弗改之矣。是故夫死有主，终身不嫁，谓之妇，以信从人多也。信也者，妇德也”。《大戴礼记·本命》中的一段话可能更有利于我们理解智和信为何为夫德与妇德。“男者，任也，子者，孳也。男子者，言任天地之道，而长万物之义也。故谓之丈夫。丈者

长也，夫者扶也，言长万物也。知可为者，知不可为者；知可言者，知不可言者；知可行者，知不可行者。是故，审伦而明其别，谓之知，所以正夫德也。女者如也，子者孳也。女子者，言如男子之教，而长其义理者也。故谓之妇人。妇人，伏于人也。是故无专制之义，有三从之道，在家从父，适人从夫，夫死从子，无所敢自遂也。教不出闺门，事在馈食之间而已矣。是故女日及乎闺门之内，不百里而奔丧。事无独为，行无独成之道。参知而后动，可验而后言。宵行以烛，宫事必量，六畜蕃于宫中，谓之信也。所以正妇德也。"信作为妇德应从人之职，这里是否有轻视女性的倾向？在男权社会中女权是否丧失？对于这些问题，笔者不好妄下结论，只是从生产关系入手，透过生产中的角色定位来分析生活中的人伦秩序。父德为圣，生生之谓德，中国文化尚生，父畜养，所以赋予了父圣德。圣通天地人，制礼作乐以教化民众，因而应了教职。庞朴指出"至于这个'圣'和'生畜教诲'之间有何内在关系，为什么能生畜教养便称之为圣，它是既未提出也未解答。其他诸德，大体如此"①。子与父相对，子位对应的是仁德。仁的起点为孝，所以仁为子德，以孝为出发点，在父职教的对应下，子职为学。学什么？学的是为人之道。"义"为君德，"义者宜也"，义有裁断之义，而君职为使人，所以其德用义来配正合适。臣则是忠德，尽己为忠，用于君，事人。所以忠与臣相配。如此理解六德与六位，也许会有过度诠释的嫌疑，但笔者认为，从字形、字义及社会背景入手分析，是有一定的道理的，意在根据各自的职责，以德称位，"人有六德，三亲不断"，德为外在伦理的构建提供了内在的依据。

2. *以孝为本*

在以血缘为中心的宗法制社会中，战国中后期虽然宗法制面临挑战，但以血缘为纽带的社会关系还是处于核心地位，以父权为重，以孝为本，从孝出发，一步步向外推演，以规范社会伦理。

《论语·学而》记载："孝弟也者，其为人之本与！"孝为仁之本，这个本，当

① 庞朴：《本来样子的三纲——漫说郭店楚简之五》，《寻根》1999年第5期，第9页。

然不是指本体，而是作为起点开端来讲，就是说行孝是为仁的开端，而后再往外推演。

春秋战国时期，社会结构处于变革时期，宗族内的道德会影响国家，所以在《为政》中记载了孔子引用《书》来回答为政的问题，"《书》云：'孝乎惟孝，友于兄弟，施于有政。'是亦为政，奚其为为政？"家国同构的社会结构中，孝也是为政。因而，孝当之无愧为仁之本。《六位》吸取了孔子以孝为本的思想，并移作忠，以完成整个社会伦理的构架。

《六位》明确提出以孝为本，在指出"为父绝君，不为君绝父"的基础上，进一步提出："先王之教民也，始于孝弟。君子于此一体者无所废。是故先王之教民也，不使此民也忧其身，失其体。孝，本也。下修其本，可以断谗。"就父子互隐的问题，《子路》中记载了叶公与孔子的对话，"叶公语孔子曰：'吾党有直躬者，其父攘羊，而子证之。'孔子曰：'吾党之直者异于是。父为子隐，子为父隐，直在其中矣。'"直为人之天性，父子情是第一义。六位与此一脉相承，提出不为君绝父的观点，以孝为先。

所以说，六位论孝为本从两个方面展开，一是以孝为起点；二是教化民众也从孝悌开始。《论语·学而》载："其为人也孝弟，而好犯上者，鲜矣。不好犯上而好作乱者，未之有也。君子务本，本立而道生。孝弟也者，其为仁之本与！"《孝经·士章第五》也强调以孝治天下。"资于事父以事母，而爱同；资于事父以事君，而敬同。故母取其爱，而君取其敬，兼之者父也。故以孝事君，则忠；以敬事长，则顺。"所以说忠可移于君，顺可移于长，以孝治天下。而教化也从孝开始。《开宗明义》云："夫孝，德之本也，教之所由生也。"并提出了推演，《广至德》曰："教以孝，所以敬天下之为人父者也。"在以"六位"为基础的人伦秩序中，以孝为本，从孝出发，在修身和教化上从孝开始，以德称位，构建伦理秩序。

3. 以教生德

由于人性中有自然之性，而人心又无定志，在伦理构建中教的作用就显得较为突出。六位、六职、六德相配，而德除了圣人天德外，以教生德也占有很大

的比重。教的内容是什么?《六位》中有明晰的说明,孝为教之始,而六艺为教的主要内容:

> 故夫夫,妇妇,父父,子子,君君,臣臣,六者各行其职,而谗谄无由作也。观诸诗、书则亦在矣,观诸礼、乐则亦在矣,观诸易、春秋则亦在矣。

孔子早就突出过以六艺为教,《性》言:“诗,有为为之也。书,有为言之也。礼乐,有为举之也。”通过观看礼乐,德性会有所变化。不仅孔子讲到听韶乐以后“三月不知肉味”。郭店儒简也指出了“咏思而动心,喟如也。其居次也久,其反善复始也慎,其出入也顺,始其德也。”咏唱会引起心动,心动而喟然叹息。声之出入影响人心的顺畅,正是德之始。因而《性》又提出:“观《赉》《武》,则齐如也斯作。观《韶》《夏》,则勉如也斯敛。”观《赉》《武》庄重恭敬,观《韶》《夏》则会有惭愧进而收敛。可见,教的对象在人,而不在政。《先进》中记载了孔子提出:“先进于礼乐,野人也;后进于礼乐,君子也。如用之,则吾从先进。”如若教政优于教人,郭店儒简的《尊德义》则直接提出“教其政,不教其人,政弗行矣”。教的内容与人之成德有紧密的关系,《尊德义》进一步指出“教以礼,则民果以劲。教以乐,则民弗德争将。教以辩说,则民艺址长贵以忘。教以艺,则民野以争。教以技,则民少以吝。教以言,则民讦以寡信。教以事,则民力啬以湎利。教以权谋,则民淫昏,远礼无亲仁。先之以德,则民进善焉”。以仁教为先,教以六艺,就可“夫夫、妇妇、父父,子子,君君,臣臣,六者各行其职,而谗谄无由作也”。

由此,我们就可清晰地把握六位的逻辑和精神实质。人处于六伦之中,每一位都有相应的职责,每一职都有相对的道德规范,而道德规范又需要六艺以教之。以六艺为内容进而生六德,六德规范六职,六职又对应六位,四个六为一个紧密的系统,层层深入,环环相扣,构成了完整的伦理体系。由个人到社会,由德到礼,走的是家国同构的逻辑。其实质就是修齐治平的逻辑,与《大学》相一致,家与国层层推进,建立和谐的社会伦理秩序,实现天下大治。

## 二、天登大常

### 1. 天登大常

六位所构建的社会伦理需要六德的内在支撑，其实是通向更为宽大的背景——天，以具体的人伦践履来回应天命，以为终极依据来论述六位。

首先，《六位》从结构上承接《教》。《教》直接指出“天登大常，以理人伦”，并进行详细地分析，认为天降的大常用来“制为君臣之义，作为父子之亲，分为夫妇之辨。是故小人乱天常以逆大道，君子治人伦以顺天德”。而《六位》着重从六位出发探讨人间的伦常，回应“君子慎六位，以祀天常”，顺应天德。也可以这么说，《六位》里对《教》“君子治人伦以顺天德”展开了论述。这里涉及的关键词是“天”。

天在中国传统社会中有着超乎一般的重要性。《论语・阳货》载孔子对天的理解：“天何言哉？四时行焉，百物生焉，天何言哉？”这段颇有哲学意蕴的话，蕴含了天的生养功能。《春秋繁露・郊义》更是继承商周以来的天命论对天有这样的解释，“天者，百神之君也”[①]。董仲舒认为天是超越百神的存在，天为生生之源，有了天，接下来才有命、有物、有名、有人伦。《物由望生》云“有天有命，有物有名”，人类社会中的一切，包括物、人以及人与人之间的关系，都是来源于天的，自然物及社会秩序都以天为源头，整个社会都是天的产物。从这个意义上来说，天不是本体论及认识论上的，而是伦理学意义上的，在于其“生”。《论语・述而》载孔子说“天生德于予”，郭店儒简用了“斯民”一词，就已经说明了天生人。《诗・大雅・烝民》有言“天生烝民，有物有则”，天不仅仅生了民，还生出物和规则。正如《父无恶》提到“天形成人，与物斯理”，人源于天，天赋予人形体，同时还赋予人之为人的实质，行事的道理原则也都是来源于天。说白了，就是人伦也源自天。人伦由天所生，“平平庸庸的日用伦理，便是

---

① 董仲舒：《春秋繁露・郊义第六十六》，叶平注译，中州古籍出版社，2010，第199页。

赫赫明明的天道流行;而神秘莫测的大常,必定要从天降来治理人伦"[①]。所以说,君子慎六位以祀,大常由天所降,以理人伦。

其次,六位三组的划分,也证实了天为终极根源。对于六位,文中不是以"夫、妇、父、子、君、臣"这样单独的形式出现的,而是用了"夫妇、父子、君臣"三个词,以两两相对的面貌呈现于世。并且,两两相对的三个词在竹简中排列的顺序也不是相同的。第8简是"夫妇、父子、君臣"的排列次序,而第14、15简则是"君臣、夫妇、父子"的排序。到了第34、35简,又变成了"父子、夫妇、君臣"的排序。对于注重礼仪的儒家而言,在排序上出现了如此差异情况,应该不是无意为之,应当有它的深意和目的,意在传递一定的信息。欧阳祯人指出可以从儒家哲学的宗教性来理解。从世俗的层面不好理解这种情况,但是从形而上的层面上来看,"在儒家看来,都有一种天经地义的神性,都有它们天命的最终依托,都是天道伦常在人世间的具体表现"[②]。欧阳祯人从宗教性的角度在六位排序上解释了天登大常一说。且不论欧阳祯人所作的此种论断是否正确,但就每组两两相对来看,确定是蕴含了天是人伦的根源。就像《六位》里所记述的:"男女别生言,父子亲生言,君臣义生言。父圣子仁,夫智妇信,君义臣忠。圣生仁,智率信,义使忠。故夫夫、妇妇、父父、子子、君君、臣臣,此六者各行其职。"虽然不太清楚"生言"作何解,而"男女别""父子亲""君臣义"却是相对清楚的。以此为立身三大法,以天德理人伦。这三个词中夫与妇、父与子、君与臣相对应的分法,与《易》中天地相对如出一辙。"天地感而万物生",有夫妇之后才会有父子关系,夫妇父子为自然人伦的排法,而君臣父子夫妇为社会人伦的排列法,无论哪种排法,都是以天为根源的。《周易·序卦》所云:"有天地,然后有万物;有万物,然后有男女;有男女,然后有夫妇;有夫妇,然后有父子;有父子,然后有君臣;有君臣,然后有上下;有上下,然后义礼有所错。"

最后,与六位相对应的六德本身表明了天登大常。对于六德,文中反复强调"父圣、子仁、夫智、妇信、君义、臣忠",六德与六位相配,但是在"何谓六德"

---

① 庞朴:《三重道德论》,《历史研究》2000年第5期,第5页。

② 欧阳祯人:《郭店儒简的宗教诠释》,《中国哲学史》2001年第3期,第79页。

一问句之后的回答却是“圣、智也，仁、义也，忠、信也”。并没有用“父圣、夫智、子仁、君义、臣忠、妇信”这样的方式作答。竹简这一回答方式完全抛开了与之相关联的位。可见，此六德的来源与人伦社会关联并不是非常紧密，不是从人伦中归纳出来的。既然如此，六德是从何而来？由《五行》我们可知，“‘圣智’和‘仁义’在五行或五常中，本是形而上的‘天道’：待到被人掌握而形于人心后，则成为‘德行’。它们是人人可以而且应该修习养成的终极关怀；这种关怀，也可说是为天地立心的神圣使命”①。在六德中，虽然仁义圣智分别与子君父夫相配，没有了五行中的高远广大，但是可以推断出来源于天的。源自天的德与人配以胜职，关注当下的社会伦理。至于忠和信，忠信之道，也是上天所赋予的。郭店儒简《忠信之道》就明确记载：“大忠不说，大信不期。不说而足养者，地也。不期而可遇者，天也。似天地也者，忠信之谓此。”如此的内容，表明了六位是承上天而来的，不是以人类社会而总结的。

传统社会中德目有很多，如温、良、恭、俭、让、恭、宽、信、敏、慧等。就父子而言，父慈子孝；就夫妇而言，夫唱妇随、举案齐眉，等等，何以单单取“圣智、仁义、忠信”这六德而不选取其他德目呢？其实，这也是天道的显现。以父子为例，如若用了慈和孝来代替圣与仁，就难免胶着于具体的社会细胞，由于慈、孝是只适用于家庭范围的词，而圣和仁则是更具普遍性的词，不仅仅适用于家庭，还是天道的延伸。如此一来，六德就突破家庭的局限，努力提升自我修养以达到高层领域的道德认同，使人攀升更高的道德境界。“这就是六德之所以不取孝慈而高唱圣仁的奥秘所在。”②当然，庞朴也认识到不胶着的结果难免疏离，于是他指出六德又浓缩为立身三大法，以进一步沟通天人。庞朴于此用冯友兰的四法界进一步作了深入说明，天地法界相对于人类与宇宙关系而言，道德法界相对于个人与社会关系而言，功利法界从个人来看，走进社会，而自然法界指人处于不自觉时的状态。社会中的每个人都扮演一定的角色，有各自的位。在没有意识到自己的角色和使命时，为自然法界，儒家关注当下，重

① 庞朴：《本来样子的三纲——漫说郭店楚简之五》，《寻根》1999年第5期，第9页。

② 庞朴：《三重道德论》，《历史研究》2000年第5期，第5页。

视道德的提升，不自觉进而转为自觉，就进入了功利法界。《六位》中提出六职、六位、六德，使每位成员都有各自之职、之德，进而又进入道德法界。于此，天人实现了贯通，由下往上的方式完成了对天道的回归。与上天贯通相结合，共同论述天为人伦的终极依据。

2. 圣人建制

天作为终极根源，人伦来自天，然而，天作为形而上的价值主体，它本身并不会建立具体的秩序，还要通过圣人来完成这一工作。圣通天人，《周易·乾卦》中就指出它“与天地合其德，与日月合其明，与四时合其序，与鬼神合其吉凶”。圣人恰好具备这方面的能力，《五行》明确指出：“闻而知之，圣也。圣人知天道也。”因而，圣人不仅仅是理想的人格，同时也是承天道构建具体秩序的主体，通过天道来分析具体现实情况以建秩序合天道。既要有圣人之德，又要有圣人之位，二者具备就可建制，缺一不可。

圣人是建制的主观条件，而圣人之圣在于天，《论语·子罕》载子贡认为孔子是“天纵之将圣”，圣人有通晓天的智慧，能通晓天人，彼此会通，知天命而自任。他们通过对天道的把握在人间建立相应的社会秩序。《周易·系辞上》指出圣人“与天地相似，故不违；知周乎万物，而道济天下，故不过。旁行而不流，乐天知命，故不忧。安土敦乎仁，故能爱”。因而，圣人有德有才，可据天道解决人类社会的秩序构建问题。位则是圣人建制的客观条件。制礼作乐是圣人对于人类秩序的规整，这不仅需要德的厚重，也需要位的权威，二者不可或缺。比如孔子，虽有圣人之德，但无圣人之位，同样不能建制以实现天下有道。《中庸》指出“非天子，不议礼，不制度，不考文”，对于秩序的建构，内圣外王要合一才可。《论语·为政》“为政以德，譬如北辰，居其所而众星共之”中的北辰，不仅有德，还有北辰这个位，居其所，众星才会拱之。有位，德的影响力才能发挥到最大，正所谓《中庸》所云：“虽有其位，苟无其德，不敢作礼乐焉；虽有其德，苟无其位，亦不敢作礼乐焉。”同时，“大德必得其位”，有德有位，有位有德，二者统一，才能建立良好的社会秩序。

3. 穷达以时

伦理秩序的构建是一个复杂的过程，具备了根源性的天，建制的圣人也并非一定就可实现人伦的确立。时与命的因素在人伦秩序的建立中也起着不可小觑的作用。

“时”原指自然节律之变化，《逸周书·周月解》中云：“凡四时成岁，有春夏秋冬。”指天的运行，规定着四季的自然秩序，同样也可用于人类社会秩序的规整，具有人文的意义，指主体活动的时机或者时势。“命”指自然肉身的存在，又指命运，超出人力的掌控，宿命、命定，等等，与天有关。时与命与天有关，都可应用于人类秩序的构建，不同在于时影响着秩序构建的过程，而命影响的则是结果。

孔子对命进行了论述，《论语·宪问》中记载了这样一件事，当有人将公伯寮毁谤孔子的事情告诉他时，孔子认为“道之将行也与，命也；道之将废也与，命也。公伯寮其如命何！”道的实现与否取决于命，命有一定的主宰性。在孔子的思想中，命有两种含义，天命和时命。天命是有目的指向的，作为公正的天道，处于支配地位，是人的价值信念的终极源头。而时命则是外在的限制，为盲目的必然，由时势、时运决定。孔子在卫国没有被重用，在晋国也没有，因而望洋兴叹。面对不济的时命，孔子常常流露出悲怆感，《子罕》记载晚年时他叹曰：“凤鸟不至，河不出图，吾已矣夫。”虽然孔子承认时命的外在限制，但他并不是消极等待，而是积极努力，认为时命只是暂时的、偶然的，天道是公正的，具有支配意义，人可从时命中得到磨炼，进而成就君子，《尧曰》就指出：“不知命，无以为君子也。”因而，时命对于位有很大的影响。《唐虞之道》载：“古者尧生为天子而有天下，圣以遇命，仁以逢时，未尝遇〔贤。虽〕秉于大时，神明将从，天地佑之，纵仁圣可举，时弗可及矣。”尧能拥有天子之位，有伟大的功业，离不开时命。作为超人力的因素，时命在秩序构建中有限制性的作用，直接决定着能否实现秩序构建的预期目标。《穷达以时》也指出：“有其人，无其世，虽贤弗行矣。”舜遇尧，管仲遇齐桓公，百里奚遇秦穆公，孙叔敖遇楚庄王，等等，都展示了时的外在限制作用。因而，圣人要实现秩序的构建，也不可逃开时的影响。

对于时和命，人类当然不是被动地接受。圣人的作用就在于知天知命，制天命而用之。圣人有主观能动性，有自我动机，表现在现实层面就是时行。《五行》云“五行形于内而时行之”，《孟子·万章下》载孟子称孔子为“圣之时者”，价值主体在具体的境遇下有自主的行动选择力，根据现实适时而变。《论语·公冶长》云：“邦有道，不废；邦无道，免于刑戮。”有道有有道的方法，无道有无道的方式，所以《泰伯》载孔子提出：“危邦不入，乱邦不居。天下有道则见，无道则隐。”合宜的行为随时而变，穷达都以时，充分发挥主体的积极性，以确定最合宜的伦理秩序。

社会伦理并不是单独的礼制，它关涉天、人、物等各个方面。因而，在伦理构架的过程中，不仅要以天为终极根源，还要注意到时命的因素。承天之所降大常，充分发挥圣人制礼作乐的社会功能，以德称位，建立和谐有序的人伦秩序。

## 三、仁义之辨

“仁”“义”是儒家较为重要的概念，郭店儒简作为孔孟之间的重要文献，其仁义观可从人性与人伦两个角度来理解。从人性的层面来看，郭店儒简从发生学的角度探究道德的根源，仁和义作为人类的情感与道德，内在于人性之中，仁义内在。从人伦的层面来看，郭店儒简从实践论的角度提出以仁内义外的途径构建和谐的人伦秩序。仁内用于家族伦理的构建，义外则用于社会伦理的架构。郭店儒简主张仁义互证、仁义同用，就人性与人伦而言，仁义内在与仁内义外是统一的，二者践行了儒家所追求的内圣外王之道。

### 1. 仁义内在

春秋战国时期，社会动荡不安，礼崩乐坏，原有的社会秩序受到前所未有的冲击。尤其是战国时期，人民存在着深深的生命忧患，宗法制进一步松动，社会变动加剧。面对这一时代课题，百家争鸣，各家纷纷发表自己的见解，以探寻道德伦理的普适性。儒家以外，道家主张道法自然；法家认为没有亲疏贵贱之别，一切都依赖法来裁断；而墨家则主张“兼爱”“互利”。各种观点相互碰撞，相互交流，对仁义都发表了自己的看法。对于儒家的仁义观，老子提出“大道废，有仁义”。庄子也对仁义是否为人之性提出疑问，进而主张人性本于自然。法家则认为人性皆自利，《韩非子·难二》就记载：“好利恶害，夫人之所有也……喜利畏罪，人莫不然。”墨子对儒家仁的差等性持不同意见，以“兼以易别”的准则主张兼相爱、交相利。这一外在的社会背景促进了儒家仁义观的进一步发展。

面对失序的社会和各家的质疑，儒家力图寻求道德产生的根源，消弭仁与义二者内外相分的间隙，对道德的探究向内转，从内在情感意识入手，在道德生发机制中进一步扩大其普遍性，从人性的角度进行理论创新。

孔子在西周天命观和礼乐教化的基础上，提出了仁的概念。《颜渊》指出“为仁由己，而由人乎哉”，揭示了仁的内在性。因而，《阳货》中子贡说夫子的文章可得而闻，但是夫子的性与天道“不可得而闻也”。然而，仁是否是人之性，孔子并没有明确指出来，没有将仁心性化。对于义，孔子多将其与利相对来讲，《里仁》指出“君子喻于义，小人喻于利”，《宪问》又指出“见利思义”，等等，义在孔子的思想中也是一种普遍性的德，超越利之上。与仁一样，孔子对于义也没有明确是从哪里产生的。

郭店儒简从人性的角度阐释仁义观，认为仁义内在于人性，并从发生学的角度找到了存在的根源，打通了天命、天道、心性与仁义的关系。在郭店儒简中，仁字从身从心，义字从我从心，可见，二者均与心相关，是内在于心的道德情感。对于郭店儒简人性论的解读有两种观点，李泽厚、梁涛认为性是自然人性，“后儒直到今天的现代新儒家，对‘人性’和‘天命’的道德形而上学的阐释，似乎值得重新考虑。”[①]另一种观点则是认为性是内在的天命之性，有向善的倾向。郭齐勇就提出：“在以‘喜怒哀悲之气’和‘好恶’来界定‘性’的同时，申言此性是天命的，是内在的，实际预涵了此能好人的、能恶人的‘好恶’之‘情’

① 李泽厚：《初读郭店竹简印象纪要》，载《中国哲学》（第 21 辑），辽宁教育出版社，2000，第 2-3 页。

即是‘仁’与‘义’的可能，‘仁’‘义’是内在禀赋的内容。”[①]从发生学的意义上来看，郭店儒简对道德价值的根据作了进一步的探讨，认为仁义作为道德是内在于人性当中的。《物由望生》指出“仁生于人，义生于道。或生于内，或生于外”，从人性的根源来讲，仁生于人好理解，仁作为人性是内在于人的，仁有人性的内在根源性，生于人性之内。而义生于外，这一个外字颇为费解。外是否与人没有关系，指人之外或者性之外呢？其实这句话本身就已经明示外指的是“道”。竹简中有“义，天道也”之说，并且《五行》和《父无恶》分别指出“德，天之道也”“义生于道”，由此就可推导出义是建立在天道基础之上的德行。而性与天道又是贯通的，孔子提出“天生德于予”，《中庸》更明确了天命规定人性，“天命之谓性”，从理论上把性与天道明确统一起来。在这一意义上，义和仁一样也是作为人性而出现的。作为人之德性，仁生于人，亲亲爱人，指向是他。义生于外，有正我的作用，指向是我。仁和义是两种适用范围与重点不同的德行，仁之于人，义之于我，“仁之法在爱人，不在爱我。义之法在正我，不在正人。我不自正，虽能正人，弗予为义。人不被其爱，虽厚自爱，不予为仁”[②]。仁施于人，是往，义责于我，是来，二者都是德性，因而可以说，仁义内在于人性当中。

郭店儒简从道德论上讲，明确提出了仁义内在，《五行》集中从人性的角度展示了郭店儒简的仁义观，指出仁义形于内的问题。

> 仁形于内谓之德之行，不行于内谓之行。义形于内谓之德之行，不形于内谓之行……德之行五和谓之德，四行和谓之善。善，人道也。德，天道也。

仁、义、礼、智、圣形于内时就称为“德之行”，五者在“和”的状态下就称为“德”，简文又云“德，天道也”。由此可知，仁义均为人性当中的德行，是内在于人性之中的。君子则是“五行皆形于内而时行之”之人，这里，仁与义都是作为

① 郭齐勇：《郭店儒家简与孟子心性论》，《新闻与传播评论》1999年第5期，第24页。
② 董仲舒：《春秋繁露·仁义法第二十九》，叶平注译，中州古籍出版社，2010，第87页。

人性内在于人的,为性善论作了充足的准备。对于仁义如何生于内、形于内,《五行》还有详细描述:

> 颜色容貌温变也。以其中心与人交,悦也。中心悦旃迁于兄弟,戚也。戚而信之,亲【也】。亲而笃之,爱也。爱父,其继爱人,仁也。■
>
> 中心辩然而正行之,直也。直而遂之,肆也。肆而不畏强御,果也。不以小道害大道,简也。有大罪而大诛之,行也。贵贵,其等尊贤,义也。

"以其中心与人交"表明了仁是发自于内心的情感,容貌就温和,这种喜悦之情起于兄弟就是亲切,继而爱自己的父母,然后推至其他人,这就是仁。"中心辩然"一句中的"辩"应该是"辨",《说文解字》云"辨,判也","判,分也",辨则为分,而分出自内心,所以说,义是出自内心的分别,发端于自我中心。内心辨然就可区分是非曲直、善恶贵贱、大道与小道,果敢地行动,就是义。《五行》接下去又一次对仁义形于内进行了论证:

> 不变不悦,不悦不戚,不戚不亲,不亲不爱,不爱不仁。■
> 不直不肆,不肆不果,不果不简,不简不行,不行不义。■

这里呼应了前文对于仁义的论述,进一步论证仁义是内在于心的,仁源于爱亲,义源于分别,仁和义都是由中心发端,内在于人性之中的,仁义内在。

及至孟子,明确指出了仁义内在于人,《公孙丑上》曰:"恻隐之心,仁之端也;羞恶之心,义之端也。"孟子将道德情感仁和义和人心紧密联系在一起,作为先天的德行内在于人,成为人性,指出了道德的人性根源,内在的仁义发于外并推己及人,确立了性善论,明确仁义内在。

同样从人性的角度阐释仁义观,郭店儒简不同于告子的仁内义外之辨。对于告子提出的仁内义外,学术界有人心、人我内外及门内门外等不同的看法,告子内外究竟指什么,其实"食色性也"一句准确地交代了告子是从人性的角度来讲的，通读《孟子》，尤其是《告子上》和《告子下》两篇，就会发现告子的问题在于混淆了道德判断和事实判断，认为义产生于外在客体，以它者的存在为前提，还需要一定的社会关系，与主体却没有任何关系。“此义虽为吾人之心之所能知，而却初非原自吾人之性。”[①]就像李景林所指出的那样，割裂了情感生活与道德普遍性，引出人性“白板论”，有些唯理论的意味。[②] 而郭店儒简则是认为仁义作为道德，内在于人性之中，以情感诸如爱敬、果敢、刚毅等为前提，从道德的立场观察人及其活动，彰显人之为人的尊严。所以孟子与告子展开了激烈的争论，认为义之敬也发于心。

从人性的角度观照仁义，将道德的起源追溯到上天赋予人性，使之超越特殊性成为普遍的德性，是儒家一直以来所致力的事情。

2. 仁内义外

在郭店儒简中，仁义不仅“形于内”，还有“不形于内”的情况。当仁义礼智不形于内的时候，就称之为行，四行和谓之善。“善，人道也”，是德之行在人类社会中的具体体现。套用《中庸》里已发未发的讲法，德之行是未发的状态，是道德行为的依据，而行则是已发的状态，是道德行为活动，解决人的问题，以期实现君子人格。君子贯通天道与人道，《教》云“君子治人伦以顺天德”，最终实现社会秩序的和谐。这一意义上的仁义观，是从人伦的角度来阐发的。

孔子的仁先天带有等差性，仁者爱人，这里的爱由爱己、爱亲推演到爱人，仁的等差性本身就蕴含了定亲疏、别同异的礼的意义。因而，在孔子的思想中，仁是内在之本，礼为仁的外在体现，《礼记·曲礼上》云“道德仁义，非礼不成”，二者共同作用于社会不同等级、类别的人群，以建立人类社会中的规范制度。君君、臣臣、父父、子子，仁作为礼的道德依据建立外在性的伦理规范，以此来构建伦理规范及社会准则。郭店儒简沿着这一路向从伦理的角度较为详尽地阐释了当时的仁义观。因而，可用仁内义外来概括。

---

① 唐君毅：《中国哲学原论·原性篇》，中国社会科学出版社，2005，第12页。

② 李景林：《伦理原则与心性本体——儒家“仁内义外”与“仁义内在”说的内在一致性》，《中国哲学史》2006年第4期，第27-33页。

郭店儒简提出用仁内义外的实践方法构建和谐的人伦秩序，仁内用于家族伦理的构建，义外则用于社会伦理的架构。每个人各司其职、各安其位，就可实现《尊德义》中所描述的“明乎民伦”。在民伦中最基本的当属六位关系，这六种人伦处理好了，社会即可达到大治。因而，《六位》专门讲如何处理六位的问题。

仁，内也。义，外也。礼乐，共也。内立父、子、夫也，外立君、臣、妇也。疏斩布绖杖，为父也，为君亦然。疏衰齐牡麻绖，为昆弟也，为妻亦然。袒免，为宗族也，为朋友亦然。为父绝君，不为君绝父。为昆弟绝妻，不为妻绝昆弟。为宗族疾朋友，不为朋友疾宗族。人有六德，三亲不断。门内之治恩掩义，门外之治义斩恩。

简文明确提出了仁和义是内与外的关系，并且是门内与门外的关系，强调了处理家族伦理与社会伦理的标准。宗法制社会，以血缘为纽带来判定人与人之间的亲疏远近，所以处理人际关系，父、子、夫为内，指家族之内，随着血缘的淡薄，又提出了君、臣、妇为外，指家族之外，内外之间，在宗法制背景下，有了事情，肯定是要先处理家族内的，之后再是外。比如这里的父权大于君权，涉及的父与君的关系问题实际上是家族伦理与社会伦理的关系。

这里还有一个字对于分析父与君的关系有着重要的作用，那就是“绝”。李存山认为绝是决裂、决绝，是“明确讲父子关系高于君臣关系”[①]的文字，姜广辉则认为绝字“有不为君主攻伐政策作牺牲之意”[②]。关于绝字是什么意思，我们不能割裂它所处的语境而单单分析这一个字，观照其前后的语境结合《仪礼・丧服》可知，“疏斩布绖杖”“疏衰齐牡麻绖”和“袒免”都是丧礼中的专用词，此段作为丧服制度来理解则更为合适。通过丧服之制，传递出父与君也是家族伦理与社会伦理的关系问题。古代丧服根据生者与死者的关系而有所

① 李存山：《先秦儒家的政治伦理教科书——读楚简〈忠信之道〉及其他》，《中国文化研究》1998年第4期，第23页。

② 姜广辉：《郭店楚简与〈子思子〉——兼谈郭店楚简的思想史意义》，《哲学研究》1998年第7期，第59页。

不同，恩重者丧服重，恩减者丧服轻。血缘的亲疏远近在丧服上体现得较为清楚，宗法制下的伦理关系一目了然。那么，回过来看，古代存在着前丧还没有服满而后丧又至的情况，而当父丧与君丧发生冲突时，父子血亲是宗法制的起点，应以为父服丧为重。所以，为父绝君，而不为君绝父。

从丧服所体现的伦理规则可窥当时整个社会伦理之一斑，丧服制度是社会普遍思想的一个具体体现，为处理家族与社会伦理问题的缩影。《说苑·修文》中也记载了齐宣王与田过讨论君丧与父丧孰重的问题，田过认为父丧重于君丧，齐宣王忿然无以应。虽然家族伦理重于社会伦理是当时较为流行的普遍认识，但是，这里还有一个不容忽视的问题，齐宣王听到父丧重于君丧时的反应是“忿然”，也就是说，君权在那时已经有了与父权相抗争的趋势，家庭伦理先于社会伦理的现状受到挑战。郭店儒简《六位》中也有了“为君亦然”的说法，为父服丧，理论上，为君与为父一样。战国中期，宗法制松动，依靠血缘亲情而建立的伦理受到了挑战，陌生人之间的血缘为零，因而，把家族内的伦理硬搬到社会中去则是不适应的。这时，社会伦理就不能仅仅从家族亲情出发，还应根据社会关系的类型，从祖宗之外入手，构建一种新型的社会伦理准则。由此，义的地位上升，以义裁仁，君权得到了强化。所以，门内之治用的是“掩”，而门外之治用的是“斩”，语气不同，意义不同，义有凌驾于仁之上的趋势。郭店儒简一方面在论述为父绝君，另一方面又传递了君权大于父权的信息，在人伦方面的这种仁义观正是当时社会现实的一种反映而已，恰恰是这种父与君关系的伦理，家族伦理与社会伦理之间的这种张力，反映出当时周文疲弊，宗法制受到冲击，社会需要构建新的人伦规范这一现状。

在人伦建构上，即便是坚持仁义内在的孟子，也不反对仁内义外的治理方法。孟子区分了仁和义在人伦秩序中的不同作用，在《尽心下》明确提出仁与义的不同适用范围，“仁之于父子也，义之于君臣也”，在《尽心上》中孟子还就具体的例子来发表了自己看法。

> 桃应问曰：“舜为天子，皋陶为士，瞽瞍杀人，则如之何？”孟子曰：“执之而已矣。”“然则舜不禁与？”曰：“夫舜恶得而禁之？夫有所受之

也。""然则舜如之何?"曰:"舜视弃天下,犹弃敝蹝也。窃负而逃,遵海滨而处,终身䜣然,乐而忘天下。"

孟子在这段话中对于父与君的关系给出了他的看法,舜作为天子时,是社会身份,因而施行门外之治,将父亲依法处置。一旦回到家里,注重的则是家族亲情,即奉行门内之治,亲情重于一切,家族与社会是两个不同的对象,因而仁与义的关系在不同情况下有不同的表现,这也正是仁内义外在伦理中的具体应用。

郭店儒简主张仁义互证、仁义同用,二者不存在哪个更重要的问题,作为人伦准则的仁与义只是应用范围不同而已。仁适用于处理家族内的事务,义则适用于处理家族外的社会事务,《六位》云"亲父子,和大臣","非仁义者莫之能也"。发挥仁与义不同的作用,每个人各司其职、各在其位,以构建和谐的社会秩序。仁为亲亲之情,而义主要适用于血亲之外,在古老的血缘为核心的伦理秩序受到挑战的背景下,义属于后起,二者有别。但是作为社会伦理,共同为社会的伦理秩序起着作用,没有孰轻孰重之分,《物由望生》简文云:"〔厚于仁,薄〕于义,亲而不尊。厚于义,薄于仁,尊而不亲。"单独做到仁或者义都不是较为理想的状态,如《礼记·表记》所云:"仁者,人也;道者,义也。厚于仁者薄于义,亲而不尊,厚于义者薄于仁,尊而不亲",理想的伦理应是追求臻于至仁至义的境界。《唐虞之道》有如下记述:

> 尧舜之行,爱亲尊贤。爱亲故孝,尊贤故禅。孝之施,爱天下之民。禅之传,世亡隐德。孝,仁之冕也。禅,义之至也。六帝兴于古,皆由此也。爱亲忘贤,仁而未义也。尊贤遗亲,义而未仁也。

爱亲因而孝,应用于家族伦常,尊贤所以禅,适用于社会伦理。人不仅是家族的分子,同时还是社会的分子,人伦中包含有家族伦理和社会伦理。爱亲与尊贤相结合,仁与义共同作用方可构建家族内与外和谐的人伦秩序。《中庸》云:"仁者人也,亲亲为大,义者宜也,尊贤为大。"作为儒家所追求的伦理,是仁义道德在社会中的实践,在人伦中的应用为仁内义外。

儒家仁义之辨是历来较受关注的一个问题，或云仁内义外，或曰仁义内在，郭店儒简处在孔孟之间，作为孔孟之间的桥梁，从人性与人伦两个方面体现了当时的仁义观，从发生学的角度主张仁义内在，而在实践论上又在处理家族与社会关系时提倡仁内义外。从表述上来看仁内义外与仁义内在不同，其实二者并没有矛盾，一是表述人性，一是表达人伦，二者是圆融的。仁义既为人内在的本性，又是处理家族与社会关系的人伦准则，郭店儒简仁义观是从人性与人伦两个方面来阐释的，是孔子仁义观向孟子仁义内在过渡的一个环节，值得深入研究。

## 第三节　“六位”的意义

### 一、社会意义

春秋战国之际，经济上初税亩首次在鲁国出现，标志着土地私有的出现，井田制开始解体。政治上周天子权力式微，郡县制出现，以血缘关系为纽带的分封制开始瓦解。诸侯战争不断，选贤与能，贵族世袭制被打破。社会处于动荡之中，急需新的秩序来维持社会的运行。而此时的六位，则是提出了人伦中最基本的六种人伦秩序，为构建和谐的秩序奠定了基础。

这一时期是以血缘为纽带的宗法制社会，天子是国君又是宗族主，宗族内的子弟被分封到各地为诸侯，“以各级族长为领导核心的宗法制度，十分明显，是由父系家长制的氏族组织变质和扩大而成。”① 在整个社会中，亲亲与尊尊是统一的，也就是说，这种情况下，孝可移于忠，二者实为一体。但春秋时期礼崩乐坏，周王室衰微，群雄逐鹿，异族的君臣关系开始出现，并有抬头之势。血亲受到前所未有的挑战，等级名分也出现了空前的危机，宗族与政治出现了疏离，传统宗族伦理很难维系社会的正常运转。于是在孔子正名思想的影响下，郭店儒简对礼制有了一次超越性的发展，提出六位，以示人伦。每个人各在其

① 杨宽：《先秦史十讲》，复旦大学出版社，2006，第190页。

位，各行其职，各安其分，各守其德。社会各等级做好自我本分，结合亲亲与尊尊，在内在宗族伦理与外在政治伦理结合的基础上，又对六位进行内在整理，提出内外与上下之别。

六位中的位分内外，在亲亲的基础上又提尊尊，《六位》云："内立父、子、夫也，外立君、臣、妇也。"彭林总结为内三位与外三位之说。内三位为父、子、夫，外三位为君、臣、妇。[①] 在个体家庭中，男性处于主导地位。子作为家庭的延续，与父、夫一起划归到内三位之中。而妇为外姓，与家庭没有血缘关系，因而划归到外三位之中。战国时期，君臣之间的关系已经突破了亲亲的宗法关系，以社会关系论，归于外三位。由此可见，以宗法制的血缘为标准，六位有内外之分。就道德规范而言，与位相同，也分内外。"仁，内也。义，外也。"内为家庭伦理，而外则是体现社会伦理，正如《中庸》所言："仁者人也，亲亲为大。义者宜也，尊贤为大。亲亲之杀，尊贤之等，礼所生也。"仁处理的是家庭关系，义对应的是社会关系，一为内，一为外，发生冲突时"门内之治恩掩义，门外之治义斩恩"，不同情况据不同的原则。

以社会关系为依据，六位又有上下三位之分。就六职而言，"有率人者，有从人者；有使人者，有事人〔者；有〕教者，有学者。"而道德中也存在着"圣生仁，智率信，义使忠"这一情况。在行为准则及道德关联中，六位六职六德也存在着上下之分，参考谢耀亭的《郭店简〈六德〉篇探析》一文中所列的图更能直观地展示位之上下的区分。[②]

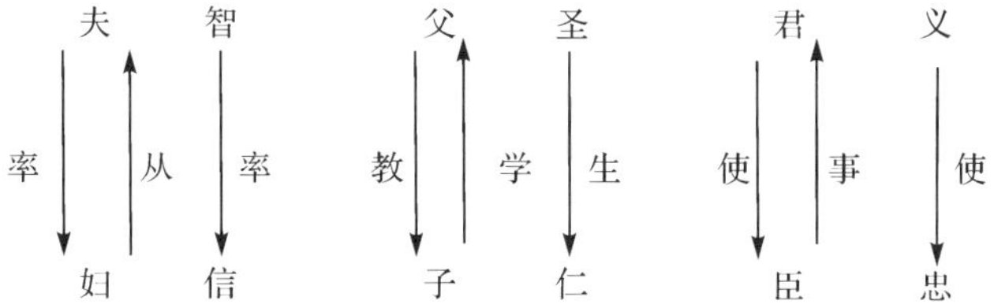


① 彭林：《再论郭店简〈六德〉"为父绝君"及相关问题》，《中国哲学史》2001 年第 2 期，第 97-102 页。

② 谢耀亭：《郭店简〈六德〉篇探析》，《陕西师范大学学报》（哲学社会科学版）2012 年第 1 期，第 63 页。

上三位：夫（智）父（圣）君（义）

下三位：妇（信）子（仁）臣（忠）

如上图所示，从六职来看，三组之间是两两相对，相互动的，并不是单方面的决定或者被动接受。夫与妇之间是率与从，父与子之间为教和学，君和臣之间为使与事。在上下三位区分中，将外三位中的君位和臣子作了调整，凸显的是打破血缘以更好地适应社会运行，以社会关系为主。但是就德来讲，智对信，圣对仁，义对忠是单向的率、学、使，并没有反向的互动。不过，这种单向的主导都是有前提的，只有君义，臣才会忠，以夫智为前提，妇才信，父圣而子才仁。也就是说，以义为前提才可使忠，智为前提才能率信，圣为前提才可生仁，没有道德作为前提，社会关系中的上下三位就没有存在的前提。虽然六职互动，但上三位也有明显的主导性，下三位有受动性。有了六德的前提，处理好了社会就会“夫夫、妇妇、父父、子子、君君、臣臣，此六者各行其职，而谗谄蔑由作也”，家国同构的社会就会安定团结。因而《六位》提出：“男女别生言，父子亲生言，君臣义生言。”男女别、父子亲、君臣义作为立身三大法演绎开去，“其绎之也六”，为“父圣子仁，夫智妇信，君义臣忠”，圣仁智信义忠为六，六又演绎，“其衍十又二”，为“夫夫、妇妇、父父、子子、君君、臣臣，此六者各行其职”，三法、六绎、十二衍，三者相近，天登大常，以德称位，各行其职，名有其实，有序的社会伦理就确立了。

2. 对丧礼的影响

在古礼制中，最重要的是丧礼，其服制和服术较为详尽地展示了人与人之间的亲疏远近关系。《六位》特以丧礼为例，来反映社会的现实，意在匡救时弊。

《六位》对于丧礼有大篇幅集中地描述：“疏斩布绖杖，为父也，为君亦然。疏衰齐牡麻绖，为昆弟也，为妻亦然。袒免，为宗族也，为朋友亦然。为父绝君，不为君绝父。为昆弟绝妻，不为妻绝昆弟。为宗族疾朋友，不为朋友疾宗族。”这段有关丧服的描述与《仪礼·丧服》可进行对照，简文云：“疏斩布绖杖，为父也，为君亦然。”《丧服》有云：“斩衰裳，苴绖杖、绞带、冠绳缨、菅屦者。诸侯为天子，君，父为长子，为人后者。妻为夫，妾为君，女子子在室为父，布总，箭笄，髽，衰，三年。子嫁，反在父之室，为父三年。公士、大夫之众臣，为其君布带、绳屦。”就丧服斩衰而讲，简文虽略去了冠绳缨、菅屦等，但二者基本是一致的，理论上为父与为君相同。接着，对于齐衰，简文云：“疏衰齐牡麻绖”，《丧服》中也指出“疏衰裳齐，牡麻绖，冠布缨，削杖，步带，疏屦”。对于昆弟则不杖。《六位》只讲“疏衰齐牡麻绖，为昆弟也，为妻亦然。”省去了削杖等，但就齐衰来讲还是一致的。再者就是袒免。竹简云：“袒免，为宗族也，为朋友亦然。”简文本身的注释就引用了《丧服》“朋友，皆在他邦，袒免，归则已”。由此可知，《六位》是依据《丧服》而作了一些具体的丧礼，与古丧礼相一致。但《六位》中也出现了和丧礼相冲突的情况，与古礼不尽相同。

就父与君而言，简文云：“为君绝父，不为父绝君”，宗法制的起点为父子关系，即使天子也有父母，因而《中庸》提出：“三年之丧达乎天子。父母之丧无贵贱，一也。”父丧重于君丧，当二者发生冲突时，应服父丧绝君服。对父君之丧孰轻孰重的问题，古礼书于此却有不同的见解。《礼记·曾子问》载：“曾子问曰：‘大夫、士有私丧，可以除之矣，而有君服焉，其除之也如之何？’孔子曰：‘有君丧服于身，不敢私服，又何除焉！于是乎有过时而弗除也。君之丧服除，而后殷祭，礼也。’”这里，当父丧与君丧发生了冲突，孔子却主张不敢私服。陈澔的《礼记集说》指出：“君重亲轻，以义断恩也。”孔颖达《礼记正义》也云：“成丧服为重始，除丧服为轻末，在亲始重之日，尚不获伸，况轻末之时而可行乎？”可见，《六位》所言与古礼正相反。

就妻与昆弟而言，简文主张“为昆弟绝妻，不为妻绝昆弟”。在《丧服》中的记载是妻丧是杖期，而昆弟丧却是不杖期，杖期高于不杖期，妻之丧服高于昆弟丧服。彭林曾提出杖为辅病的工具一说，[①]如此一来，就与礼别亲疏不甚相符。由此可见，妻与昆弟的关系又与《六位》中所言截然相反。至于袒免，《六位》认为是宗族、朋友之丧服，但《礼记·丧服》却认为“朋友皆在他邦，袒免，归

① 彭林：《再论郭店简〈六德〉“为父绝君”及相关问题》，《中国哲学史》2001年第2期，第101页。

则已。朋友,麻”。就丧服而言,朋友相为的丧服不是袒时之免,而是麻。免,是丧礼时去冠所着之免,为宽一寸左右的布条,自项中向前,交于额上,并不是丧服。因而,袒免不是正服,《丧服》所云麻为正服。此与《六位》所传递的意思也不相符。

特将《六位》所言丧服制与古礼中的丧服制列表(表 6-1)如下,以更直观的方式分析二者的不同。

**表 6-1 《六位》与古礼丧服制的不同**

| 出处 | 父与君 | 妻与昆弟 | 宗族与朋友 |
| --- | --- | --- | --- |
| 《六位》 | 为父绝君<br>不为君绝父 | 为昆弟绝妻<br>不为妻绝昆弟 | 为宗族疾朋友<br>不为朋友疾宗族 |
| 古礼 | 不敢私服<br>以义断恩<br>君重亲轻 | 妻丧杖期<br>昆弟不杖期<br>妻丧高于昆弟丧 | 朋友皆在他邦,袒免,<br>归则已<br>朋友,麻 |

《礼记》与郭店儒简同为孔子后学所撰,或强调尊尊亲亲,或强调亲亲尊尊,说法并不一致,不能依据某一个来作为君权与父权哪个较重的比较依据。笔者认为《六德》表现出来的亲亲重于尊尊,当是有感而发,目的是匡救时弊。因为战国时期礼崩乐坏,出现了很多不从旧礼的情况,就丧礼而言,有些人趋炎附势而轻简亲丧,重尊尊而轻亲亲。子思学派承袭亲亲尊尊的固有观念,公然倡导为父绝君、为昆弟绝妻、为宗族疾朋友,强调亲亲重于尊尊的理念。

自古以来,天子、诸侯、大夫、士对于父丧服并没有不同,据《孟子·滕文公上》记载:“三年之丧,齐疏之服,飦粥之食,自天子达于庶人,三代共之。”但是战国时期为乱世,不同阶层的父丧有不同的标准,《礼记·杂记上》曰:“大夫为其父母兄弟之未为大夫者之丧,服如士服。士为其父母兄弟之为大夫者之丧,服如士服。”大夫、士各有各的丧服,出现了丧服上的差别。《六位》不依《丧服》为据,反而与之向背而行,不论礼之通则,专述特殊之情况,应是有讽喻现实之义,为了惩戒乱世身为大夫以上丧父、丧君轻凉慢礼之失,以匡救时弊,构架和谐的伦理秩序。

## 二、对后儒的影响

《六位》的主旨在于伦理的构建，虽重德，但是作为礼的内在支撑，这一点直接影响了荀子。

及至贾谊，在《新书·道德说》中云："德生理，通之以六德之华离状。六德者，德之有六理。"虽没有明确六德为何，但是贾谊却指出了六理为"道、德、性、神、明、命"，又在《六术》中指出何为六行，"人有仁、义、礼、智、信之行，行和则乐兴，乐兴则六，此之谓六行"。无论内容还是思维模式，贾谊的著作中都有郭店儒简的影子，仔细分析，大体上有三个方面。

其一，贾谊的《六术》以《五行》为依据。在帛书本《五行》出土以后，就有学者指出贾谊的《新书》以《五行》为据。五行为仁、义、礼、智、圣五行，而《六术》中讲到六理、六法与六德："德有六理。何谓六理？道、德、性、神、明、命。此六者，德之理也。六理无不生也，已生而六理存乎所生之内。是以阴阳、天地、人尽以六理为内度，内度成业，故谓之六法。六法藏内，变流而外遂，外遂六术，故谓之六行。是以阴阳各有六月之节，而天地有六合之事，人有仁、义、礼、智、信之行，行和则乐兴，乐兴则六，此之谓六行。"[①]六理藏六法，而六行又本于六法，贾谊论述了六理、六法与六行的关系，《五行》中虽没有这样的论述，但是，六行的内容与五行相似，再者对于六理的论述也和《五行》如出一辙。在《道德说》中贾谊对六理进行了论述，指出"德有六理，何为六理？曰：道、德、性、神、明、命。此六者，德之理也。诸生者，皆生于德之所生；而能象人德者，独玉也。写德体六理，尽见于玉也，各有状，是故以玉效德之六理。泽者，鉴也，谓之道；腒如窃膏谓之德；湛而润厚而胶谓之性；康若泺流谓之神；光辉谓之明；岩乎坚哉谓之命。此之谓六理。鉴生空窍，而通之以道。德生理，通之以六德之华离状。六德者，德之有六理，理，离状也。"[②]贾谊以玉比德，正如《五行》一样，将

① 贾谊：《新书》，方向东译注，中华书局，2012，第257页。
② 贾谊：《新书》，方向东译注，中华书局，2012，第264页。

玉和德相联系，以玉色、玉音来比喻德之状态。可见，贾谊是在《五行》的基础上进行改造，进而提出六行说。

其二，贾谊汲取六德的思想资源，论述六术。《六位》不仅指出了六德，还阐明了六德体现于六艺。"故夫夫，妇妇，父父，子子，君君，臣臣，六者各行其职，而谗谄无由作也。观诸诗、书则亦在矣，观诸礼、乐则亦在矣，观诸易、春秋则亦在矣。"贾谊在《六术》中也讲到了德体现于六艺，"先王为天下设教，因人所有，以之为训；道人之情，以之为真。是故内本六法，外体六行，以与《诗》、《书》、《易》、《春秋》、《礼》、《乐》六者之术以为大义，谓之六艺。令人缘之以自修，修成则得六行矣"①。不止这一处，《道德说》对此也进行了详细的阐释："六理、六美，德之所以生阴阳、天地、人与万物也，固为所生者法也。故曰：道此之谓道，德此之谓德，行此之谓行。所谓行此者，德也。是故著此竹帛谓之《书》，《书》者，此之著者也；《诗》者，此之志者也；《易》者，此之占者也；《春秋》者，此之纪者也；《礼》者，此之体者也；《乐》者，此之乐者也。"②可见，贾谊在著《新书》时，受《六位》的影响，随处可见《六位》的影子。

其三，不仅内容，《六术》在思维方式上也受《六位》的影响。《六位》就丧服有大篇幅描写，"为父绝君，不为君绝父。为昆弟绝妻，不为妻绝昆弟。为宗族疾朋友，不为朋友疾宗族。人有六德，三亲不断"。而贾谊在《六术》中也有专门的一段文字，用来论父、昆弟、从父昆弟、从祖昆弟、从曾祖昆弟、族兄弟这六亲，思路上和《六位》类似，认为"亲之始于一人，世世别离，分为六亲"③。贾谊指出"六亲有次，不可相逾"④，犹如六位分上下内外是相同的思维逻辑，不可相逾。所以说，汉儒深受郭店儒简思想的影响。对于董仲舒，下面将着重论述。

另外，还有一件敦煌出土的《孝经注》残片也涉及六德的问题，徐少华的《郭店楚简〈六德〉篇思想源流探析》论及这一点。在《卿大夫章第四》中"非先

---

① 贾谊：《新书》，方向东译注，中华书局，2012，第 258 页。
② 贾谊：《新书》，方向东译注，中华书局，2012，第 266 页。
③ 贾谊：《新书》，方向东译注，中华书局，2012，第 260 页。
④ 贾谊：《新书》，方向东译注，中华书局，2012，第 261 页。

王之德行不敢行”注为：“古者六德之行，仁、义、礼、智、忠、信，是为六德。好生恶死曰仁；临财不欲，有难相济曰义；尊卑慎序曰礼；智深识远曰智；平直不移曰忠；信义可复曰信。”这里不仅指出仁、义、礼、智、忠、信为六德，并对六德分别进行了阐释。虽然这件敦煌出土的《孝经注》年代还不能确定，但应该不晚于唐与五代。六德一说源远流长，徐少华将各家之说排列了出来，[①]特整理列表（表6-2）如下，以更明晰地理解六德的发展脉络。

**表6-2　六德的发展变化**

| 出处 | 名称 | 内容 |
| --- | --- | --- |
| 《论语》 | 六言（德） | 仁、知、信、直、勇、刚 |
| 《周礼》 | 六德 | 仁、知、圣、义、和、忠 |
| 郭店儒简 | 六德 | 仁、智、信、义、圣、忠 |
| 《新书》 | 六行（德） | 仁、智、信、义、礼、乐 |
| 《孝经注》 | 六德 | 仁、智、信、义、礼、忠 |

六德作为一个历史范畴，截至唐五代还出现在典籍中，宋以后却基本上找不到类似的说法了。

## 三、从“六位”到“三纲”

六位的关系，应当在孔子晚年就已确立，《礼记·哀公问》中载孔子对哀公问政的回答：“夫妇别、父子亲、君臣严，三者正，则庶物从之矣。”孔子以六位作为为政的基础，六位提到的立身三大法与此相一致。《六位》中的思想，在立身的基础上，提出六艺、六位、六职与六德，以六艺为教，以德称位，各安其职，以实现社会的安定有序。不仅如此，郭店儒家还给出了六位的依据——天道。《教》云：“天登大常，以理人伦，制为君臣之义，作为父子之亲，分为夫妇之辨。是故小人乱天常以逆大道，君子治人伦以顺天德。”君臣义、父子亲、夫妇别，君

① 徐少华：《郭店楚简〈六德〉篇思想源流探析》，载武汉大学中国文化研究院编《郭店楚简国际学术研讨会论文集》，湖北人民出版社，2000，第376页。

子“慎六位以祀天常”，君义臣忠、父圣子仁、夫智妇信，君臣父子夫妇两两相对。于此，我们似乎可以看到三纲的雏形。

儒家重秩序的构建，《周易·序卦》中载：“有天地然后有万物，有万物然后有男女，有男女然后有夫妇，有夫妇然后有父子，有父子然后有君臣，有君臣然后有上下，有上下然后礼仪有所错。”《礼记·郊特牲》亦云：“男女有别，然后父子亲；父子亲，然后义生。义生，然后礼作。”郭店儒简中《六位》《教》《五行》等篇都论及秩序的构建，而尤以《六位》最为系统，六德、六位、六职、六艺，四个六环环紧扣，层层深入，系统又有条理。之后，孟子在《滕文公上》中就人伦秩序的进一步完善提出了自己的观点：“圣人有忧之，使契为司徒，教以人伦，父子有亲，君臣有义，夫妇有别，长幼有序，朋友有信。”在父子、君臣、夫妇的基础上，孟子又加入了长幼和朋友，丰富了三伦的内容，这一变化估计与当时社会背景下人类流动性较大有关。到了荀子，则对三伦加以强调，《王制》将君臣、父子、夫妇三伦认为是“始则终，终则始，与天地同理，与万世同久，夫是之谓大本。”君臣、父子、夫妇六位三伦是与天地万物相协调的，突出了秩序构建中的地位。之后，韩非也论及三伦，《忠孝》云：“臣事君，子事父，妻事夫。三者顺则天下治，三者逆则天下乱，此天下之常道也。”韩非的思想与之前儒家有关三伦的思想略有不同，他将处理好这三对关系作为天下顺逆之本，为天下治常。把三伦的关系中的人性化去掉，颇有冷峻的意味。接下去则是贾谊对此的发展。在《新语》中，贾谊关于三伦的言论大多集中在《君道》《官人》和《道术》中，对六位、六职也进一步解释，尤其是六术中，六行与六艺相配，又提出“道、德、性、神、明、命”六理，将六行、六位视为天地的通则，并引入阴阳的观念，进一步把秩序的构建系统化、抽象化。上文已有论述，此处不赘。董仲舒在此基础上，明确提出了“三纲”。《春秋繁露·基义》云：“天为君而覆露之，地为臣而持载之；阳为夫而生之，阴为妇而助之；春为父而生之，夏为子而养之；秋为死而棺之，冬为痛而丧之。王道之三纲可求于天。”董仲舒于此提出“三纲”的概念，并提出君、父、夫对臣、子、妇的单向主导性。但后世对三纲的“君为臣纲、父为子纲、夫为妻纲”所谓的论述不是出于董仲舒，而是后人进一步发展董仲舒的学说，在礼纬《含文嘉》出现，在《白虎通·三纲六纪》中正式提出。

从"六位"到"三纲"，经历了漫长的发展过程。六位是三纲的思想资源，但并不等同于三纲。二者论及的都是人伦关系，而且都是人伦中君臣父子夫妇这六种人伦关系。在论述时，进行了分组，两两相对，君臣、父子、夫妇，以三伦为核心进行论述。二者都以天为人伦的终极根源。郭店儒简提出"天登大常"，三纲指出"王道之三纲，可求于天"，天作为终极根源，三伦为天道在人类社会中的展现。但二者也有一定的区别，就划分来讲，郭店儒简以内外来分，指出"内立父子夫，外立君臣妇"。而《白虎通·三纲六纪》则是以阴阳来分，文中指出："君臣、父子、夫妇，六人也，所以称三纲何？一阴一阳谓之道，阳得阴而成，阴得阳而序，刚柔相配，故六人为三纲。"虽然二者之间划分的结果从外在来看相同，但是划分依据却是不同的，有不同的思想内核。郭店儒简用仁、义、圣、智、忠、信来处理伦理关系，仁内义外。而三纲则是以阴阳之道来处理伦理关系。董仲舒继承的不是六位真正的思想内涵，而是外在化的形式，结合吸收阴阳说，改造六位提出三纲。就双方关系来讲，郭店六位上下三位，双方是双向互动的，前文已有论述，虽然上三位对下三位有主导性，但下三位对上三位也有互动，不是单向的服从，父、夫、君位对子、妇、臣位有相应的责任和义务。庞朴突出过"三者顺"和"三者逆"的观点，指出郭店儒简注重准则对等，强调相互的义务。[①] 而三纲则不同，三伦上升为纲，强调的是单方面的服从，已然没有了郭店儒简中的人文关怀，强调的是冷峻的单方义务。《春秋繁露·基义》中记载："君不名恶，臣不名善，善皆归于君，恶皆归于臣。臣之义比于地，故为人臣下者，视地之事天也。"君臣关系绝对化，君、父、夫对臣、子、妇有绝对的权威性，利用阴阳分出高低，用于君主专制的统治之中。之后的统治者以统治的手段加强中央集权，逐渐形成两千多年的君主专制。

六位在以道德自我完满的基础上进行人伦秩序的构建活动，五行形于内，个人内在和谐，依六德六位而提，六职而设，六艺而教，关注个人外在的和谐，

① 庞朴：《本来样子的三纲——漫说郭店楚简之五》，《寻根》1999年第5期，第10页。

处理人与人之间的关系，力求实现人类社会的和谐有序发展。以教生德，以德称位，各安其位，各行其职，每个人做好自己，在伦理系统中处理好个体与他者的关系，环环相扣，层层深入，确保社会有序发展。

# 第七章　王道治略——人治的践行

伦理原则可放大应用于国家治理的范畴，郭店儒简在政治上主张王道德治，为历代所推崇，对中国古代政治产生了重大的影响，对维持封建社会的稳定也起到一定的作用。对于王道治略，主要从德治理念和执政方略两个方面展开论述，进而分析对孟子及荀子的影响。

## 第一节　德治理念

儒家王道德治的政治理念形成于西周时期，周人提出“明德慎刑”“为政以德”的观念，尚德、敬德，主张不滥罚无罪，为德治奠定了基础。《为政》载孔子提道：“为政以德，譬如北辰，居其所而众星共之。”随着郭店楚简的出土，不仅为我们研究中国古代德治思想提供了丰富的资料，也为我们揭示了先秦德治思想的真实面貌。纵观郭店楚简的德治思想，都强调统治者应加强内在的道德修养，依靠道德力量统治国家。而其中最为核心的是“为政以德”“忠信之道”及“大同理想”三个方面。

### 一、为政以德

郭店儒简主张以德称位，统治者要有与之相适应的德，以德治国，为政以德。具体到现实中就是主张统治者要有高尚的道德修养，以身作则，率先垂范，通过良好的道德感化与行为示范来教育和率领普通百姓，修齐治平，内圣而外王，从而达到良好的国家治理效果。

首先，郭店儒简关注统治者道德修养的提高。郭店儒简强调以德配位，对统治者自身道德提出要求。认为统治者身份的合法性与其高尚的道德相关。对于统治者的道德修养，要求先正其身。至于如何正身的问题，《教》给出了答案，就是要“求之于己”，即加强自身的道德修养，提高自己的人格素养和道德品质，达到以德配位的要求。郭店儒简指出，只有达到相应的德，才会有相对的位与之相配。作为统治者，具备了应有之德，其位才是合乎天道的。有德之人作为在位者，其治理的过程中才会倡导以德治国的理念，从而实现平治天下的政治效果。

郭店儒简强调“仁、义、礼、智、圣”五行之德。《五行》曰：“五行皆形于内而时行之，谓之君〔子〕”，强调君子不仅应具备“仁、义、礼、智、圣”五行之德，还要做到“时行之”，两个条件缺一不可。对君主而言，也就是说不仅要有德治的理念，还要将之运用到具体的施政过程中，以达到治理国家的目的。“仁”是王道德治的集中体现，据统计，郭店楚简《五行》中“仁”字就出现多达 17 次，而《六位》中“仁”字出现也有 10 次之多。《性》中“仁”字出现 13 次，“仁”字在《缁衣》出现 5 次，《尊德义》出现了 3 次。《缁衣》引孔子语：“子曰：上好仁，则下之为仁也争先。故长民者，章志以昭百姓，则民致行己以悦上。”君好行仁德之事，民就会以君为楷模，争先恐后地去行仁德之事，以与君的言行相符合，所以上之好恶，不可不慎。《礼记·缁衣》载：“禹立三年，百姓以仁遂焉，岂必尽仁。”百姓并不是天生就能尽仁，但禹好仁，三年使百姓都能行仁道，并尽仁道，正是这种道德示范的作用改变了百姓的道德面貌和社会风气。为了把“仁”的理念落到实处，郭店楚简把礼乐纳入君德范畴。《尊德义》曰：“德者，且莫大乎礼乐焉。”把礼乐视为国君治国理政、安邦定国所必须具备的品德，也通过礼乐的践行，把德治从理念层面落实到实践层面。

郭店儒简主张言行一致。在言与行的关系上，《缁衣》有明确的阐释：“子曰：可言不可行，君子弗言；可行不可言，君子弗行。则民言不危行，【行】不危言。”这里表达了言行一致的为人处世原则。“子曰：言从行之，则行不可匿。故君子顾言而行，以成其信，则民不能大其美而小其恶。”突出强调要言行一致，言而有信，做到知行合一。“苟有车，必见其辙。苟有衣，必见其敝。人苟有言，必闻其声；苟有行，必见其成。”这里将言行进行了比喻，以说明二者的一致性。言和行像车之于辙，衣之于蔽，行之必见其成。所以《礼记·缁衣》云：“君子道人以言，而禁人以行。故言必虑其所终，而行必稽其所敝；则民谨于言而慎于行。”申明了为政者对其言行不可不慎。言行犹如人的外表，看得见，听得到，统治者要想得到人民的服从、信任和支持，必须率先在道德上做出表率。统治者的言行一致，表里如一，以身作则，作用于社会中，影响的是社会风气。可言不可行的要言，可行不可言的不言，言行相顾，关键在于言行一致。

郭店儒简强调“求已”之德，反对战与刑。“慎言”“慎行”本质上说是儒家追求的“求已”之德的表现。统治者要以“求已”作为自己修身立德的目标，郭店儒简《教》指出“君子之求诸已也深。不求诸其本而攻诸其末，弗得矣。”进而又载：

> 古之用民者，求之于己为恒。行不信则命不从，信不著则言不乐。民不从上之命，不信其言，而能念德者，未之有也。故君子之莅民也，身服善以先之，敬慎以守之，其所在者入矣。

而战争与用刑却是统治者失德的表现，《教》云“战与刑，人君之坠德也”，将其视为人君失德的表现。这也是自西周以来传统德治思想的体现，是明德慎罚德治理念的发展。

其次，郭店儒简重视统治者以身作则的作用。《论语·子路》载：“上好礼，则民莫敢不敬；上好义，则民莫敢不服；上好信，则民莫敢不用情。夫如是，则四方之民襁负其子而至矣。”统治者要以身作则、率先垂范。《论语·颜渊》就垂范的作用也有著名的论述：“政者，正也。子帅以正，孰敢不正?”“子欲善而民善矣。君子之德风，小人之德草。草上之风，必偃。”《孔记·哀公问》记载，孔子在回答鲁哀公问政时指出：“君之所为，百姓之所从也。君所不为，百姓何从?”可见，孔子是非常重视为政者的表率作用的。《大学》亦有载：“未有上好仁而下不好义者也。”又曰：“上老老而民兴孝，上长长而民兴弟，上恤孤而民不倍。”在郭店儒简《缁衣》中，对统治者的表率作用进行了更深入而系统地论述。

郭店儒简《缁衣》引孔子语曰："上好仁，则下之为仁也争先。故长民者，章志以昭百姓，则民致行己以悦上。"又曰："有国者章好章恶，以示民厚，则民情不忒。""长民者衣服不改，从容有常，则民德一。"这里的长民者、有国者都特指统治者，就是君主，表达了统治者要身先士卒，以身作则，率先垂范，充分发挥表率的作用。"民以君为心，君以民为体。心好则体安之，君好则民欲之。故心以体废，君以民亡。"将君民关系比喻为人心与人体的关系，"民以君为心"，"心好则体安之"，突出强调统治者对被统治者的主导表率作用。

最后，郭店儒简提出统治者慎言、慎行的要求。《缁衣》云："子曰：王言如丝，其出如缗。王言如索，其出如绋。故大人不倡流。《诗》云：'慎尔出话，敬尔威仪。'"这段话集中强调了统治者要慎言之意。《缁衣》又云："子曰：下之事上也，不从其所以命，而从其所行。上好此物也，下必有甚者矣。故上之好恶，不可不慎也，民之表也。"被统治者关注的是上位者的行为，在具体的社会生活中，实实在在行动的力量远大于语言的力度。被统治者看的是统治者是怎么做的，而不是看统治者怎么说的。作为"民之表"的统治者不可不慎重。《尊德义》载："下之事上也，不从其所命，而从其所行。上好是物也，下必有甚焉者。夫唯是，故德可易而施可转也。"明确指出"上好是物也，下必有甚焉者"，强调统治者要慎行。《缁衣》开篇即云："夫子曰：好美如好缁衣，恶恶如恶巷伯，则民咸力而型不顿。"接着又曰："子曰：轻绝贫贱而重绝富贵，则好仁不坚，而恶恶不著也。人虽曰不利，吾弗信之矣。"统治者要美恶分明，贫贱、富贵要拿捏有度，这样才是好的表率。上之所好，下必甚焉。有了善言、德行，百姓才会慎于言而谨于行。君既要有"言"之教，也要有"行"之教，行之教甚至比言之教更有意义。故要慎言，更要慎行，上行下效，这也是对《缁衣》所说的"章好章恶"宗旨的贯彻。

反向观之，《韩非子·二柄》载："故越王好勇而民多轻死；楚灵王好细腰而国中多饿人；齐桓公妒外而好内，故竖刁自宫以治内；桓公好味，易牙蒸其子首而进之；燕子哙好贤，故子之明不受国。"《淮南子·主术训》中也有类似的记述："齐桓公好味，而易牙烹其首子而饵之；虞君好宝，而晋献以璧马钓之；胡王好音，而秦穆公以女乐诱之。"《晏子春秋·内篇·杂下》也记载："灵公好妇人而丈夫饰者，国人尽服之。"这些记载，无不以反面例子说明上有所好，下必甚焉的社会共同心理。统治者如果不奉行德治理念，不注重以好的德行带头示范，反而带头行歪风邪气，必然带坏社会风气，最终亡国。

## 二、忠信之道

"忠""信"是我国传统政治和国家治理的两种基本精神，在儒家、法家等众多经典中多有论及，尤以儒家经典着墨最多，地位也极为重要。据统计，《论语》"忠"字出现 18 次，"信"字出现 38 次。《孟子》"忠"字出现 8 次，"信"字出现 38 次。郭店楚简全简约 13000 字，"忠"字出现多达 35 次，"信"字 52 次。着墨之多，可见其地位之高。

"忠"字的基本含义，《说文解字》解释为："忠，敬也"。"信"字，《说文解字》解释为："信，诚也。"南宋理学家朱熹在注解《四书》时指出："尽己之谓忠。以实之谓信。"[①]《论语集释》中也收录了陈天祥在《四书辨疑》中的观点："盖忠当以心言，信当以言论。心无私隐之谓忠，言有准实之谓信。此乃忠信之别也。"[②]这些注解简明扼要地指出"忠"指本心，"信"指行为及结果。

几千年来，儒家学说有兴衰沉浮，但忠信之道备受重视，这和忠信之道的政治价值和积极的国家治理作用是分不开的。在儒家的政治伦理道德中，"忠"字多有"君使臣以礼，臣事君以忠"的含义。"信"字后来被用作五伦之末的"朋友有信"，但在先秦时期，其含义还是比较广泛的。郭店儒简更是集中、系统地对忠信思想进行了全面、深入地阐述，在儒家思想发展中具有重大的意义。从全简来看，忠倾向于行或心，信倾向于言，二者是同一过程的两个方面。可以说，忠信体现的正是统治者和被统治者之间的关系。忠信之道的施行者是"君子"，接受者是"人"和"民"。忠信作为实施仁政的路径，郭店儒简将其提高到了"仁义"的高度。《忠信之道》明确提出："忠，仁之实也。信，义之期也"。

---

① 朱熹：《四书章句集注》，中华书局，2011，第 50 页。

② 程树德：《论语集释》（上），程俊英、蒋见元点校，中华书局，2013，第 24 页。

忠作为仁之落实，信作为义之必至，不欺瞒民众，就会得到民众的信任。孔子曾云“民可使由之，不可使知之”。《尊德义》也提出“忠信日益而不自知也”。上位者坚持忠信之道并以之来引导人民，使民众达到日用而不知的境地，如春风化雨般取得人民的信任。如此，政权则稳固，仁政则实施，天下则治。

首先，郭店儒简对忠信从层次上作了细致的区分，而不是泛泛而谈。自上而下，分为“至忠”“大忠”“至信”“大信”以区别于一般意义上的“小忠”“小信”。并进一步论述了忠信的核心、性质和意义。从这个意义上来讲，《忠信之道》所述忠信有了形而上学的意味。对于何为忠之至这一问题，《忠信之道》曰：“不讹不孚，忠之至也。”“至忠如土，化物而不伐”“至忠亡讹”。对于信之至，《忠信之道》说，“不欺弗知，信之至也”，“至信如时，毕至而不结”，“至信不倍”。由此可见，《忠信之道》所阐述的是“忠之至”和“信之至”，为“至忠”“至信”层面的忠信之道，与通常意义上的忠信有本质的区别，是“大忠不说，大信不期”。在《忠信之道》看来，忠信之道与仁义之间是内在统一的，所谓“忠，仁之实也。信，义之期也”。可见，仁义的实质、核心是至忠至信。至忠至信在统治者强化政治统治和国家治理中的作用是巨大的，“忠积则可亲也，信积则可信也。忠信积而民弗亲信者，未之有也。”忠信有“不说而足养”“不期而可遇”的效果。因而，“忠之为道也，百工不楛，而人养皆足。信之为道也，群物皆成，而百善皆立”。忠信之道，说到底本质上是君王之道。君王遵从忠信之道，就是忠人信人，百姓就会亲近信任，天下就会归心，国家就会大治。

其次，郭店儒简把忠信与天地相联系，将其提高到了一个前所未有的思想高度。《忠信之道》云：“不说而足养者，地也。不期而可遇者，天也。似天地也者，忠信之谓此。”忠信可以贯通天地，兼具形而上和形而下的双重属性。其所主张统治者的理想人格，是“忠人”“信人”，为“君子”，对比之前的儒家经典，追求圣人、君子为理想的人格，有明显的发展。在《忠信之道》中，“忠人”“信人”是理想人格，这和之前的儒家主张以及后来的儒家思想不一样。“忠人”“信人”不是一般的君子，而是至诚不欺、利天下的君子，有公而忘私的精神。比起“圣人”来说，“忠人”“信人”更贴近世俗生活，多了一丝可贵的契约精神，显得很实在、很接地气，让人觉得触手可及。

最后，郭店儒简以独特的政治视角对民本思想进行了阐发。在《忠信之道》看来，所谓忠信之道，就是君子对民不欺不讹，不倍不害。换句话说，君王要真诚地尊重百姓、对待百姓，要言而有信。《忠信之道》虽然通篇没有言及“人”和“民”的地位，但字里行间却渗透着对百姓深深的人文关怀。文中指出要以公心对待百姓，而不是出之以私心。这既是对孔子仁本礼用思想的继承，更是对原始儒家主张的君子人格的高扬，是统治者必须具备的道德修养。同时，《忠信之道》以民本为评价标准，初步论述了一些重要的政治原则。《唐虞之道》与《忠信之道》思想较接近，联系《唐虞之道》可知，二者都主张“爱亲尊贤”。但在爱亲与尊贤之间，又主张“禅而不传”的原则，要求圣人“利天下而弗利也”，以实现大同的理想。

除《忠信之道》外，郭店儒简还有不少地方涉及忠信之道的论述。如《缁衣》载：“子曰：大臣之不亲也，则忠敬不足，而富贵已过也。”大臣之不亲，主要是因为忠敬不足。对于这一问题的解决，“信以结之，则民不倍”，就是要以“信”作为解决的主要途径，这样才不会背叛。《教》云：“古之用民者，求之于己为恒。行不信则命不从，信不著则言不乐。”《尊德义》强调，“忠信日益而不自知”，“则民进善矣”。《物由望生》进一步强调“由中出者，仁、忠、信。由【外入者，礼、乐、刑。|一】”，“上下皆得其所之谓信”。这些思想，与《忠信之道》是相呼应的，只不过《忠信之道》是专门论述忠信思想罢了。

## 三、大同理想

大同理想作为一个明确的政治理念提出，始于孔子。《礼记·礼运》引孔子语曰：

> 大道之行也，与三代之英，丘未之逮焉，而有志焉。大道之行也，天下为公。选贤与能，讲信修睦。故人不独亲其亲，不独子其子，使老有所终，壮有所用，幼有所长，鳏、寡、孤、独、废、疾者皆有所养，男

有分，女有归。货恶其弃于地也，不必藏于己；力恶其不出于身也，不必为己。是故谋闭而不兴，盗窃乱贼而不作，故外户而不闭，是谓大同。

所谓大同，其核心思想就是“天下为公”，而要实现“天下为公”，就要丢弃自私自利之心，在政治制度上要选贤与能，在为人处世上要讲信和修睦。这样一来，人就可做到不独亲其亲，不独子其子。进而推己及人，亦亲人之亲，子人之子，使老有所终，幼有所长，鳏、寡、孤、独、废、疾者都有所养，人人皆有机会人尽其才、才尽其用，即所谓壮有所用，青少年都能受到良好的教育，做到幼有所长，使男职分合理，女嫁得良人。珍惜财货，恶其弃于地，但不是为自己的财富积累，所以不必藏于己。人人争先，力恶其不出于身，但不必为自己。《礼记·礼运》中所描绘的大同世界，实质上就是人人平等，机会均等，互相尊重，互相爱护，社会保障完善的理想社会，是与小康社会相对照而言的。《礼记·礼运》曰：

今大道既隐，天下为家。各亲其亲，各子其子。货力为己。大人世及以为礼，城郭沟池以为固，礼义以为纪，以正君臣，以笃父子，以睦兄弟，以和夫妇，以设制度，以立田里，以贤勇知，以功为己，故谋用是作，而兵由此起。禹、汤、文、武、成王、周公，由此其选也。此六君子者，未有不谨于礼者也，以著其义，以考其信，著有过，刑仁讲让，示民有常，如有不由此者，在执者去，众以为殃，是谓小康。

从中可以看出，小康社会是以天下为家为特征的，人各亲其亲，各子其子，而不亲人亲，不子人子。对于财物，爱护财货是为了个人占有，努力工作是为了自己积累财富。在政治制度设计上，推行世袭制，并把这种世袭制推广成为社会规范。为了巩固个人利益，修建城郭沟池来防备别人，以家天下的礼义为纲纪，把勇敢和智慧看作是贤能，以功为己，因而谋略就出现了，战争也随之而来。

郭店楚简的出土，为原始儒家“大同”理想提供了史料依据。倡导“天下为公”“选贤与能”，在最高政权设置上，主张推行禅让制。《唐虞之道》对禅让制进行了专门论述：

> 唐虞之道，禅而不传。尧舜之王，利天下而弗利也。禅而不传，圣之盛也。利天下而弗利也，仁之至也。故昔贤仁圣者如此。身穷不贪，没而弗利，穷仁矣。必正其身，然后正世，圣道备矣。故唐虞之〔道，禅〕也。

在原始儒家看来，尧、舜最精华、最核心的问题是禅让，而不是传子。之所以能这样做，原因在于尧、舜把利天下看作是第一位的，而不以自利为利。这也与大同之治追求的“天下为公”政治理想是根本一致的，认为真正的治世必然依赖于建立“禅让”的民主政体，这就使“仁”所具有的推己及人思想更加清晰，从而也证明儒家思想是把实现大同看作最后的政治归宿。

## 第二节　执政方略

德治的思想要通过具体的执政方略才可付诸实施，德治是思想层面的，而执政方略则是现实层面的。通观郭店儒简，有不少涉及政治实践的阐述，其中最突出的思想主要体现在政权转移、政体构建和政务践行上。

### 一、政权转移

一般来说，政权转移主要有三种方式。一是世袭制。这是最为一般性的政权转移方式。无论父死子继、祖死孙继还是兄终弟及，都被认为是普遍实行的这一制度。二是通过革命进行改朝换代。商汤、周武分别推翻了夏、商王朝建立自己的政权，被认为是革命的典范。三是禅让制。禅让制主张选贤与能，以天下为公，与世袭制相对。尧、舜被认为是这一模式的典范。其实，古代政权在转移的过程中，还要受到推举、试用、人寿、退养、德行等诸多因素的影响和制约。郭店楚简《唐虞之道》等佚文的发现，进一步丰富了禅让说。“禅而不传”是笼统的说法，不能简单地从字面上去理解。“禅”还是“传”？“官天下”还是“家天下”？这些都不能一概而论，它们会随着主客观条件的变化而变化。“禅”与“传”，一般指代禅让制和传子制。对比《唐虞之道》与上海博物馆藏战国楚竹书《容成氏》和《子羔》的文本可知，在肯定尧、舜“禅而不传”这一点上，三者是相同的。《唐虞之道》云：“唐虞之道，禅而不传。尧舜之王，利天下而弗利也。禅而不传，圣之盛也。”这里明确将“禅”与“传”分成两种性质不同的政权转移方式。《子羔》中虽然没有明确地将“禅”与“传”区分，但它提出了“让”与“弗世”。“弗世”意为不世袭继承，亦即所说的“让与”。据《子羔》记载，孔子先是从一般意义上认为过去的政权转移是“弗世”，然后认为“尧见舜之德贤，故让之”。其实，《子羔》里的“让”就是“禅而不传”的“禅”，“弗世”就是“禅而不传”的“不传”。《容成氏》把“禅”与“传”用“让贤”“授贤”与“授子”来代替，只不过是《容成氏》不仅从上古授贤让贤的更大谱系去举例，而且还列举了“三代”传子的谱系。

按照《唐虞之道》等三篇佚文的看法，禅让不同于世袭继承的根本特性在于依据继承者的“贤”和“德”而不是血缘关系来授位。真正做到禅让，还需要有识贤、尊贤和无私将权力让与人的政治氛围。尊贤故禅，《唐虞之道》云：“禅也者，上德授贤之谓也。上德则天下有君而世明，授贤则民举效而化乎道。”《子羔》亦云：“尧见舜之德贤，故让之。”如果说禅让是立足于贤能、美德，那么与此不同的“传”则是以血缘亲情关系为第一原则和出发点的。只有在禅让的基础上，才会再考虑继承者的品德、能力及其他因素。《唐虞之道》提出，禅立足于尚贤和尊德，否定了政权转移和继承中的血缘亲情第一原则性，主张只有禅让才能保证政权转移的“公天下”。“禅而不传义恒〔绝，夏〕始也”，“不禅而能化民者，自生民未之有也”，这样的观点，从传世文献中把“禅”和“传”转为“官天下”与“家天下”相对立的表述时，所要强调的区别就一目了然了。再看《礼记·礼运》，以“大同”与“小康”对比，对“大同”的描述是“大道之行也，天下为公”，而“小康”则为“今大道既隐，天下为家”，这里“公”字与“家”字性质迥异，天壤之别，“官天下”与“家天下”之分，也就是“公天下”与“私天下”之别。

在《吕氏春秋·去私》看来，“禅让”不传子，也就是“去私”。尧有10个儿子，舜有9个儿子，但他们都不把政权传给他们的儿子，这些做法都是“至公”。

“禅”与“传”的不同，被看作“官天下”“公天下”与“家天下”“私天下”的不同，这实际上蕴含了政治为公共领域，家族为私人领域的意思。政权作为公共领域中的最重要之物，应该向社会开放，如果对它的继承变成了家族性的世袭，这就是将公共权力变成了私人领域中的所有。把公共领域与私人领域作明确的界定与区分，是政治实践中的充满科学和理性之光的进步。主张法治的商鞅，同样强调以公天下的立场来治天下，反对私天下，明确把公与私作严格区分，而不互相对立。在他看来，传贤而不传子，不是要否定亲情，而是治道之公所要求的。《商君书·修权》云：“故尧、舜之位天下也，非私天下之利也，为天下位天下也；论贤举能而传焉，非疏父子亲越人也，明于治乱之道也。”《唐虞之道》等文献也明确将禅让作为政权转移的理想方式，依托血缘关系为第一原则的世袭制被否认。但综合参阅其他文献可知，尧、舜禅让的过程中，也不是没有考虑过传子。如《尚书·尧典》就有记载，尧曾经征求过大臣放齐的意见，问谁有资格继承他的位置。放齐回答道，尧的儿子丹朱通情达理，有资格继承。这一对话至少表明，在当时儿子作为继承人之一是有资格的。只是尧认为，丹朱口不出善言，又好争辩，不足以授天下，于是乃授权舜。即使如此，舜仍然避让丹朱，只有到了诸侯都不朝觐丹朱的情况下，才正式继承尧的位置。舜转移权力的情况与尧类似。他的儿子商均也不行，所以他选择了贤能的禹来继承位置。从尧、舜都没有将帝位传给他们的儿子来说，他们实行的是“禅让”。但他们之所以没有传给自己的儿子，原则上不是他们的儿子不能继承，而是由于他们的儿子都“不肖”。反过来说，如果他们的儿子都有“贤德”，那么从尊贤来说，他们当然也是很有可能继承的，而且会有先天的优势。当然，禹可能是出于避嫌，尽管他的儿子启贤能，他仍然将帝位禅让给益，益同样避让启。由此可知，在尧、舜、禹的政治权力转移和继承中，“禅”与“传”并不是截然对立的，贤德与否是第一位的，自己的儿子如果有贤德，也是符合选贤原则的。

当然，也有学者有不同的看法。比如王国维就不认为尧舜是禅让，汤武是征诛。他从血缘谱系进行挖掘，指出黄帝把帝位传给了他的孙子颛顼，颛顼传位于子喾，而子喾则传位于其子挚。由于挚不善为政，在位 9 年之后就禅位于他的弟弟放勋，即帝尧。舜是昌意之后，只是从昌意到舜历经七世之后，舜已经“微为庶人”。禹是黄帝玄孙、颛顼之孙，《史记·五帝本纪》记载：“自黄帝至舜、禹，皆同姓而异其国号，以章明德。”所以王国维指出，尧舜之禅天下，以舜禹之功，然舜禹皆颛顼后，本可以有天下者也。汤武之代夏商，固以其功与德，然汤武皆帝喾后，亦本可以有天下者也。①

在位的帝王对谁能够成为政权的继承者有极大的乃至最终的决定权，但要选择一位真正的贤能者作为接班人，的确也不是件简单的事情。他必须要能够发现真正的贤者，特别是那些隐于民间的贤能之士，即《唐虞之道》所说的“禅之传，世亡隐德”。按照《礼记·礼运》“选贤与能”的说法，贤能者是被推举和选拔出来的。政权的转移和继承，要求政权的拥有者和可能获得继承的贤能之士为此进行紧张的谋划，整个统治阶级乃至百姓则会密切关注、评价事势的进展。回顾历史可以知道，如果权力的转移还没有形成固定的做法和程序，或者世袭与选贤能并用，那么最高权力的交接就会极为复杂并且存在极大的变数。从尧考察、试用舜，到将他确定为正式的继承者，让舜摄政，前后经历了30 多年。只此一点就可以说明选贤、尊贤和禅让是一个非常复杂、漫长的过程。不难想象，尧选贤用贤，可能会受到不同政治利益集团的阻挠。按照《韩非子·外储说·右上》记载，尧选舜为继承人，就先后遭到鲧与共工等人的强烈反对。他们认为舜是平民，不合适作为候选人。尧举兵诛杀鲧于羽山之郊，诛共工于幽州之都，如此之后，天下再无人敢言不要传天下给舜之事。《尚书·舜典》中记载，鲧、共工，都是被舜惩诛的。但舜是请示了尧之后才那么做的。共工和鲧都曾被推举过为政治继承人，尧一开始无意选择他们，最终选择舜作为政治继承者，在尊贤和尚贤的背后，可能真的遇到了共工和鲧的反对和

① 王国维：《殷周制度论》，载《王国维文集》第四卷，中国文史出版社，1997，第 43-45 页。

挑战。当然，这也只是猜测而已，没有确切的证据论证。有趣的是，舜后来选择鲧的儿子禹作为继承人，这是舜尊贤而不避前嫌的见证。东周时代随着西周贵族制和身份制的逐渐解体，儒家和墨家都主张“尊贤”“让贤”，把有贤德的人选拔到政治岗位上，乃至于宣扬最高政治权力的禅让，歌颂尧、舜尊贤禅让的政治美德。

政权的转移和继承，即使被制度化和规范化，有时也不免难以履行正常的程序，何况是没有制度化和规范化的政权转移方式，其变数就更大了。尧、舜的禅让不是固定的制度化操作方式，这也就是为什么舜、禹在接受帝位时，仍然要向尧之子、舜之子示以谦让。不同于世袭的身份，以尊贤和尚德为政治继承的原则，虽然最能体现政治生活的“公天下”特征，但如果没有严格的选拔程序，所冒的政治风险必然也大。可以说，没有制度化和规范化的禅让，看起来虽然很合理，但在实际政治生活中，存在着很大的偶然性和不确定性，那些真正的贤者是否能够进入政治生活，自然就变得不确定了。事实上，正是由于禅让始终没有制度化和规范化，韩非子在《说疑》中就曾说过：“舜逼尧，禹逼舜，汤放桀，武王伐纣，此四王者，人臣弑其君者也，而天下誉之。”《竹书纪年》也有“舜囚尧于平阳，取之帝位”“舜放尧于平阳”的记载。这就产生了《唐虞之道》所说的政治继承中的“时命”问题。郭店儒简《穷达以时》所说的“世”“天”“时”，都是指时命。《忠信之道》云：“不期而可遇者，天也。”按照《穷达以时》的看法，有“贤德”的人不必然有其位，决定遇与不遇的是“时运”。舜之所以遇尧，是时运，如果舜有贤德却没有时运，仍然不可能得到提拔，而这个“时命”不是舜自己能够决定的。即使出生在帝王之家，且有贤德的尧，要想真正成为天子，也同样离不开“命”与“时”。而作为平民的舜，如果想要获得帝位，那就更需要“时”与“命”了。可以说，《唐虞之道》讲的“禅让”，建立在尚贤和尚德基础之上，同时也引入了“时命”说，既有更强的解释力，又使得政权转移有了一定的不确定性。

年老致政，也就是退休制度是禅让制度推行过程中不可或缺的一个环节。古代中国的最高统治者帝王，一般都是终身制的，没有现代民主政治的任期问题。通常情况下，什么时候继承者可以接班，取决于在位帝王本人自然寿命的长短，而这个具有明显的不确定性。从理论上说，尊贤、尚德的禅让，可以不受在位帝王自然寿命的限制，只要选出来了，在位帝王就可以将王权转移给他。舜正式继承帝位是在尧逝世之后，这说明尧是终身制。同样，舜实行的也是终身制，禹是在舜逝世之后才继承帝位的。但《唐虞之道》阐述了一种类似“任期制”和“退休制”的民主政治构想：“古者圣人二十而冠，三十而有家，五十而治天下，七十而致政。”“致政”也就是“政权交接”，即退休。到了手脚困乏不灵活、耳目聪明的水准有所降低时，就把天下禅让于贤者，自己则退而养生。这里的“退”就是禅让。虞舜是提倡禅让的，其爱亲尊贤，以孝为基点，由爱亲开始，将爱一步步向外扩展，进而爱天下之民。禅让流行，发微彰隐，世上就没有遗贤。仁义相结合，通过践行仁德教化万民，大治天下。《礼记・明堂位》记载，周公在成王幼小的时候代成王执掌政权，成王长大后周公就将政权交还给成王，其所说的“致政”意味着“还政”。上博简《容成氏》也有记载：“尧乃老，视不明，听不聪。尧有子九人，不以其子为后，见舜之贤也，而欲以为后。舜乃五让以天下之贤者，不得已，然后敢受之。”从“七十致政说”这种描述可知，古代帝王也是有任期制的。在《管子・戒》中，我们也看到了“七十致政”的说法：“仁故不以天下为利，义故不以天下为名。仁故不代王，义故七十而致政。”我们推测，“七十致政说”可能是儒家对君主任期的一种制度设想，至于执政者是否愿意按此去执行，就另当别论了。正如我们一开始就指出的那样，政治权力的转移是一件较为敏感的事情，其具体的政治实践，也伴随着其他复杂的因素并受其影响。没有制度化和程序化并以国家强制力作保障的禅让，就更容易引起政治危机。

按照《唐虞之道》的思路，帝王到了 70 岁，身体自然衰老了，为了适应这种变化而致政，不仅意味着不专权自利，还意味着能够退休养生。对于帝王退休的益处，一般认为，古代帝王都是身先士卒的，是最辛苦的劳动者。《庄子・在宥》说：“尧、舜于是乎股无胈，胫无毛，以养天下之形。”由此可见，古代帝王劳作是十分辛苦的，让位和退休，也是从艰苦的工作中解放出来。

郭店儒简不仅倡导禅让制，还指出了不实行禅让制的危害。《唐虞之道》指出："《虞诗》曰：'大明不出，万物皆暗。圣者不在上，天下必坏。'治之至，养不肖。乱之至，灭贤。"治世应是圣者在上位，如果反其道而行之，则天下必乱。治世的极致是不肖者能逐渐改良，乱世的极致是贤能者被消灭。至治之世有不肖者的生存空间，至乱之世却没有贤能者的生存空间。

郭店儒简中所记述的禅让制还有一个不容忽视的特点，即把禅让和"孝"统一在一起。《唐虞之道》指出：

> 尧舜之行，爱亲尊贤。爱亲故孝，尊贤故禅。孝之施，爱天下之民。禅之传，世亡隐德。孝，仁之冕也。禅，义之至也。六帝兴于古，皆由此也。爱亲忘贤，仁而未义也。尊贤遗亲，义而未仁也。古者虞舜笃事瞽盲，乃戴其孝；忠事帝尧，乃戴其臣。爱亲尊贤，虞舜其人也。

从这段话中可以看出，尧舜的禅让之行不仅要满足尊贤，还得同时满足爱亲这个条件。爱亲所以孝，但这里强调孝不是强调必须世袭。爱亲必须和尊贤联系在一起，尊贤就可能要实行禅让。如果爱亲而忘贤，虽有仁而无义；尊贤遗亲，则有义而无仁。虞舜事亲孝，为臣忠。所以说虞舜爱亲尊贤。尧闻舜孝，知他能养天下之老，闻舜悌，知他能事天下之长，闻舜对弟慈，知他能为民主。所以舜为瞽盲子，甚孝，为尧臣，甚忠，尧禅天下而授舜，舜南面而王天下，而甚有君道。

《唐虞之道》所极力推崇的禅让制实质上是一种具有公共性质的"贤人政治"，在禅与传的问题上，表现出激进的不妥协精神，"唐虞之道，禅而不传"，"不禅而能化民者，自生民未之有也"。只有禅才能达到"天下有君而世明""民举效而化乎道"的境界。郭店儒简从儒家对政治本质目的的理解出发，认为只有授贤，才能表明统治者尚德，才能由"正己"而"正人"，最终达到"民举效而化乎道"的政治之善。相反，"传子"是家天下、私天下的特征，统治者由于失去其道德的感召力，陷自己于不仁不义之境，从而不能履行其"保民而王"的天职。

《唐虞之道》所处的年代，宗法关系已经松动，代表血缘观念的“仁”与代表社会伦理原则的“义”产生了一定程度上的对立。因而，郭店儒简提倡“爱亲”与“尊贤”并立，其根本意义在于为冲破血缘的束缚，为倡导禅让、尊贤而制造舆论。“时”与“命”观念的提出，在于强调命运与机遇在能否行禅让乃至整个人生中的重要作用，同时也论述了在未遇时运情况下应有的“不以物累”的气度以及退养的科学性与可行性。君主之所以行禅让，一方面是因为生命衰竭，力不从心，另一方面则是退养的需要。换言之，《唐虞之道》对禅让的论述，既有从传统道德方面的肯定，又有基于社会现实而进行的思考，其理论不仅是对传统观念的承继，更是面对社会变革、适应新的环境所进行的创造性发展。

## 二、政体构建

政体中最主要的是处理君与民的关系，构建什么样的君民关系，决定了君与民在政治生活中的地位和作用，权利和义务。在早期儒家的理念中，虽然不否认君民之别，但仍是以强调君民一致、相互和谐为主基调的。上古社会进入文明时代初期，君民之间原本亲如家人的平等和睦关系，随着经济社会的发展，逐渐演变为统治与被统治的关系。郭店儒简中所阐述的君民关系，是上古时期君民关系变迁过程中不可或缺的重要一环。郭店儒简《缁衣》强调孔子所说“民以君为心，君以民为体”，其中，“体”指人的肢体，《论语·微子》所云“四体不勤”之“四体”即为此意。

体在泛指人身体的时候，心是包括在其中的。体与心对应而称的时候，则指除心之外的身体的其余部分。这个论述的核心，就是心与体的一致，君与民的统一。简言之，可以称为心体同构、君民同构。既然同构，那么它们之间就必然是密不可分、休戚与共的。所谓心忧则体忧，心喜则体喜，反之亦然。君民之间的关系达到了这种境界，也就实现了和谐。据《尚书·尧典》所载可知，相传尧去世的时候，“百姓如丧考妣，三载，四海遏密八音”。帝尧被百姓视为自己父母一样的亲人，民众因尧丧而三年不作乐。

夏商时期原始民主传统依然十分浓厚，君主体恤和关爱百姓仍属天经地义。在国家起源和初创的上古时代，打破以氏族血缘为基础的原始民主平等，虽然随着历史的发展渐次拉长了君与民之间的距离，但居于主流地位的君民关系还是倾向于君民同构的模式。《尚书・皋陶谟》记载，到了舜和禹的时候，国家的管理功能逐渐出现，臣的功能也体现出来，为帝之“股肱耳目”，与君为一体。席盘林在《论子思的臣道思想》一文中论述了郭店儒简的臣道思想，将《鲁穆公问子思》与传世文献相结合，着重分析了“恒〔称其君〕之恶”，指出郭店儒简的臣道其实是辅臣之道，突出的是忠臣形象。[①]《尚书・益稷》中记载了舜对臣的要求：“臣作朕股肱耳目。予欲左右有民，汝翼。”意思是说，你们这些臣子就是我的股肱耳目，我要治理民众，你们都要协助我。禹更进一步扩大臣的范畴，指出“万邦黎献，共惟帝臣”。将君民距离显著拉大到天渊之别的情况当出现在商周之际。商纣王始称“天子”，称“天子”就意味着非同普通百姓。西周以降，最高统治者普遍被称为“天子”。在《尚书》的《洪范》《梓材》《洛诰》《立政》《吕刑》等篇中，都有不少此类说法，认为民是上天赐予“天子”的，所以称为“受民”。民应当像对待父母一样顺从“天子”，否则将受到“天罚”。到了西周后期，君民关系紧张，统治者“多虐庶民”，周厉王与民争利，又防民之口，“民不堪命”，最后酿成国人暴动。

由此可知，君与民的关系实际上是对立统一的关系，既相互矛盾，又相互依存。郭店儒简《缁衣》对君民同构关系进行了理论阐释，以心与体的关系作比喻，非常形象。而其所谓的“心好则体安之，君好则民欲之”的论述，进一步强调了君民欲望的一致性，正是这种同构关系的生动写照。君与民就如心与体的关系，是一种和谐的同构关系。其中典型的例子，就是周文王与民众的关系。《诗经・大雅・灵台》载：“经始灵台，经之营之。庶民攻之，不日成之。经始勿亟，庶民子来。王在灵囿，麀鹿攸伏，麀鹿濯濯，白鸟翯翯。王在灵沼，于牣鱼跃。”文王建造灵台时，民众像儿子给父亲干活那样踊跃前来，所以建造得很快，原因就是民众的衷心支持。

① 席盘林：《论子思的臣道思想》，《孔子研究》2001年第1期，第64-73页。

治理国家离不开君与臣，绕不开君臣关系问题。郭店儒简的君臣是同构的关系。郭店儒简维护君臣关系的伦理道德主要是义和忠等。在政治伦理中儒家最重要的人伦关系就是君臣伦理。《六位》提出“生民〔斯必有夫妇、父子、君臣，此〕六位也”。由此可知，“君臣”的存在是从来就有的，是天生的。并且“君臣”间的伦理关系也是天经地义的。《教》云“天登大常，以理人伦，制为君臣之义，作为父子之亲，分为夫妇之辨”。如果违背了君臣之义，就会被视为“乱天常以逆大道”的小人。严格遵守这种人伦关系就是“顺天德”，也就是适应了“天心”，才是正人君子。君臣及其人伦关系，既然是天生大常，故简文极力要求维护所谓的天常。儒简认为，君臣关系类似于父子关系，《父无恶》言“父亡恶。君犹父也，其弗恶也，犹三军之旌也正也。所以异于父，君臣不相戴也，则可已；不悦，可去也；不义而加诸己，弗受也”。父子关系是一种血缘关系，是无法改变的，而某臣与某君的关系却是可以随时改变的。若君臣双方志趣不同或者双方合作不愉快，则可终止或者免去这种关系。因此，君臣关系可以视为朋友关系，而朋友关系的成立，是彼此双方互相选择的结果，这即是楚简《父无恶》中所说的“友，君臣之道也”，它表达了儒简对理想君臣关系的伦理设计。从《鲁穆公问子思》中也可看出，君臣关系最突出的地方表现为臣不为高官厚禄，不为逢迎溜须，而是“恒〔称其君〕之恶”，其目的就是捍卫“义”。正是具有了这种“义”的生命内涵和原动力，“〔为〕义而远禄爵”。这种原动力体现在子思与人民、与鲁国、与鲁穆公的关系上，就是一个“忠”字。这是对“义”的践履，对至高无上的“道”的执着追求。从这个层面理解君臣的同构关系，是更深层次的阐释。

总之，郭店儒简所讲的君民关系，包括君臣关系在内，反映的君民同构思想，是讲君民密不可分的关系，强调君民关系既有对立的一面，又有统一的一面，但主要是二者的一致性。君民二者的欲望、利害不可能完全一致，但是由于二者相互依存，所以其欲望、利害在一定程度上又存在着一致性。

## 三、政务践行

郭店楚简中有着丰富的民本思想，其中的《教》《尊德义》《唐虞之道》《性》以及《穷达以时》等篇，都对古代的民本思想进行了比较细致的论述，透露出浓浓的、朴素的民本思想和人文关怀。可概括为：统治者要爱民、护民、重民、保民、养民、富民等，具体包括以下几个方面。

第一，统治者不仅要“求己”，还要“以身服善”。《教》云：“古之用民者，求之于己为恒。行不信则命不从，信不著则言不乐。民不从上之命，不信其言，而能念德者，未之有也。故君子之莅民也，身服善以先之，敬慎以守之，其所在者入矣。”开篇也云：“君子之于教也，其导民也不浸，则其淳也弗深矣。是故亡乎其身而存乎其辞，虽厚其命，民弗从之矣。是故威服刑罚之屡行也，由上之弗身也。”也就是说，自古以来那些使民的人，必须以“求己”为恒常之德，才能得到黎民的信任。否则，命令就不会有人服从，信用就得不到彰显，统治者的话就没有人会听。因此，统治者治理民众必须率先行善，以身作则，敬慎导民。《性》中也有“闻道反己”的说法，《穷达以时》亦有“君子反己”的提法。同时，统治者教民的措施必须深得民心，如果忘记了修习自身而只是言教，即使命令再多，百姓也难以服从，最后只会致使刑罚的不断实施甚至滥用，而这就是因为统治者没有身先行善导致的。同时，君子在“求己”的基础上还要“反本”，正如郭店儒简《教》所云：“上苟身服之，则民必有甚焉者……是故君子之求诸己也深。不求诸其本而攻诸其末，弗得矣。”如果为政者能以身服善，人民必然会更加效仿。君子以身作则而倡导之，那么人民很少有不服从的。所以，统治者要经常反求诸己。这个“求己”是根本的，舍本逐末是不可能成功的。统治者贵在反本。这些内容的核心思想是提醒统治者，要想得到人民的支持和拥戴，必须以身作则，率先行善。

第二，统治者要“爱人”和“敬人”。“爱人”和“敬人”主要是早期儒家对统治者提出来的政治要求，而不是对普通民众提出来的。郭店儒简中的《教》说得很直白：“故君子所复之不多，所求之不远，窃反诸己而可以知人。是故欲人之爱己也，则必先爱人；欲人之敬己也，则必先敬人。”传世文献中也有类似的记载，《孟子·离娄下》亦载：“爱人者，人恒爱之；敬人者，人恒敬之。”二者所载如出一辙。统治者如果能够做到这些，百姓自然也会敬爱统治者。由郭店儒简中的《教》和传世文献所载可以看出，一个人只有尊敬他人，敬爱他人，才能得到别人的尊敬，才算得上是君子。对于统治者来说，只有“爱人”，实行仁政，才会得到百姓的拥戴，才能实现定国安邦的目标。

第三，统治者要以德教民、以德治民。也就是说，对于高高在上的统治者来说，必须要用“德”教化百姓，也只有用“德”才可以治理好天下。郭店儒简《尊德义》云：

> 善者民必众，众未必治，不治不顺，不顺不平。是以为政者教导之取先。教以礼，则民果以劲。教以乐，则民弗德争将。教以辩说，则民艺址长贵以忘。教以艺，则民野以争……先之以德，则民进善焉。

这段材料论证了无论对黎民进行哪方面的教导，必须先教以“德”，这样才能使百姓在道德的基础上增加善。类似的记载还有不少，除了《性》中有不少地方强调“德”的内容以外，《物由望生》《名数》《父无恶》《尊德义》《教》《六位》等篇中也或多或少有相似的记载，甚至存在“相互对应”的关系。这些记载虽然略有不同，但其基本基调是一致的，就是告诉统治者，有什么样的德行才能得到人民的信任和拥戴，具备哪些德行才能使民为君、为上所用。

至于具体如何治理百姓，郭店儒简《教》云：

> 上不以其道，民之从之也难。是以民可敬导也，而不可掩也；可御也，而不可牵也。故君子不贵庶物，而贵与民同也。秩而比次，故民欲其秩之遂也。富而分贱，则民欲其富之大也。贵而能让，则民欲其贵之上也。反此道也，民必因此重也以复之，可不慎乎？

该段话充分体现了爱民、护民、重民、保民、养民、富民的主体思想，主张以民为本,要“爱民”“重民”“利民”“惠民”。统治者治理百姓的目的何在?《尊德义》云:“为政者,或论之,或议之,或由中出,或设之外,论列其类。凡动民必顺民心,民心有恒,求其永。重义集理,言此章也。”只有“顺民心”,才能实现“求其永”的统治目的,能够永远统治着百姓。由此可知,“求其养”就是“求其永”的实质,希望人民能够永远奉养自己。统治人民的同时,客观上造福了百姓,同时也实现了统治者的“求其养”和“求其永”。

为了更好地统治人民,实现“求其养”和“求其永”的统治目的,就面临着一个如何教导百姓的问题。《尊德义》云“可教也而不可迪其民”,“民可使道之,而不可使知之。民可道也,而不可强也”。孔子对于民的原意是对普通百姓只“教”而不“迪”,即只告诉他该怎样,而不告诉他为什么这样。如果“迪其民”,则唯恐百姓“淫昏”“远礼”“无亲”“无仁”。庞朴梳理了《论语》中“民可使由之不可使知之”一章的有关解释,结合《尊德义》《教》等篇,认为关键在于治民者以身教还是以言教的区别上。[①] 实际上,使民之道更多的是对统治者道德方面的要求,即统治者要待百姓以礼,以敬,以慈,以养。一句话,就是要善待民。《教》也有“故君子之莅民也,身服善以先之,敬慎以守之,其所在者入矣,民孰弗从”的论述。

《教》对“用民”的讨论,与求民之信、求民之从联系起来,把民信、民从作为解决用民问题的方法。怎样达到“民信”“民从”?郭店儒简认为必须教化民众,诉诸君子的德行言行的表率教化作用,以身作则,敬慎导民。如果不这样做,就难以达到治民的目的。因此,“以教治民”成了统治者治理社会的切入口。《尊德义》指出:“善者民必富,富未必和,不和不安,不安不乐。善者民必众,众未必治,不治不顺,不顺不平。是以为政者教导之取先。”这里说明了教民的原因,即有善德的统治者会使民富,也会有众,但未必有和,未必有治。要想治民,必先以德教民。民有了德,就会自觉地以仁、义、礼、智、忠、信等道德规范来约束自己的行为,才会有“政之行”。《缁衣》记载孔子的话:“长民者教

---

① 庞朴:《“使由使知”解》,载国际儒学联合会编《国际儒学研究》(第10辑),国际文化出版公司,2000,第316-324页。

之以德，齐之以礼，则民有劝心；教之以政，齐之以刑，则民有免心。”这句话与《论语·为政》中“道之以政，齐之以刑，民免而无耻；道之以德，齐之以礼，有耻且格”极为相似。也就是说，统治者实施国家治理，一方面要对百姓进行道德教育，以道德规范内在地约束他们的行为，另一方面也要以礼来加以外在的约束，而其中，教之以德又是最主要的。教化百姓是德治的内在价值取向，教化的价值高于刑罚，刑罚只能让人侥幸免于受罚而不能使民有廉耻之心，而德教却能双管齐下，一箭双雕。以德施政，关键在于以教治民，目的在于得到民众的支持与信任，最终达到统治目的。

在“教导”方面主要有两种方式，即以德教民和言行立教。其中，以德教民，即是统治者作为教化人民的必然承担者，必须以仁德之心教给百姓道德知识，使百姓懂得仁义之道，以礼行事。其有两层含义：一是统治者本身要具有高尚的道德修养和良好的道德形象，另一层含义是教给百姓仁、义、礼等道德规范，将道德规范转化为百姓自律的力量。《尊德义》说：“仁为可亲也，义为可尊也，忠为可信也，学为可益也，教为可类也。教非改道也，教之也。学非改伦也，学己也。”而后又进一步论述了教的成果。

> 教以礼，则民果以劲。教以乐，则民弗德争将。教以辩说，则民艺址长贵以忘。教以艺，则民野以争。教以技，则民少以吝。教以言，则民讦以寡信。教以事，则民力啬以湎利。教以权谋，则民淫昏，远礼无亲仁。

对于统治者来说，以仁教民，可使民亲近，以义教民，可使民尊重，以忠教民，可使民诚信。对于教本身而言，不是去改变人道、善德，而是教之以人道和善德。至于学本身，并不是改变伦常，而是要人求己反本。

教的内容，主要是教人以仁、义、忠、信等道德规范。除教以德之外，礼乐也是教的主要内容。以礼乐教民，则民果敢而不争。《尊德义》云“有知礼而不知乐者，无知乐而不知礼者”，“德者，且莫大乎礼乐焉。治乐和哀，民不可惑也。”礼乐和德义有密切的联系，教人以德必教人以乐，甚至“乐教”超过了“德教”。乐，在早期儒家那里已被道德化。道德教化是一个潜移默化的过程，同时也是有一定原则的。《教》就提出了“上不以其道，民之从之也难。是以民可敬导也，而不可掩也；可御也，而不可牵也。”道德教化不可强求，统治者必须要以敬重的态度引导百姓，但不可蒙蔽他们，可以因势驾驭他们，而不可强制他们。否则，百姓就不会顺从，也不会相信。郭店儒简多篇提到“以教治民”的思想，提倡统治者要依人性以言教，以身服善，以德教民，以此来达到政治统治的目的。《尊德义》指出：“教其政，不教其人，政弗行矣。”在早期儒家眼里，“以教治民”不但是以德行政的主要内容，而且也是解决当前社会现实问题的关键所在。

## 第三节　郭店儒简王道治略的影响

### 一、对孟子民本思想的影响

郭店儒简作为孔孟之间儒学传承的中间环节，其中的民本思想正是孔孟之间民本思想传承的纽带。按照传统的说法，孟子的民本思想被视为是对孔子民本思想的直接继承，但据郭店儒简研究可推断，孟子民本思想的形成更直接承继于子思，并基于他本人对现实的判断和理解。正是在此基础上，孟子把民本思想视为现实政治的根本，把民本推到了政治理论的制高点，破天荒地在《尽心下》提出了“民为贵，社稷次之，君为轻”的观点，并提出“仁政”学说。

从民本思想发展的角度考察，郭店儒简对儒家德治体系的建设无疑是最主要的内容，并且在孔孟之间架起了民本思想系统发展的桥梁。郭店儒简所起的作用是承前启后的，它使孔子道德体系进一步走向完善，并为孟子的仁政学说奠定了坚实的基础。我们从《尊德义》《缁衣》《五行》《教》等篇所反映的子思或者子思学派的民本思想中就可以看到这种传承关系。

郭店儒简德治思想中有对“民之道”特别重视的一面。如《尊德义》说：“禹以人道治其民，桀以人道乱其民。桀不易禹民而后乱之，汤不易桀民而后治之。圣人之治民，民之道也。禹之行水，水之道也。造父之御马，马之道也。后稷之艺地，地之道也。莫不有道焉，人道为近。是以君子，人道之取先。"治人要用"人道"，用鬼神之道不行，惨无人道也同样不行。子思还特别指出，治民要用"民道"，正因为要用民道，所以要爱民、富民、教民、安民。《尊德义》论述道："善者民必富，富未必和，不和不安，不安不乐。善者民必众，众未必治，不治不顺，不顺不平。是以为政者教导之取先。""治民非还生而已也，不以嗜欲害其义。""均不足以平政，埒不足以安民，勇不足以蔑众，博不足以知善，决不足以知伦，杀不足以胜民。"

在君臣政治伦理关系上，郭店儒简对君臣同构理论作了进一步丰富和发展。如《孟子·告子上》认为，"有天爵者，有人爵者。仁义忠信，乐善不倦，此天爵也；公卿大夫，此人爵也。古之人修其天爵，而人爵从之。今之人修其天爵，以要人爵；既得人爵，而弃其天爵，则惑之甚者也，终亦必亡而已矣"。郭店儒简有关君民同构思想对孟子也有影响。在孟子的心中，君与臣的关系是平等或者对等的关系，因此，民对君有监督、批评的权力，如果屡教不改，就有"易位""变置"的权力。这与《鲁穆公问子思》"恒〔称其君〕之恶"在思想上是完全一致的。鲁穆公在听了子思子"恒〔称其君〕之恶者，可谓忠臣矣"的话后，他对子思子的言论即便是一时不高兴，不理解，但也能够尊重子思子言论自由的权力，因此只能"揖而退之。"

## 二、对荀子王霸思想的影响

郭店儒简对于荀子的影响，学界多从性情论进行探讨，很少有学者从政治观的视角分析二者的关系。如上文分析，郭店儒简有丰富的德治思想，倡导忠信之道，主张君民同构，对荀子的政制其实有很大的影响。

第一，就忠信之道而言，荀子也倡导信。荀子所设计的政体是"王霸兼用、礼法合治"的王制，有它自身的特点，较为显著的独特性则是"立足王道又吸收霸道从而形成的'王霸兼用'思想，就是立足德治、礼治又吸收法家学说从而形成的'礼法合治'思想"[①]。荀子主张王霸兼用，推崇王道的同时也肯定霸道。对于王道和霸道，荀子有他的理解，《王霸》云"义立而王，信立而霸"，用义治国就可以达到称为王，用信治国则称为霸。荀子对王道较为推崇，认为行王道就可得天下，指出亳和鄗皆为百里之地，天下莫不从服，原因在于"以义济矣"，因而荀子指出义立就可王天下。相较于王道，孔孟都不喜欢霸道，《孟子・公孙丑上》载"以力假仁者霸"，霸道是以武力为核心的。以力服人是强权政治，并不能让人心服。但是荀子对霸道有不同的理解，提出"信立而霸"的观点。不同于孟子的以强大的武力征服人，也不同于管子所极力推崇的霸道是为了称霸，荀子认为霸道的内涵是信，在《王霸》中指出"齺然上下相信而天下莫之敢当"，守信就不会有欺民的现象，因而霸道可取信于民，达到相互信任的结果，则无人能敌。在以信为核心的霸道这一意义上，王霸不二，都离不开道，只不过行道的方式不同罢了，一个是王，一个是霸，一个讲义，一个讲信，最终的目的都是实现王制。周天子以王道治天下，荀子倡导王霸兼用，其实都是在仁义之下行道于天下。

第二，从君民关系来看，郭店儒简主张君民同构，而荀子对君、臣、民三者的关系也作了说明。在荀子所设计的政体中，君主有较高的地位。其实这只不过是一种为人所见的外在现象，而这一现象背后却有君、臣、民三者分配权力为支撑。作为权力的执掌者，荀子秉承了发端于周公的民本传统，从形而上的层面追溯权力的源头，《大略》云："天之生民，非为君也；天之立君，以为民也。"上天造民不是为了君主，而上天造君主却是为了民，并对君主提出德才兼备的条件。荀子提出君主要注重道德修养的提升，"德必称位"，庶人积礼义可为大夫、官吏，天子缺德就不能为天子而应做庶人。与权力和财富相比，荀子更重修身，《君道》云："请问为国？曰：闻修身，未尝闻为国也。"就能力来讲，荀子指出君要有能群和善群的能力。人与动物相比，自然条件不如牛马，而牛马为人所用，在于人能群，而牛马不能群。什么是能群呢？荀子认为体现在善生

① 吴光：《荀子的"仁本礼用"论及其当代价值》，《孔子研究》2015年第4期，第23页。

养人、善班治人、善显设人、善藩饰人四个方面。在“能群”的基础上，君主的能力还要再上一个台阶，要“善群”。《王制》云：“君者，善群也。群道当，则万物皆得其宜。”君主不仅要处理好人际关系，还要处理好与万物的关系，在养人、治人、用人的基础上，群的境界是要万物都能和谐相处，共同发展，使万物皆得其命。由此可知，君主是道德和才能的翘楚，执掌权力，胸怀天下，德被四海。就臣来讲，主要是负责权力的运行，敦促君主道德的提升，从一定程度上达到对君权的制衡。对于臣的职责，荀子在《儒效》特举例说明。武王崩后，在成王年幼不能自主治国理政的时候，周公行使权力的同时还要对君主进行教化，促使成王不断提升自身修为。“教诲开导成王，使谕于道，而能掩迹于文、武。”而后，周公归政于成王，并没有夺权篡位。在权力运行中，臣要做的就是处理好君命与君利。君的权力来源于民，为民之主，所以，君利其实就是民利。如何做到利民？在具体的政治实践中，荀子提倡做谏、诤、辅、拂之臣，以道义为上，当道义与君权发生矛盾时，“从道不从君”。同时，在权力实际运行过程中，还要讲究方式方法，懂得进退之道，善于进言。《荀子·非相》这样记载：“与世偃仰，缓急嬴绌，府然若渠匽檃栝之于己也，曲得所谓焉，然而不折伤。”根据具体情况，急缓多少，随情势而变，力求做到圣臣。君主虽然执掌权力，但是不能独治，《君道》中指出，“欲修政美国，则莫若求其人。彼或蓄积而得之者不世绝，彼其人者，生乎今之世而志乎古之道。”志于古之道的就是臣，《臣道》中荀子提出有态臣、篡臣、功臣、圣臣等，在如此臣道下，权力执掌和运行相分离，既防止了专政，又促进了权力的良好运行。荀子具有民本的思想。君主执掌权力，臣运行权力，都是在以民为本的前提之下，“法家倾向于以君为政治之主体，荀子则不废民贵之义”[①]，荀子以民为本，从形上的层面引入天的概念来突出民的地位，民与天相沟通，具有政治权力的决定权。

君是作为上天的代表来治理民的，在“天—民”模式中，以民为本，明德慎刑。在实践层面荀子提出爱民利民。《君道》有言：“有社稷者而不能爱民、不

---

① 萧公权：《中国政治思想史》，新星出版社，2010，第 74 页。

能利民，而求民之亲爱己，不可得也。”君主要以爱民利民为前提，民才会反过来对君主亲近。爱民利民表现在物质上富民，道德上教化民众。民富而国富，民利而国利，因而荀子在《富国》中提出：

> 不利而利之，不如利而后利之之利也；不爱而用之，不如爱而后用之之功也。利而后利之，不如利而不利者之利也；爱而后用之，不如爱而不用者之功也。利而不利也，爱而不用也者，取天下矣。利而后利之，爱而后用之者，保社稷也。不利而利之，不爱而用之者，危国家也。

爱民利民的同时荀子提出重视对民的教化，涂之人专心一志，积善成德接近于神明就可以为禹。显而易见，民是有较高地位的，不仅赋予了君主权力，还是君主存在的基础。

荀子从忠信之道与君民关系两个方面继承发扬了郭店儒简的王道德治思想，建立了其王霸兼用、礼法合治的王政体制，发展了儒家的德治思想。

# 第八章　郭店儒简人文精神的特征及意义

郭店儒简作为连接孔孟之间儒家文献的桥梁，独特的地位决定了其所蕴含的人文精神具有独特性。虽然郭店儒简眠于地下两千多年，但其人文精神被历代大儒传承下来，并得到了进一步的发展。时至今日，发掘郭店儒简人文精神，仍具有重要的借鉴意义。

## 第一节　郭店儒简人文精神的特征

郭店儒简作为孔孟之间的重要文献，继承发展了孔子的人文精神，在天人合一的背景下，从人性的探索、人格的臻善、人伦的构建、王道德治的实践几个方面来阐释它的人文精神，主要表现为以下三方面的特征。

### 一、天人贯通人为贵

人文与天文相对，探讨郭店儒简的人文精神，首先应关注其天人贯通的特性。郭店儒简认为天是性的终极根源，潜在的、有待实现的性需要天来证实，万物都是天生成的，都以天作为存在根据。《教》亦云“天登大常，以理人伦”，可理人伦的大常由天而降，也可以说人伦中内在地含有天常，而天也通过大常来支撑、规范人伦。在天所生成的事物当中，人的价值是最可贵的。《父无恶》云“天形成人，与物斯理”，这里的“理”指人与物各自形成自身的内在规定，这种内在规定性的不同以天命之差异把人和物进行了区分，与其他各物相比人为贵。

在天与人的关系中，不仅仅是天生人成的生成模式，郭店儒简还注重由人到天的逆向进程。《物由望生》中提道“知天所为，知人所为，然后知道。知道然后知命”。人对天也存在着“知”这样一个的互动。《教》明确指出“制为君臣之义，作为父子之亲，分为夫妇之辨”，而君子要做的就是“慎六位，以祀天常”，“治人伦以顺天德”。《性》《物由望生》等篇中皆论述了以天为中心自上而下，由天到人的生成路径。紧接着，就阐述了由人道下学上达而贯通天道，以人为中心，知天命，察天道，《穷达以时》云：“有天有人，天人有分。察天人之分，而知所行矣。”对于人的能动性，郭店儒简阐述了圣人和普通人在知天方式上的差异。圣人生而可自知天道，因而《性》说可“出之”。而对普通人来讲则需要圣人制礼作乐的教化，由外向内，以“入之”的方式知天知命。“出之”与“入之”，在天道下行和人道上达的互动中，人的价值得以高扬。

社会发展到一定的阶段，人们对上天的依赖越来越淡薄，外在的神秘力量对人类社会的影响进一步虚化，人的价值得到凸显。正如苏格拉底所说的名言“认识你自己”，人类将更多的目光转向人本身，强调人的主体地位，关注人自身的价值。

## 二、以道德为本位

天人贯通的背景下，郭店儒简中的人不同于西方所认为的是理性的功能或工具，而是德性的存在。中国文化向来有以德为本的传统，《论语·述而》记载，孔子提出“天生德于予”，天道、天德最终还是要落实到人身上。

郭店儒简每一篇几乎都贯穿了对德的论述，在儒简中，“德”字出现了 47 次之多，不仅论德的次数远远高于“四书”中任何一书，并且有《五行》《尊德义》两篇集中阐述“德”，《六位》虽然论述的重点在“位”，但也论及到“六德”，并指出德是位的内在依据，以德为本。

郭店儒简追求成就君子人格。《五行》集中阐述了“仁、义、礼、智、圣”五种德行，其中，“仁、义、礼、智”四行“和”称为“善”，是外在的德性规范，为人道。“仁、义、礼、智、圣”五种德行“和”谓之“德”，为天道，天道贯通人道，通过内心的体认，在君子身上充盈，进而化为内在的道德自觉，表现为“君子道”。君子是五行“和”并能通过“圣”而贯通天道者，在自我超越以追求内圣的同时，还教化世人以完成外王。通过道德修养的提升，内在的德和外在的貌两方面达到和谐交融的状态，身心一体，二者双修，实现自然人向社会人、道德人的转化。

郭店儒简中的伦理构建和王道德治也都是以道德为本的。六位的“位”不是空洞的空间位置，而是要有相应的德与之相对应，以德称位。就德治王道而言，一方面，继承发展了孔子的仁政思想，认为仁道是人民拥护的基础。上位者以仁道来治理百姓，民众不仅会拥护，而且也会自然而然地争相为仁。如此上行下效，君民关系势必会和谐融洽。另一方面，忠信作为实施仁政的路径，郭店儒简将其提高到了“仁义”的高度。《忠信之道》明确提出：“忠，仁之实也。信，义之期也。”忠作为仁之落实，信作为义之必至，不欺瞒民众，就会得到民众的信任。《论语·泰伯》记载，孔子曾云“民可使由之，不可使知之”。《尊德义》也提出“忠信日益而不自知也”。以忠信之道来引导人民，使民众达到日用而不知的境地，政权则稳固，仁政则实施，天下则大治。

## 三、注重实践

郭店儒简的人文精神是对人类的自我关怀，人作为有自主性的个体，有主动参与创造的实践性。因而，天人关系和德行具体会落实到世俗社会之中，在实践中体现人文精神。

就人伦秩序的构建而言，春秋战国时期宗法制松动，社会秩序以家庭为起点，在权利和义务相对应的前提下向外推演用于社会，以构建和谐的人伦秩序。六德、六职与六位相对应，夫夫、妇妇、父父、子子、君君、臣臣，六者各安其位，各守其德，各行其职，就可构建和谐的社会秩序。如若不然，就会出现像《六位》中所描绘的场景：“夫不夫，妇不妇，父不父，子不子，君不君，臣不臣，昏所由作也。”个人在社会中找不到自我坐标，势必会引起社会的混乱。马克思指出：“家庭起初是唯一的社会关系，后来，当需要的增长产生了新的社会关系而人口的增多又产生了新的需要的时候，这种家庭便成为从属的关系了。"[①]

就德治的实践而论，执政理念及方略应用于现实中才实现其意义，实践是必要的途径，主要通过执政方略的实施来表现。郭店儒简继承发展了孔子的仁政思想，主张以仁道来治理百姓，君主"明乎人伦"，通过礼乐等道德教化来实践治民之道。《尊德义》明确指出："教以礼，则民果以劲。教以乐，则民弗德争将。"而作为臣，《鲁穆公问子思》一篇也提出了要敢于恒称其君之恶，统治者以身作则，充分发挥率先垂范的作用。具体的执政方略主要表现在政权转移、政体构建及政务践行上。郭店儒简倡导禅而不传，政权以禅让的方式转移，能者得其位。天子年老"致政"，授贤禅让，进而教化天下万民，以实现大同的社会理想。《唐虞之道》开篇即是"唐虞之道，禅而不传"，为禅让传闻提供了见诸笔墨的记录。君民关系为政体构建中的主要关注点，治理国家以民为本，统治者爱民、重民、保民、养民、富民，通过朴素的民本思想和道德人文关怀进行君民同构。

郭店儒简的人文精神在天人贯通的前提下，以道德为本位，超越性与现实性相结合，以人为本，突出人的主体性，关注个体的价值，由注重群体的协调，进而追求政体的和谐，为后世人文精神的发展奠定了基础。

## 第二节　郭店儒简人文精神的意义

### 一、郭店儒简人文精神的传承

竹简作为客观对象虽然埋于地下，但人文精神作为思想流传了下来，得到了后世儒家的传承。我们知道，人文精神是一个历史范畴，没有确切的定义。它是在天人贯通的前提下，以人为本体，以道德为本位，探索人的价值及意义，关注人类的命运，集终极关怀与现实实践于一体的精神，不同时代有不同的表现。吴光曾经对儒学不同时期的形态与特点加以分析，按照不同时期儒学所

---

① 马克思、恩格斯：《马克思恩格斯选集》（第一卷），人民出版社，2012，第159页。

形成的理论形态与特点，对儒学的基本形态作了总结：先秦子学、汉唐经学、宋明理学、清代实学、近代儒学、现代新儒学和当代新儒学。[①] 笔者深以为然，在吴光研究基础上对郭店儒简人文精神的传承加以阐释。

孔子创立先秦子学，创建了“仁本礼用”的道德人文体系，“仁者人也”“仁者爱人”，以道德为本位，以人的价值与意义为终极关怀，以“礼”来成全内在道德外在性的伦理秩序，仁是本，礼是用，是道德为本位的人文精神。郭店儒简作为孔孟之间的桥梁，其人文精神不仅展现了孔孟之间人文精神发展的状况，还反映了当时人类的生存状态，极具研究价值。作为思想的人文精神并没有随竹简这一载体眠于地下，而是得到了传承发展。

汉唐时期的儒学可称为经典仁学，主张“德主刑辅”。秦建立了统一的国家，人文精神蒙上了君主集权的政治色彩。秦汉时期的儒学不仅继承了先秦儒家的思想，还杂糅了道家、法家、阴阳家的一些主张，组合成为驳杂不纯的经学体系。部分儒家思想，如三纲五常等，转化成了社会中具体的制度。秦汉之际儒学发展中董仲舒是最具代表性的人物，他托孔改制，通过阐发《春秋》的“微言大义”建立“变政更化”的德治体系。董仲舒的天人感应说虽说将儒学神学化，但其思想中的天仍是仁爱、道义之天。他倡导用德不用刑的德主刑辅模式，其实还是建立在儒家德治理念之上，以仁为本的。魏晋时期是一个特点较为鲜明的时期，玄学盛行。不过儒学在这一时期并没有退出历史舞台，它一反经学的拘泥与繁琐，注重义理的阐发，以儒会道，用道家的思想解读儒家经典，讨论人的生存状态及人生的意义，探索“本末有无”等宇宙人生的存在根据。到了隋唐时期，画风为之一变，承接了两汉经学的章句训诂，变革较为显著。隋朝统一，科举制又设了明经和进士两科，为南北朝时期南北分立的经学奠定了统一的基础。统治者对经学的重视进一步促进了儒学的发展，中唐时期疑经思潮产生，对章句之学加以批判，学者赋予概念、命题于新意，发挥性地解说经文以阐述个人的观点，以“六经注我”的方式代圣人立言，舍传求经学派形

① 吴光：《从道德仁学到民主仁学——儒家仁学的回顾与展望》，《社会科学战线》2014 年第 10 期，第 1 页。

成。韩愈、李翱是这一时期最具代表性的人物，韩愈提出“道统”，李翱主张“复性”，都宗孔孟，以传承道统为己任，其实倡导的还是孔孟的仁。

宋明时期的儒学主要是理学和心学，关注天理心性，主张修己治人。这一时期对隋唐儒学所探讨的问题进一步深入系统地研究，创造性地建立了一套新儒家哲学体系。周敦颐提出“道”“无极”“太极”等范畴，以“性与天道”为学说核心，被尊为“道学宗主”。张载则讨论了道、气、心、性的关系，二者为理学的奠基者。二程以“理”为哲学的最高范畴，提出“性即理”的本体论与“穷理尽性”的方法论，奠定了理学的理论基础。经朱熹、陆九渊等人的发展，理学体系不断完善，出现了“性即理”与“心即理”的讨论。程朱理学认为理是社会生活的最高准则，也是世界的本原。陆王心学认为心即理，良知本来就存在人的心中，去除私欲，显现天理。虽有不同，但二者都是儒学，都以“理”为世界本原，注重道德修养。宋明理学家所说的“内圣外王”“修己治人”之道，是以“修身”为根本、以治国平天下为人生目标的，也就是首先注重于个人道德修养、成就君子人格然后扩充至齐家的伦理实践与治国平天下的政治实践的道德、伦理、政治三位一体的学说，从不同角度继承发展了人文精神。当然，由于历史的局限，其理论体系内都存在不合时宜的封建糟粕，我们要取其精华、弃其糟粕，以建立适合现代中国人需要的中华民族的核心价值体系。

清代儒学倡导经世致用，可概括为力行仁学。宋明时期过度强调内圣而忽略了外王，出现了一股虚妄的不切实际之风。为了改变这一学风，明末清初将学术研究与社会密切联系，提倡实文、实学、实用、实体，鼓吹“经世致用”。实学兴起于明末清初，在乾嘉时期沉寂下来，而于道咸时期再次兴盛，到了光绪时期，康有为、谭嗣同对其作了改革。实学初兴时期，大致上从明末崇祯到清初康熙近百年间。代表人物有黄宗羲、顾炎武、王夫之、颜元等。顾炎武强调用“修己治人之实学”取代“明心见性之空言”。王夫之要求“尽废古今虚妙之说而返之实”。黄宗羲强调“学必原本于经术，而后不为蹈虚，必证明于史籍，而后足以应务”，“经术所以经世，方不为迂儒之学”。颜元主张以实代虚，重实反虚，重实行反空谈。到了雍正、乾隆、嘉庆时期，由于“文字狱”等的钳制，实学沉寂下来，朴学大兴。儒家“经世致用”精神的传承只有全祖望、章学诚、戴震等数人。全祖望深得黄宗羲“寓褒贬于史”的史学方法真传，章学诚提出“六经皆史”的命题，反对空言德性，提出历史必须切合当时人事。戴震否认天理与人欲的对立，指出天理与人欲是互相涵摄的，道德仁义不离人欲，离开人欲即无道德仁义。从道光初年到光绪末年为实学中兴时期，在中华民族内忧外患的形势下，重新强调了经世致用的精神。龚自珍发扬托古改制的学风，主张“更法”“变古”，倡导社会改革。魏源提出“师夷长技以制夷”的口号，以抵抗西方的侵略。继之而起的是洋务派儒家以“经济学问”作为经世济民的内容，明确主张师法西洋，引进西学以使中国自强。康有为、谭嗣同作为维新派新儒家，尝试改造儒学的旧体旧用，使之变为新学。康有为将西方平等、博爱、民主、法治、人权等思想融入“仁爱”“仁政”“性善”说之中，突出了人文精神中的民主色彩。梁启超以孔孟“仁学”为基础，吸收西学和佛学，试图建立融古今中西的新仁学，主张抛弃明心见性的空谈，专讲经世致用的实务。从明末到清末，以“经世致用”为宗旨、吸收西方新知新学的实学成了清代儒学的主流。

现代新儒学可概括为“开新外王”的心性仁学。20 世纪是大转折时期，形形色色的思潮都登上中国的思想舞台，在相互碰撞、批判、渗透的过程中，逐步形成了三大思想阵营。即以西方“自由”“民主”“人权”为本位的西化思潮、以马克思列宁主义为指南的共产主义思潮以及以中国传统文化为本位的现代新儒学思潮。各种思想针对新时期的社会现实都提出自己的观点，出现了围绕“古今中西之学”而展开的“体用”之争。“中体西用”“西体中用”“中西互为体用”“新体新用”“体用不二”“离体讲用”“全盘西化”“创造转化”“综合创新”等都是争论的焦点，现代新儒学就是在这样的文化背景下孕育并发展起来的。它以传统文化为本位，又有现代经世意识，力图吸收西方现代文明而重建儒家道德形上学。熊十力、张君劢等开其端，熊十力依照宋明理学心性论建立了一个以“良知”或“德性”为本体的道德形上学体系。之后牟宗三、唐君毅等继其后，使现代新儒学系统化。牟宗三及其弟子发挥了熊十力的“德性”本体论和“体用不二”论，并借鉴康德“实践理性”的方式重建了“新心学”式的“道德形上学”，由“道德主体”转出“知性主体”的“曲通”，提出“本内圣开出新外王”。在现代新儒家中，另有冯友兰、马一浮、钱穆等各树一帜。冯友兰创造性地提出了“精神境界”说，把人的精神境界分为自然境界、功利境界、道德境界、天地境界四个层次，并以“天地境界”为最高。冯友兰称自己的哲学体系相较于熊十力的“新心学”而言为“新理学”，批判违背人性、违反辩证法的斗争哲学。马一浮被梁漱溟赞誉为“千年国粹，一代儒宗”，其思想的根本宗旨为“六艺该摄一切学术”，并且指出“六艺根于一心”。这一时期的儒学有援西入儒的思考，针对现实背景，是应对型的新儒学。

当代儒学可概括为“新体新用”的创新仁学。21世纪多元文化相互竞争，互相融合，这一时期的新儒学在世界多元文化格局中保持其道德为本位的存在方式，兼融了儒家仁爱价值观与西方民主价值观，既要继承传统儒学的思想资源，又吸收非儒家文化的思想养料，特别是西方文化中“自由”“法治”“科学”等的思想资源，确立道德的主体地位，以关心人生的意义与价值、安顿人的生命为第一要务，是一种新体新用的“内圣外王”之学。从体用关系上分析，可理解为吴光提出的以民主仁爱为体，以科技法制为用的民主仁学。作为人文精神的载体，现代新儒学在保持对传统文化认同的同时对其加以改造以实现创造性的转化，保持多元开放的文化心理，肯定人生意义及价值，确立人类普遍的内在道德的主体性，重视人伦秩序的构建，重视社会问题的解决，具有丰富的人文精神。

儒家的人文精神应该放到一定的历史中去考察，在不同时期有不同的主题及不同的呈现方式，但无论如何都关注的是人的价值及实现方式，重视的是整体的和谐。儒家人文精神有顽强的生命力，作为社会中的人，有道德、有理性，“己欲立而立人，己欲达而达人”，修身与齐家、治平相结合，从个人到社会到宇宙万物，有较强的现实意义。

## 二、发掘郭店儒简人文精神的当代价值

当前全球化的时代已经来临，从外在现象来看，各地联系加强，无国界的

时代正在来临,民族和国家也会随之终结。但是从内在实质来看,居于全球化进程中的国家关联性加强,蝴蝶效应也会更加明显,牵一发而动全身。因工业革命全球化的进程进一步加速,在全球化、现代化过程中出现了一系列的问题,如生态失衡、环境污染、信仰失落、享乐主义,等等,居于中心的国家实际上对边缘的国家有压制,全球财产集中在欧洲、北美等地。这些弊病有些可以通过科学或者法制的手段来解决,但是,危机背后隐含的深层价值观的问题只能通过精神方法解决。因此,时代呼唤精神层面的指导。儒学是有鲜明实践性的学问,渗透于生活的方方面面,适应现代政治、经济、文化生活,其核心价值观有强大的生命力,能适应这个时代的发展。而孔孟之间郭店儒简的人文精神,对当今现状有重要的借鉴意义。

第一,郭店儒简天人贯通的人文精神对当前生态危机有一定的指导意义。随着工业文明的推进,现代文明为人类生活提供了越来越多的便利,人类逐渐告别了物质匮乏的时代,走上了富裕的道路。然而,弊端却也日益凸显,最为直接的是人与自然的对立。近代以来,人类不断上演着为自然立法的剧情,凭借科技的发展加强对自然的控制、奴役和破坏,进行了掠夺式开发,地震、暴风雨、极端天气等都是自然对人类的警示。水域污染、沙漠化严重、化学垃圾被随意丢弃,人与自然的关系越来越紧张,自然界用它自己的方式警示人类。"适合人类居住的地球的自然将不复存在,无论你有多么高的经济增长率,无论你有多么高的消费水平,你也会同地球的自然一起死去。"①

人与自然的关系异化,人对自然控制越强,自然与人的矛盾就会越深,天人贯通的精神为这种困局提供了一定的解决途径。就人和自然的关系,马克思曾指出自然与人统一,同时人也是自然的一部分,应遵循自然的规则。郭店儒简天人贯通的人文精神与此有相通之处。宇宙本身是一个有机的系统,人是其中的一分子,从形上层面指出了天是人之为人的根据,人性及人伦都源自天,人对天持崇敬的态度。同时,人又是有创造性的自由的个体,对天有一定

---

① 刘福森:《西方文明的危机与发展伦理学——发展的合理性研究》,江西教育出版社,2005,第236页。

的主动性。人可知天命,《物由望生》云:“知天所为,知人所为,然后知道。知道然后知命。”人对天有一个知的互动作用。在天与人的双向互动中天人关系更加紧密。这种情势下,就需要我们进一步转换价值观,运用儒家道德人文精神去构建新的价值体系。“仁”是儒学的核心价值观,“仁者爱人”,“己所不欲,勿施于人”,以“仁”的情怀构建和谐社会,人与人之间互相尊重,相互关爱,和而不同,讲求诚信。对自然界有敬畏之心,坚持“万物一体”的理念和可持续发展的方针,以求人与自然的和谐统一。

郭店儒简天人合一的人文精神强调天人和谐,识天、从天、敬天、制天,如果作为生态观来看的话,主张适度开发、和谐发展,较之法家“尽地力之教”的“竭泽而渔”式生态观更有利于人类的永续发展,较之道家“自然无为”的生态观更多一些进取精神。在人类生活日益富足、生存环境灾变频仍、自然资源有时而竭的背景下,无限制的发展已不再是“硬道理”,儒家的和谐发展生态观就愈益显示出重要的现实意义和深远的历史意义。

第二,郭店儒简对人性探索的人文精神,对于自我的觉醒有一定的借鉴意义。全球化时代,各种观念相互碰撞。在多元化的背景下,人类容易陷入自我的迷惘。“我是谁”这一哲学问题成为时代关注的突出声音。我的价值和目标又是什么?我的坐标定位在哪里?面对自我的定位及人生的价值这样的提问,重要的是自我的觉醒。人是自然的一部分,但不是自然的附庸,有其自身的主体性,郭店儒简对人性探索的人文精神能够发现自我、关注自我,高扬人的价值,对人进行了肯定,具有一定的指导性。

就郭店儒简而言,更多地关注人,关注人类社会,“重视对人的认识,重视人生,重视对人性及人的心灵世界的探讨,它明确地把人类社会的伦理道德解读为人的一种生命需求、内在需求。”[①]郭店儒简人性论高扬人的价值,关注人的道德修养,关注社会伦理的构建,追求王道德治。

据历史资料所载,至少从周初开始,人的价值就逐渐被关注。《尚书》中记

① 马育良:《先秦儒家性情论及其相关理念的现代抉发》,《皖西学院学报》2002第1期,第51页。

载了一系列的周公敬天保民的思想。到孔子时期,诸侯纷争,社会动荡,天的人格神色彩渐渐淡化,《论语·述而》云“子不语怪力乱神”,在人文理性的基础之上,《先进》载孔子云:“未能事人,焉能事鬼。”《雍也》又载孔子主张“敬鬼神而远之”。孔子在周朝式微的背景下放弃了对神灵也就是外在力量的追随,转而向人的世界发掘,发现人、肯定人、注重人,通过理想人格的追求构建理想社会。他创造性地提出“仁”,进一步凸显了人作为价值主体的重要性,在内圣外王双重构建中成就人这一主体。

郭店儒简认为天生百物人为贵,在天所生成的万物中,人的价值是最可贵的。社会发展到一定的阶段,人们对上天的依赖越来越淡薄,外在的神秘力量对人类社会的影响进一步虚化,人的价值得到凸显。人类将更多的目光转向自身,强调人的地位,关注人的价值。《性》开篇即言:“凡人虽有性,心无定志,待物而后作,待悦而后行,待习而后定。喜怒哀悲之气,性也。及其见于外,则物取之也。性自命出,命自天降。道始于情,情生于性。”郭店儒简有关人性论的这段总纲中,只用了“性自命出,命自天降”八个字来概述生成论中人性降生的过程,剩下的大量笔墨都用来描述物、悦、习等在人性论中的地位与作用,突出人道,详论人道,而简论天道。

在天与人的关系中,不仅仅是天生人成的生成模式,郭店儒简还注重由人到天的逆向进程。《性》《物由望生》等篇中皆论述了以天为中心自上而下,由天到人的生成路径。紧接着,就阐述了由人道下学上达而贯通天道,以人为中心,知天命,察天道,《穷达以时》曰:“有天有人,天人有分。察天人之分,而知所行矣。”对于人的能动性,郭店儒简还提出了知天的环节和途径。“闻而知之,圣也”,圣人可自知天道,故而《性》说可“出之”。《五行》又说“圣之思也轻,轻则形,形则不忘,不忘则聪,聪则闻君子道,闻君子道则玉音,玉音则形,形则圣”,圣人通过轻、形、不忘、聪、闻君子道、玉音这几个环节可知天。但是对于普通人来讲则需要圣人制礼作乐的教化,由外向内,即“入之”的方式才可知天知命。在天道与人道下行与上达的互动中,人的价值得以高扬。

第三,郭店儒简追求人格完善的人文精神为人身心和谐提供了一定的思想资源。作为个体的人，便是身与心的统一，生物意义上的人是客观的存在，而人的内在规定性又彰显了人对崇高精神的追求。作为物质与精神二重性的存在，二者和谐统一才可称为一个完整的人。现代工业技术一定程度上湮灭了精神存在的重要性，人很大程度上被物质欲望所操控，失去了超越的一面。“占全世界人口大部分的人甚至在日常生活中也都感到无限的不安、痛苦和不幸。可以毫不夸大地说，像现代人这样对于自己的现在和未来感到重大的不安、不幸和不自由的时代，是从来未曾有过的。”[1]郭店儒简人格的完善这一人文精神却强调了身心合一。郭店儒简所论人性是一个融超验层面的应然与经验层面的实然为一体的含混的存在，虽然性本身无善无恶，但不能否认它含有善或者恶的种子。从天命之性到现实生活中的实然之性，郭店儒简除了论述生成论意义上的天人相与，更多地阐述了道德修养论上的天人相分。

形而下层面的实然之性会受心、物、习、教等因素的影响，心无定志，物诱性出，性会随着外在的势而流转。在动、逆、交、厉、绌、养、长之后，如若心无定志，性则会如《性》中所描绘的“待物而后作，待悦而后行，待习而后定”。性的外显有不确定性，对于这个情况，从内外交修的角度注重道德的修养。《论语·卫灵公》记载了孔子曾提出的“君子义以为质，礼以行之，孙以出之，信以成之”。孔子主张的是内外一致，君子内在之仁与外在之貌相统一，内外双修。《性》为人性的修养列举出很多种方法：“[illegible]，义之方也。义，敬之方也。敬，物之节也。笃，仁之方也。仁，性之方也，性或生之。忠，信之方也。信，情之方也，情出于性。”围绕内心之仁展开道德修养，外在的形势必然会跟随着相一致，如孔子所云“文质彬彬，然后君子”。孟子在《尽心上》也提出“惟圣人然后可以践形”。郭店儒简《性》也有对内外双修、身心一致的详细描绘。“有其为人之节节如也，不有夫柬柬之心则采。有其为人之柬柬如也，不有夫恒始之志则缦。人之巧言利辞者，不有夫诎诎之心则流。”外在的身形、行为与内在的性相符合。

---

① 柳田谦十郎：《自由的哲学》，李丙盛、肖良译，生活·读书·新知三联书店，1961，第98页。

对于修养这个问题，郭店儒简倡导用礼乐进行教化。注重身心和谐，提倡以内在的修身建立个体的道德人格，追求理想的存在状态，寻求生命的安顿。对此，《性》有论述：

> 诗书礼乐，其始出皆生于人。诗，有为为之也。书，有为言之也。礼乐，有为举之也。圣人比其类而论会之，观其先后而逆顺之，体其义而节文之，理其情而出入之，然后复以教。教所以生德于中者也。

圣人运用诗、书、礼、乐加以教育、教化，四者之中，乐教是修养圣贤人格过程中较方便的途径。《性》明确指出："凡学者求其心为难，从其所为，近得之矣，不如以乐之速也。"通过内心的感悟，力求做到身心不二，正身与正心双向修养，使得行于内的德和行于外的善在道德修养中发挥重要的作用。

生命内外一如，正如《五行》所云："爱则玉色，玉色则形，形则仁。"人是活生生的身心合一的生命意向，"五行皆行于内而时行之，谓之君〔子〕。士有志于君子道谓之志士。善弗为无近，德弗志不成，智弗思不得。思不精不察，思不长【不得，思不轻】不形。不行不安，不安不乐，不乐无德。"外在的容貌颜色温到中心悦、戚、爱、仁，唯有有德者方能做到"金声而玉振之"。

第四，郭店儒简人伦构建的人文精神为处理人与人之间的关系提供了理论参考。

处于社会关系中的人，一方面各自是独立的主体，具有独立的人格，有创造性。另一方面，每个人又都处于与他者这样或者那样的关系之中。现代社会的人际关系出现了冷漠而且紧张的情况，为富不仁、见利忘义事件时有发生。国家和民族的分裂、种族歧视、南北差距加大、东西矛盾冲突等，问题丛生。近代以来，人的自主性在自由的口号下有些扭曲，人与人之间的关系也出现了异化的现象，"人和人之间除了赤裸裸的利害关系，除了冷酷无情的'现金交易'，就再也没有任何别的联系了"[①]。自我与他人之间的关系紧张，而郭店

① 马克思、恩格斯：《马克思恩格斯选集》（第一卷），人民出版社，2012，第403页。

儒简有关人伦构建的人文精神阐述了人与人之间的相处方式，有一定的参考价值。

人是理性的社会存在，社会性是其根本的属性。作为社会的因子，人的存在必须是社会所容纳的，这就牵扯到人与人之间的关系问题，如何构建人类社会的伦理成了一个绕不开的亟待解决的问题。郭店儒简不仅关注内在道德修养的提高，同时也重视人类社会的伦理构建。

孔子倡导仁，以仁为本，在仁的内在支撑下，他还重视礼，以礼为用。孔子，乃至整个儒家，都倡导以仁为本、以礼为用。郭店儒简在道德提升的基础上，对外在的“义”和“礼乐”也进行了专门地论述。《六位》云：“仁，内也。义，外也。礼乐，共也。”《物由望生》也说：“人之道也，或由中出，或由外入。”由中出指的是内在道德的流露，由外入，则是外在伦理规范的作用。“由中出者，仁、忠、信。由【外入者，礼、乐、刑。|一】”孔子把“君君、臣臣、父父、子子”作为礼的核心来构建社会伦理，天子和庶民都在这一规范之内。社会上每个人各在其位，各安其职，就可构建理想的社会伦理。郭店儒简沿着孔子的路子，把道德与君臣、父子等伦理关系紧密结合在一起，提出六位、六德与六职三组概念，其中六位为君、臣、夫、妇、父、子，六职指使、事、率、从、教、学，而六德则是指义、忠、智、信、圣、仁。郭店儒简先讲六位，接着是以六德与六职配六位，可见“位”是人在社会生活中的基础，人首先应该找准自己的位置，做好自己的角色，才可担任相当的职责。

至于社会伦理的构建问题，郭店儒简主要从两个方面加以论述。一是禀自天命，天降人受。《教》云“天登大常，以理人伦”，人伦禀自天命，竹简把人伦上溯到天降的高度，通过大常拉近了天与人伦的关系，肯定天生人的同时也进一步肯定了天生人伦。社会伦理是天与人之间关系的具体展开，关注的是人与人之间那些与民俗道德相符合的理念，具体的伦理构建方式会随着时代的变迁而发生改变。人伦之中本然含有天常，天常也可转化为具体的人伦秩序，“制为君臣之义，作为父子之亲，分为夫妇之辨。”二是根据血缘关系规定人伦秩序，从一般的社会伦理来说，以血缘为纽带所制定的伦理为中心，然后再往外扩展，以至于君、妻、友。“六位”论及了社会中的各类人际关系，在内外之别的前提下，使人际关系出现了亲疏远近。儒家秩序构建的起点在于“亲亲”，终于“尊尊”，人与人的关系首先是血亲，血缘之外是超越宗亲范围的义之运用。在服丧的时候，当父丧与君丧冲突时，可减省君服。这里，父子关系作为人伦的基点，高于君臣关系。因而，儒简《唐虞之道》提出“爱亲忘贤，仁而未义也。尊贤遗亲，义而未仁也”，打通爱亲和尊贤、门内和门外的隔断，以同体感通的方式，以亲亲为核心，自内向外辐射，最终形成“人不独亲其亲，不独子其子”“天下为公”这一理想的社会伦理规范。

郭店儒简提出用仁内义外的实践方法构建和谐的人伦秩序，仁内用于家族伦理的构建，义外则用于社会伦理的架构。宗法制社会，以血缘为纽带来判定人与人之间的亲疏远近，所以处理人际关系，父、子、夫为内，指家族之内，随着血缘的淡薄，又提出了君、臣、妇为外，指家族之外。这里涉及的父与君的关系问题实际上是家族伦理与社会伦理的关系。而在民伦中最基本的当属六位关系，这六种人伦处理好了，社会即可达到大治。

第五，郭店儒简实践王道德治的人文精神为德治和法治提供了思想资源。

德治与法治相结合是我国新时期治理国家的基本方略，德治和法治既继承了传统的人文精神，又与现代社会相结合。郭店儒简倡导以德治国，在治国理念和治国方略上都注重德治。郭店儒简蕴含着丰富的道德人文主义精神，追求王道政治是其较重视的方面，同时，也是道德提升、伦理构建之后水到渠成的事情。伦理原则放大则可应用到政治的范畴，郭店儒简对于王道德治的阐述可从德治理念和执政方略两方面来考察。

就德治理念而言，郭店儒简主要通过仁政来推行王道德治。一方面，郭店儒简继承周人“明德慎刑”“为政以德”的思想及孔子的仁政思想，主张以德治国。《缁衣》云：“子曰：长民者教之以德，齐之以礼，则民有劝心；教之以政，齐之以刑，则民有免心。故慈以爱之，则民有亲；信以结之，则民不倍；恭以莅之，则民有逊心。”突出强调统治者不仅要修身养德、以德配位，更要以身作则、率先垂范。另一方面，将“忠信之道”上升到仁义的高度。《忠信之道》明确提出：

“忠，仁之实也。信，义之期也。”忠作为仁之落实，信作为义之必至，不欺瞒民众，就会得到民众的信任。《鲁穆公问子思》一篇也提出了作为臣要敢于恒称其君之恶，应当为了公理而不是俸禄或者爵位要经常指出君主的过失。

就执政方略而言，在政权转移上，郭店儒简倡导“禅让”这一理想的政权更替方式。对于禅让，首先对受位者提出了道德的要求。《唐虞之道》倡导尚贤授德，凡是仁者，都是可以以天下禅让的贤人。虞舜是提倡禅让的，他们爱亲尊贤，以孝为基点，由爱亲开始，将爱一步步向外扩展，进而爱天下之民。禅让流行，发微彰隐，世上就没有遗贤。在政体构建上，郭店儒简以君民关系为政体构建中的主要关注点，提出治理国家以民为本，统治者爱民、重民、保民、养民、富民，通过朴素的民本思想和道德人文关怀进行君民同构。政务处理上主张君子修己以治人，以德教化民众。

现代人类的生存现状与过去不一样，因而价值理念上也有所不同，过去的理念应作出改变以适应新时期新的状况。孔孟之间的郭店儒简，作为思想史、文化史上的重要一环，蕴含着丰富的人文主义精神。在天人相沟通的基础上，郭店儒简关注人，探索人性，高扬人的价值，以道德为本位，追求人格的臻善，注重社会伦理的构建，施行王道德治，充分展示了儒家的人文精神。我们不妨从中寻求契机，以促进人类可持续发展，以保障天地万物整体的和谐。

# 参考文献

## 一、古籍类


1. 程荣. 汉魏丛书[M]. 影印本. 长春：吉林大学出版社，1992.

2. 程颢，程颐. 二程集[M]. 北京：中华书局，1981.

3. 程颐. 伊川易传[M]. 上海：上海古籍出版社，1989.

4. 董仲舒. 董仲舒集[M]. 北京：学苑出版社，2003.

5. 戴震. 孟子字义疏证[M]. 北京：中华书局，1982.

6. 桂馥. 说文解字义证[M]. 影印本. 北京：中华书局，1987.

7. 顾颉刚. 古史辨[M]. 上海：上海古籍出版社，1982.

8. 韩愈. 韩倡黎文集校注（卷四）[M]. 马其旭校注，马茂元整理. 上海：上海古籍出版社，2014.

9. 黄宗羲. 明儒学案[M]. 北京：中华书局，2008.

10. 贾谊. 新书[M]. 方向东译注. 北京：中华书局，2000.

11. 焦循. 孟子正义[M]. 诸子集成本. 上海：上海书店，1986.

12. 孔颖达. 礼记正义[M]. 北京：中华书局，1980.

13. 陆九渊. 陆九渊集[M]. 北京：中华书局，1980.

14. 刘师培. 刘申叔遗书[M]. 南京：江苏古籍出版社，1997.

15. 刘宝楠. 论语正义[M]. 诸子集成本. 上海：上海书店，1986.

16. 梁启超. 梁启超论中国文化史[M]. 北京：商务印书馆，2012.

17. 欧阳修. 欧阳修全集[M]. 北京：中国书店，1997.

18. 阮元. 论语论仁论[M]. 北京：中华书局，1993.

19. 阮元校刻. 十三经注疏[M]. 北京：中华书局，1980.
20. 司马迁. 史记[M]. 北京：中华书局，1959.
21. 宋濂. 诸子辨[M]. 北京：朴社，1927.
22. 孙希旦. 礼记集解[M]. 北京：中华书局，1989.
23. 孙诒让. 周礼正义[M]. 王文锦，陈玉霞点校. 北京：中华书局，1987.
24. 王聘珍. 大戴礼记解诂[M]. 北京：中华书局，1983.
25. 王阳明. 王阳明全集[M]. 上海：上海古籍出版社，1992.
26. 王先谦. 荀子集解[M]. 沈啸寰，王星贤，点校. 北京：中华书局，1988.
27. 许慎. 说文解字[M]. 天津：天津古籍出版社，1991.
28. 许慎撰，段玉裁注. 说文解字注[M]. 上海：上海古籍出版社，1988.
29. 徐元浩. 国语集解[M]. 北京：中华书局，2002.
30. 杨倞注. 荀子[M]. 上海：上海古籍出版社，1996.
31. 朱熹. 四书章句集注[M]. 北京：中华书局，2011.
32. 朱彝尊. 经义考[M]. 影印本. 北京：中华书局，1998.
33. 章太炎. 章太炎全集[M]. 上海：上海人民出版社，1982.
34. 章学诚. 文史通义[M]. 北京：中华书局，2004.

## 二、论文集、专著类

1. 常金仓. 周代礼俗研究[M]. 哈尔滨：黑龙江人民出版社，2004.
2. 陈成国. 中国礼制史[M]. 长沙：湖南教育出版社，2002.
3. 陈大齐. 孔子学说[M]. 台北：正中书局，1964.
4. 陈来. 古代宗教与伦理：儒家思想的根源[M]. 北京：生活·读书·新知三联书店，1996.
5. 陈宁. 中国古代命运观的现代诠释[M]. 沈阳：辽宁教育出版社，1999.
6. 陈伟. 郭店竹书别释[M]. 武汉：湖北教育出版社，2003.
7. 池田知久. 马王堆汉墓帛书五行研究[M]. 王启发，译. 北京：中国社会科学出版社，2005.

8. 杜维明. 人性与自我修养[M]. 北京：中国和平出版社，1988.

9. 丁四新. 郭店楚墓竹简思想研究[M]. 北京：东方出版社，2000.

10. 丁四新. 楚地出土简帛文献思想研究(一)[M]. 武汉：湖北教育出版社，2002.

11. 丁原植. 楚简儒家性情说研究[M]. 台北：万卷楼图书股份有限公司，2002.

12. 冯友兰. 中国哲学史[M]. 北京：中华书局，1961

13. 冯天瑜. 中华元典精神[M]. 武汉：武汉大学出版社，2006.

14. 傅佩荣. 儒家哲学新论[M]. 台北：业强出版社，1993.

15. 傅斯年. 性命古训辩证[M]. 桂林：广西师范大学出版社，2006.

16. 顾史考. 郭店楚简先秦儒书宏微观[M]. 上海：上海古籍出版社，2018.

17. 郭沫若. 十批判书[M]. 北京：中国华侨出版社，2008.

18. 郭沂. 郭店竹简与先秦学术思想[M]. 上海：上海教育出版社，2001.

19. 郭梨华. 出土文献与先秦儒道哲学[M]. 台北：万卷楼图书股份有限公司，2008.

20. 谷衍奎. 汉字源流字典[M]. 北京：华夏出版社，2003.

21. 侯外庐，赵纪彬，杜国庠，邱汉生. 中国思想通史[M]. 北京：人民出版社，1957.

22. 贺麟. 文化与人生[M]. 北京：商务印书馆，1988.

23. 胡家聪. 管子新探[M]. 北京：中国社会科学出版社，1995.

24. 胡适. 中国哲学史大纲[M]. 北京：东方出版社，1996.

25. 黄俊杰. 孟子思想的历史发展[M]. 台北：台湾“中央研究院”中国文哲研究所筹备处，1995.

26. 赫伯特·芬格莱特. 孔子：即凡而圣[M]. 彭国翔，张华译. 南京：江苏人民出版社，2002.

27. 金德建. 先秦诸子考杂[M]. 郑州：中州书画社，1982.

28. 金克木. 艺术科学丛谈[M]. 北京：生活·读书·新知三联书店，1986.

29. 蒋伯潜. 诸子通考[M]. 杭州:浙江古籍出版社,1985.

30. 荆门市博物馆. 郭店楚墓竹简[M]. 北京:文物出版社,2002.

31. 罗根泽. 诸子考索[M]. 北京:人民出版社,1958.

32. 柳田谦十郎. 自由的哲学[M]. 李丙盛,肖良译. 北京:生活·读书·新知三联书店,1961.

33. 李存山. 中国气论的探源与发微[M]. 北京:中国社会科学出版社,1990.

34. 李明辉. 儒家与康德[M]. 台北:经联出版社,1990.

35. 李学勤. 走出疑古时代[M]. 沈阳:辽宁大学出版社,1997.

36. 李学勤. 古文献论丛[M]. 上海:上海远东出版社,1996.

37. 李天虹. 郭店竹简《性自命出》研究[M]. 武汉:湖北教育出版社,2003.

38. 吕思勉. 先秦学术概论[M]. 北京:中国大百科全书出版社,1985.

39. 廖名春. 新出楚简试论[M]. 台北:台湾古籍出版社有限公司,2001.

40. 刘师培. 古政原始论[M]. 南京:江苏古籍出版社,1997.

41. 刘信芳. 简帛五行解诂[M]. 台北:艺文印书馆,2000.

42. 梁启超. 论中国学术思想变迁之大势[M]. 上海:上海古籍出版社,2001.

43. 梁涛. 郭店竹简与思孟学派[M]. 北京:中国人民大学出版社,2008.

44. 李泽厚. 历史本体论[M]. 北京:生活·读书·新知三联书社,2002.

45. 李泽厚. 中国古代思想史论[M]. 天津:天津社会科学出版社,2003.

46. 罗炽,萧汉明. 易学与人文[M]. 北京:中国书店,2004.

47. 刘钊. 郭店楚简校释[M]. 福州:福建人民出版社,2003.

48. 刘福森. 西方文明的危机与发展伦理学[M]. 南昌:江西教育出版社,2005.

49. 李零. 郭店楚简校读记[M]. 北京:中国人民大学出版社,2007.

50. 马克思,恩格斯. 马克思恩格斯选集(第一卷)[M]. 北京:人民出版社,2012.

51. 梅萨罗维克. 人类处在转折点上[M]. 刘长毅,译. 北京:中国和平出版社,1985.

52. 牟宗三. 心体与性体[M]. 上海:上海古籍出版社,1999.

53. 牟宗三. 中国哲学的特质[M]. 上海:上海古籍出版社,1999.

54. 牟宗三. 生命的学问[M]. 台北:三民书局,1978.

55. 牟宗三. 政道与治道[M]. 桂林:广西师范大学出版社,2006.

56. 蒙培元. 情感与理性[M]. 北京:中国社会科学出版社,2002.

57. 欧阳祯人. 郭店儒简论略[M]. 台北:台湾古籍出版有限公司,2003.

58. 欧阳祯人. 先秦儒家性情思想研究[M]. 武汉:武汉大学出版社,2005.

59. 庞朴. 帛书《五行》篇研究[M]. 济南:齐鲁书社,1980.

60. 庞朴. 竹帛《五行》篇校注及研究[M]. 台北:万卷楼图书有限公司,2000.

61. 钱穆. 先秦诸子系年[M]. 北京:中华书局,1985.

62. 钱穆. 中国学术通义[M]. 台北:学生书局,1984.

63. 任继愈. 中国哲学发展史[M]. 北京:人民出版社,1985.

64. 孙云鹤. 常用汉字详解字典[M]. 福州:福建人民出版社,1986.

65. 唐君毅. 中国哲学原论·原性篇[M]. 香港:新亚研究所,1968.

66. 王博. 简帛思想文献论集[M]. 台北:台湾古籍出版有限公司,2001.

67. 魏启鹏.《德行》校释[M]. 成都:巴蜀书社,1991.

68. 吴光. 从道德仁学到民主仁学:吴光说儒[M]. 贵阳:孔学堂书局,2014.

69. 徐复观. 中国人性论史·先秦篇[M]. 北京:九州出版社,2020.

70. 徐复观. 中国艺术精神[M]. 沈阳:春风文艺出版社,1987.

71. 徐复观. 中国人文精神之阐扬[M]. 北京:中国广播电视出版社,1996.

72. 徐复观. 中国思想史论集[M]. 上海:上海书店,2004.

73. 徐中舒. 甲骨文字典[M]. 成都:四川辞书出版社,2006.

74. 许苏民. 人文精神论[M]. 武汉:湖北人民出版社,2011.

75. 许嘉璐. 古语趣谈[M]. 北京:中华书局,2013.

76. 雅斯贝斯. 历史的起源与目标[M]. 北京:华夏出版社,1989.

77. 杨宽. 古史新探[M]. 北京：中华书局，1965.

78. 尤西林. 阐释并守护世界意义的人——人文知识分子的起源与使命[M]. 郑州：河南人民出版社，1996.

79. 张岱年. 中国哲学发微[M]. 太原：山西人民出版社，1981.

80. 张岱年. 中国哲学大纲[M]. 北京：中国社会科学出版社，1982.

81. 张岱年. 中国古典哲学概念范畴要论[M]. 北京：中国社会科学出版社，1989.

82. 张光裕. 郭店楚简研究·文字编[M]. 台北：艺文印书馆，1999.

83. 陈福滨. 本世纪出土思想文献与中国古典哲学研究论文集[C]. 台北：辅仁大学出版社，1999.

84. 陈鼓应. 道家文化研究(第 17 辑"郭店楚简"专号)[C]. 北京：生活·读书·新知三联书店，1999.

85. 杜维明. 思想·文献·历史——思孟学派新探[C]. 北京：北京大学出版社，2008.

86. 姜广辉主编. 中国哲学(第 20 辑)[C]. 沈阳：辽宁教育出版社，1999.

87. 李学勤，谢桂华. 简帛研究二〇〇一[C]. 南宁：广西师范大学出版社，2001.

88. 山东师范大学齐鲁文化研究中心，美国哈佛大学燕京学社. 儒家思孟学派论集[C]. 济南：齐鲁书社，2008.

89. 武汉大学中国文化研究院. 郭店楚简国际学术研讨会论文集[C]. 武汉：湖北人民出版社，2000.

90. 钟彩君. 中国文哲研究的回顾与展望论文集[C]. 台北："中央研究院"中国文哲研究所筹备处，1992.

## 三、期刊类

1. 晁福林. "君民同构"：孔子政治哲学的一个重要命题——上博简和郭店简《缁衣》篇的启示[J]. 哲学研究，2012(10)：50-57.

2.崔新建.略论人的生命价值[J].哲学动态,1995(8):29-30.

3.崔涛.略论郭店儒简学术思想的过渡性特征[J].陕西师范大学学报(哲学社会科学版),2014(3):63-69.

4.陈多旭.《中庸》与孔、孟间思想过渡的内在逻辑[J].太原师范学院学报.(社会科学版),2007(2):38-41.

5.陈来.竹简《五行》篇与子思思想研究[J].北京大学学报(哲学社会科学版),2007(2):5-18.

6.陈来.郭店楚简之《性自命出》篇初探[J].孔子研究,1998(3):52-60.

7.陈来.竹简《五行》章句简注——竹简《五行》分经解论[J].孔子研究,2007(3):12-15.

8.陈来."慎独"与帛书《五行》思想[J].中国哲学史,2008(1):5-12.

9.陈伟.郭店楚简别释[J].江汉考古,1998(4):67-72.

10.陈伟.文本复原是一项长期艰巨的工作[J].湖北大学学报(哲学社会科学版),1999(2):7-9.

11.陈伟.关于郭店楚简《六德》诸篇编连的调整[J].江汉考古,2000(1):47-55,37.

12.成云雷.先秦儒学中的圣人之德与圣人之位——以秩序建构为中心[J].哲学研究,2007(12):54-58.

13.成云雷.先秦儒家秩序构建思想中的天[J].东岳论丛,2010(8):60-64.

14.孔德立.郭店楚简所见子思的修身思想[J].管子学刊,2002(1):55-64.

15.孔德立.子思五行说的来源[J].齐鲁学刊,2010(3):11-15.

16.邓建鹏.《唐虞之道》的民本思想[J].武汉大学学报(哲学社会科学版),1999(5):45-48.

17.丁为祥.儒道墨人的关怀比较[J].学术月刊,1998(7):57-64.

18.丁原明.郭店儒简"性"、"情"说探微[J].齐鲁学刊,2002(1):35-42.

19. 方铭. 郭店楚简《唐虞之道》中原始儒家的终极理想[J]. 南通师范学院学报(哲学社会科学版),2003(4):1-5.

20. 冯虞章. 试谈人文精神[J]. 清华大学学报(哲学社会科学版),1998(2):1-5,36.

21. 甘绍平. 以人为本的生命价值理念[J]. 中国人民大学学报,2005(3):69-75.

22. 高青莲. 郭店楚简"以教治民"思想探析[J]. 理论月刊,2007(3):44-46.

23. 葛志毅. 重论阴阳五行之学的形成[J]. 中华文化论坛,2003(1):60-66.

24. 龚建平. 郭店简与《礼记》二题[J]. 武汉大学学报(哲学社会科学版),1999(5):34-37.

25. 韩旭晖.《郭店楚简》与早期儒家思想研究的新拓展[J]. 孔子研究. 2000(5):123-125,127.

26. 何新. 重论"五行说"的来源问题[J]. 学习与探索,1985(1):20-26.

27. 胡化凯. 五行起源新探[J]. 安徽史学,1997(1):27-33.

28. 胡治洪. 学脉探源儒道合人文成化古今谐——"郭店楚简国际学术研讨会"综述[J]. 中国社会科学,2000(2):37-41.

29. 黄熹. 儒学形而上系统的最初建构——《五行》所展示的儒学形而上体系[J]. 中国哲学史,2001(3):35-44.

30. 姜广辉. 郭店楚简与《子思子》——兼谈郭店楚简的思想史意义[J]. 哲学研究,1998(7):56-61.

31. 金景芳. 西周在哲学上的两大贡献《周易》阴阳说和《洪范》五行说[J]. 哲学研究,1979(6):55-50,67.

32. 廖名春. 思孟五行说新解[J]. 哲学研究,1994(11):62-65,67-69.

33. 廖名春. 郭店楚简儒家著作考[J]. 孔子研究,1998(3):69-83.

34. 廖名春. 郭店楚简《五行》篇校释札记[J]. 中国哲学史,2001(3):

27-34.

35. 廖名春."慎独"本义新证[J].学术月刊,2004(8):48-53.

36. 李存山.郭店楚简研究散论[J].孔子研究.2000(3):33-43.

37. 李国峰.郭店楚简中的民本思想[J].求索,2009(9):119-120.

38. 李景林.中西文化研究系列之三——思孟五行说与思孟学派[J].吉林大学社会科学学报,1997(1):42-48.

39. 李景林.伦理原则与心性本体——儒家"仁内义外"与"仁义内在"说的内在一致性[J].中国哲学史,2006(4):27-33.

40. 李景林.帛书《五行》慎独说小议[J].人文杂志,2003(6):23-27.

41. 李锐.仁义礼智圣五行的思想渊源[J].齐鲁学刊,2005(6):69-75.

42. 李天虹.《性自命出》与传世先秦文献"情"字解诂[J].中国哲学史,2001(3):55-63.

43. 李维武.《六德》的哲学意蕴初探[J].中国哲学史,2001(3):64-67.

44. 李学勤.《帛书五行》与《尚书·洪范》[J].学术月刊,1986(11):37-40.

45. 李学勤.郭店简与《礼记》[J].中国哲学史,1998(4)29-32.

46. 李学勤.荆门郭店楚简中的《子思子》[J].文物天地,1998(2):28-30.

47. 李学勤.从简帛佚籍《五行》谈到《大学》[J].孔子研究,1998(3):47-51.

48. 李亚彬.子思为孔孟之间的过渡环节——以孟子性善论的形成为例[J].哲学研究,2007(4):39-44.

49. 李友广,王晓洁.郭店简重要范畴及其思想管窥[J].华夏文化,2011(3):11-13.

50. 李友广.从心、性分言到心性合一-先秦儒家性论思想演变模式简探[J].文史哲,2012(3):72-80.

51. 梁涛.竹简《性自命出》的人性论问题[J].管子学刊,2002(1):65-69.

52. 吕绍纲.性命说——由孔子到思孟[J].孔子研究,1999(3):21-23.

53. 刘光胜.先秦学派的判断标准与郭店儒简学术思想的重新定位[J].上

海交通大学学报(哲学社会科学版),2010(6):80-88.

54.刘伟.郭店儒简中的知命观[J].聊城大学学报(社会科学版),2010(1):9-11.

55.刘伟.试论郭店儒简对礼的认识[J].世纪桥,2012(19):20-21.

56.刘信芳.郭店竹简文字考释拾遗[J].江汉考古,2000(1):42-46,32.

57.刘信芳."金声玉振之"及其相关问题[J].古籍整理研究学刊,2001(1):35-37.

58.刘亚琼.郭店楚简的圣人观:正身与正世——兼与孔、孟的圣人观比较[J].管子学刊,2016(2):106-109.

59.孟世凯.甲古文中的"礼"、"德"、"仁"字的问题[J].齐鲁学刊,1987(1):87-89.

60.欧阳祯人.郭店儒简的宗教诠释[J].中国哲学史,2001(3):78-83.

61.庞朴.马王堆帛书解开了思孟五行说之谜——帛书《老子》甲本卷后古佚书之一的初步研究[J].文物,1977(10):63-69.

62.庞朴.孔孟之间——郭店楚简的思想史地位[J].中国社会科学,1998(5):88-95.

63.庞朴.本来样子的三纲——漫说郭店楚简之五[J].寻根,1999(5):9-10.

64.庞朴.三重道德论[J].历史研究,2000(5):3-11,189.

65.庞朴.郭店楚简出土十周年回顾——2003 年荆门"郭店楚简国际学术研讨会"主题报告[J].荆门职业技术学院学报,2004(2):1-2.

66.庞朴.试析仁义内外之辨[J].文史哲,2006(5):28-30.

67.孙熙国,肖雁.知"道",成"道"与行"道"——对《郭店楚墓竹简》儒家"德"论的一种解说[J].哲学研究,2007(12):42-47.

68.孙德华.子思学派的"君道"观——以郭店楚简为考察对象[J].沈阳师范大学学报(社会科学版),2012(6):26-28.

69.谭忠诚.郭店儒简的重"情"论[J].北京大学学报(哲学社会科学版),

2011(5):19-23.

70. 王洁. 略论先秦儒家的人性观[J]. 南京师大学报(社会科学版),2006(2):12-18.

71. 王中江. "身心合一"之"仁"与儒家德性伦理——郭店竹简"(身心)"字及儒家仁爱的构成[J]. 中国哲学史,2006(1):5-14.

72. 魏启鹏. 思孟五行说的再思考[J]. 四川大学学报(哲学社会科学版),1988(4):82-87.

73. 王淑琴,曾振宇. "友,君臣之道":郭店楚简与孟子友朋观互证[J]. 陕西师范大学学报(哲学社会科学版),2015(6):46-53.

74. 王永平. 郭店楚简研究综述[J]. 社会科学战线,2005(3):252-261.

75. 吴光. 探讨性与天道——《郭店儒简》的作者归属及其思想辨析[J]. 湖南大学学报(社会科学版),2013(3):32-36.

76. 吴劲雄. "民可使由之"新诠:基于郭店楚简[J]. 求索,2015(4):90-93.

77. 吴信英. 郭店简儒家民本思想刍议[J]. 兰台世界,2013(12):101-102.

78. 席盘林. 论子思的臣道思想[J]. 孔子研究,2001(1):64-73.

79. 席盘林. 论鲁穆公变法中的子思[J]. 齐鲁学刊,2002(1):43-47.

80. 徐少华. 楚简与帛书《五行》篇章结构及其相关问题[J]. 中国哲学史,2001(3):12-19.

81. 晓菡. 长沙马王堆汉墓帛书概述[J]. 文物,1974(9):40-44.

82. 谢耀亭,石敏. 君子治世:从郭店简《缁衣》看子思学派的政治思想[J]. 山西档案,2014(6):113-116.

83. 谢耀亭. 论荀子对思孟学派的批判[J]. 孔子研究,2015(3):36-43.

84. 许纪霖,陈思和,蔡翔,等. 人文精神寻思录之三——道统、学统与政统[J]. 读书,1994(5)46-55.

85. 邢文. 楚简《五行》试论[J]. 文物,1998(10):57-61.

86. 向世陵. 郭店竹简"性""情"说[J]. 孔子研究,1999(1):70-78,86.

87. 颜世铉. 郭店楚墓散论(二)[J]. 江汉考古,2000(1):38-41.

88. 颜炳罡. 郭店楚简《性自命出》与荀子的情性哲学[J]. 中国哲学史，2009(1)：5-9.

89. 杨朝明.《中庸》成书问题新探[J]. 河南科技大学学报(社会科学版)，2006(5)：5-12.

90. 张盈. 唐虞之道如何可能[J]. 中国哲学史，2001(3)：74-77.

91. 张立文. 儒学人文精神与现代社会[J]. 南昌大学学报(人文社会科学版)，2002(2)：1-6，12.

92. 张涅. 五行说由经验性认识向先验信念的异变[J]. 中国哲学史，2002(2)：106-111.

93. 张卫红. 试论《五行》的成德进路[J]. 石河子大学学报(哲学社会科学版)，2003(4)：22-25，30.

94. 张再林. 身心一体：郭店竹简的"一贯之道"[J]. 深圳大学学报(人文社会科学版)，2012(5)：11-20.

95. 赵建伟. 郭店竹简《忠信之道》、《性自命出》校释[J]. 中国哲学史，1999(2)：34-39.